DR. HENRY CLOUD
DR. JOHN TOWNSEND

DIOS LO HARÁ

CASA
CREACIÓN
Para vivir la Palabra

Para vivir la Palabra

MANTÉNGANSE ALERTA;
PERMANEZCAN FIRMES EN LA FE;
SEAN VALIENTES Y FUERTES.
—1 Corintios 16:13 (NVI)

Dios lo hará por Henry Cloud y John Townsend
Publicado por Casa Creación
Miami, Florida
www.casacreacion.com
©2023 Derechos reservados

ISBN: 978-1-960436-55-9
E-Book ISBN: 978-1-960436-56-6

Desarrollo editorial: *Grupo Nivel Uno, Inc.*
Adaptación de diseño interior y portada: *Grupo Nivel Uno, Inc.*

Publicado originalmente en inglés bajo el título:
God Will Make a Way
HarperCollins Christian Publishing, Inc.
© 2003 por Henry Cloud y John Townsend.
Todos los derechos reservados.

Nota de la editorial: Aunque el autor hizo todo lo posible por proveer teléfonos y páginas
de internet correctos al momento de la publicación de este libro, ni la editorial ni el autor
se responsabilizan por errores o cambios que puedan surgir luego de haberse publicado.

Impreso en Colombia

24 25 26 27 28 LBS 9 8 7 6 5 4 3 2 1

DEDICATORIA

*A todos aquellos que buscan a Dios
y la senda que nos ofrece.*

ÍNDICE

RECONOCIMIENTOS

A *Byron Williamson, presidente de la editorial Integrity Publishers,* por su visión para este proyecto y su deseo de compartir y hacer práctica la vida espiritual. Sin la sensibilidad que él tiene hacia las necesidades de los demás y de las organizaciones y ministerios con quienes trabajamos, este proyecto no habría llegado a ninguna parte.

A *Joey Paul, director editorial de Integrity,* por ayudar a dirigir el proceso editorial de una forma en que esperamos haga útiles nuestras ideas a los lectores. Apreciamos mucho sus esfuerzos incansables y su disponibilidad.

A *Rob Birkhead, vicepresidente de mercadeo de Integrity,* por su dirección creativa en la portada del libro y en el diseño de interiores, así como por la campaña de mercadeo y promoción.

A *Sealy Yates, nuestro agente,* por su fidelidad en la administración de todo nuestro trabajo. Sin él la edición habría sido definitivamente diferente y quizá no tan divertida.

A *Steve Arterburn y Mike Marino,* quienes hacen funcionar las cosas en New Life Live, ustedes son parte un ejemplo de la forma en que Dios hace una senda para muchas personas.

A *Dennos Beausejour, director de Answers for Life,* un agradecimiento especial de Henry por su colaboración en el ministerio y por la pasión y compromiso que lo impulsan a llevar un Dios amoroso a los barrios de los Estados Unidos.

A *quienes participan en Answers for Life* merecen un agradecimiento especial por unirse a nosotros en nuestra misión, apreciamos mucho su amistad y sus esfuerzos.

A *Liz Heaney, nuestra editora,* por su claridad, dirección y apoyo.

A *Don Moen,* por su inspiradora canción "God Will Make a Way" (Sendas Dios hará), de cuyo título y mensaje se habla en este libro.

A *Mike Coleman, presidente de Integrity Media, Inc.*, por su visión y apoyo para realizar un nuevo esfuerzo editorial por medio de Integrity Publishers.

PRÓLOGO

TODOS NECESITAMOS UNA SENDA

El dolor comenzó cuando yo tenía casi cuatro años de edad. Yo (Henry) recuerdo con claridad el primer día. Era un domingo, habíamos ido a la iglesia y la maestra de la escuela dominical tuvo que llamar a mis padres para que me recogieran de la clase porque la pierna me dolía demasiado, intentó ayudarme todo lo que pudo pero no podía hacer más; sin embargo, de lo que pronto nos enteraríamos sería de que mis padres tampoco podrían hacer nada, el dolor no se iría.

Por lo que mis padres me dicen y por lo que puedo recordar, los meses siguientes fueron muy difíciles para todos. Cuando el dolor se volvió tan fuerte que me despertaba llorando en medio de la noche, mis padres me llevaron al hospital; por desgracia, los doctores tampoco sabían qué hacer con exactitud y pasé semanas hospitalizado mientras intentaban averiguarlo. Todo lo que sabían era que me quejaba de dolor en mi pierna, pero no encontraban nada malo, y no había ninguna herida externa; algo debería estar mal en el interior, pero nadie sabía lo que era.

Por fin, me enviaron a casa, tratando de ver cuál sería el siguiente paso. Ahora sé que consideraban algunas drásticas opciones que incluían la posibilidad de la amputación. Por fortuna, mis padres y los médicos no me informaron de lo potencialmente serio que creían era mi enfermedad.

Para mi madre, este fue uno de los momentos más difíciles que ha tenido que enfrentar. Todos los días, a todas horas, tenía que quedarse mirando mientras su muchacho sufría, sin poder hacer nada para aliviar su dolor. Tanto ella como mi padre temían que algo estuviera muy mal y que nadie podría identificarlo hasta que algo terrible ocurriera. Lo único que podía hacer mi madre era llorar y pedir a Dios que me ayudara.

Mis padres no asistían a servicios de sanidad ni esperaban todos los días que un milagro ocurriera, sin embargo, eran personas de fe, que en su propia vida habían aprendido que, si cuando tenemos la espalda contra la pared oramos y buscamos Su ayuda, Dios abrirá una senda en medio de esa prueba; así que no fue algo inusual en ellos que se apoyaran en Dios en ese difícil momento. Esta situación era particularmente dura, ya que involucraba la impotencia que tenían para ayudar a su propio hijo. Hasta ahora, que soy padre de dos hijas, puedo comenzar a identificarme con el dolor que seguramente sentían al verme sufrir.

A pesar de su confusión, mis padres oraban todos los días. Ellos no entendían por qué un niño saludable y feliz debería de pronto enfrentarse con el peligro de perder una vida normal. No parecía justo. ¿Qué habíamos hecho ellos o yo para merecerlo? Sin embargo, al orar sentían una cierta seguridad en su interior; a pesar del miedo, también comenzaron a sentir que deberían estar dispuestos a hacer todo lo que fuera necesario, y que de alguna forma, si actuaban y hacían todo lo que sabían que podían hacer, Dios vendría en su ayuda y abriría una brecha para ellos. Fue en ese momento cuando algo realmente fuera de lo común ocurrió.

Mi madre y una amiga me habían llevado una vez más a ver al doctor; durante la visita se considerarían todas las opciones disponibles. Mientras aguardábamos en la sala de espera y pasaba el tiempo, mi madre sintió crecer su miedo; el doctor no aparecía y ella simplemente no sabía qué esperar. Aún así esperamos… y esperamos; entonces, sucedió.

De pronto, mi madre sintió algo en su interior, casi como si una voz le dijera: Llévalo a Nueva Orleans. Al principio, se sintió algo sorprendida, después muy extraña. La impresión no fue audible, pero estaba tan segura de lo que había "escuchado" que se volvió hacia su amiga y le dijo: "Tenemos que irnos, debo llevar a Henry a Nueva Orleans"; me tomó de la mano, se levantó y salió. Su amiga, atónita, la siguió.

La expresión llévalo a Nueva Orleans solo significaba una cosa para mi madre, que debía llevarme a la clínica Oschner, el famoso hospital de capacitación en Nueva Orleans, Louisiana. Para entonces, vivíamos en Vicksburg, Mississippi, un pequeño pueblo como a 360 kilómetros al norte de Nueva Orleans. Teníamos médicos y hospitales tan buenos como se pueden tener en pueblos pequeños, pero cuando algo serio o difícil de diagnosticar ocurría, muchas personas buscaban a los renombrados especialistas de esa institución; así que cuando mi madre escuchó Nueva Orleans, supo que Dios seguramente estaba abriendo una senda para nosotros en ese lugar.

Me hubiera gustado estar presente cuando ella le dijo a mi padre que teníamos que empacar y partir de inmediato y el por qué era tan importante que me llevaran a Nueva Orleans. Solo puedo imaginar la perplejidad de mi padre, porque habían pasado dos meses trabajando con muy buenos médicos en Vicksburg y eso significaría comenzar otra vez con nuevos doctores en una ciudad lejana. ¿Cómo convenció a mi padre, un serio hombre de negocios? ¿Cómo se le explica a un cónyuge una acción tan aparentemente irracional? No lo sé, pero de alguna manera la voz apremiante que había escuchado le dio fortaleza. Después de prepararme una cama en el asiento trasero del auto, los tres partimos hacia Nueva Orleans; íbamos por fe.

Cuando me ingresaron en la clínica Oschner (y este fue todo el milagro), me asignaron al azar a una doctora que recientemente había comenzado a formar parte del personal del hospital, Mary Sherman, una ortopedista pediatra. La Dra. Sherman fue muy amable al examinarme y luego me envió con los técnicos en rayos-x.

Aun recuerdo las máquinas grandes, ruidosas y atemorizantes que se usaban en aquella época. No recuerdo si fue por las máquinas o simplemente por el misterio de todo lo que me estaba ocurriendo, pero tenía miedo. Sabía que tenía mucho dolor, que estaba confinado a una silla de ruedas y que ya no se me permitía caminar; mi vida era muy diferente. También creo que podía notar la incertidumbre y el miedo en mis padres; sabía que las cosas no estaban bien.

Al terminar los estudios, en su oficina, la Dra. Sherman nos dijo que tenía un diagnóstico de mi problema: padecía necrosis —tejido blando que estaba muriendo— en la articulación de la cadera. Aunque esta rara enfermedad era seria si no se trataba de forma adecuada, ella sabía exactamente qué hacer. Tendría que estar en una silla de ruedas y en muletas con soportes para las piernas, pero que en uno o dos años regresaría a la normalidad. ¿Cómo lo sabía?

El milagro fue que la Dra. Sherman había recibido capacitación durante su residencia por parte de los dos doctores en los Estados Unidos que tenían la mayor experiencia en esta rara enfermedad, eso la convertía en una de los pocos médicos que sabían cómo diagnosticar mi enfermedad de forma temprana y proporcionar el tratamiento necesario. Si Dios no hubiera intervenido, impresionando el corazón de mi madre para que me llevara a Nueva Orleans, es poco probable que hubiéramos encontrado a tiempo la cura. Él la guió de forma sobrenatural hacia la única doctora que podía ayudarnos.

Mis padres descubrieron que Dios continuó abriendo camino para nosotros durante los siguientes años, mientras aprendían cómo tratar a un niño discapacitado. Se dieron cuenta de que Él los preparó para realizar el complicado trabajo de ayudarme y de, a la vez, hacerme asumir la responsabilidad de mí mismo. En cada paso, Dios vio por nosotros. Si pregunta a mis padres, le responderán que los ochenta y siete años de sus vidas han sido así, sin importar la crisis: Dios ha abierto una senda.

◆ La senda no siempre es fácil de ver

Las crisis de la vida no siempre resultan tan bien como la mía. En mi caso, Dios proporcionó al médico que necesitaba y no perdí mi pierna, sané. No pretendo saber por qué esa ayuda no siempre llega cada situación. Todos nosotros hemos tenido momentos en los que perdemos; sentimos dolor y terminamos preguntándonos: "¿Dónde está Dios en todo esto?". Con frecuencia, no es fácil ver dónde está Dios cuando el camino se vuelve difícil.

Sin embargo, lo que nos dicen incontables historias como la mía, es que hay muchos momentos y muchas formas sorprendentes en las cuales Dios se presenta y cambia hasta las situaciones más desesperadas. Una de las lecciones más poderosas y más difíciles que todos debemos aprender en nuestro peregrinaje espiritual es que incluso cuando las cosas malas ocurren y no entendemos por qué, podemos confiar en que Dios estará presente y obrará en nuestro beneficio. Como adulto, después de ser testigo de muchas tragedias y de experimentar algunas propias, sé que aun cuando ocurre lo peor, Dios está presente y cuida de nosotros. Creo que la muerte y el sufrimiento no se suponía que fueran parte de la historia de la humanidad; sin embargo, he presenciado cómo Dios entra en una situación desesperada, y al revelar su presencia, amor, fuerza, recursos y guía, abre una brecha en medio del desierto más doloroso.

Lo que debemos hacer es aprender cómo reconocer cuando Dios está presente y trabajando. El caso es que nunca sabemos en qué forma aparecerá. La Biblia nos dice que con frecuencia Dios se revela a las personas en las maneras más inesperadas. Las palabras de Don Moen en su canción "Sendas Dios hará" (Hosanna! Music) lo dicen bien:

Sendas Dios hará
Donde piensas que no hay,
Él obra en maneras que no podemos entender,
Él me guiará,
A Su lado estaré
Amor y fuerza me dará,
Un camino hará, donde no lo hay

Usted podría discutir: "Espere un minuto, no todas las crisis resultan tan bien como la suya, ni siquiera para quienes confían en Dios; algunos no se recuperan, los accidentes ocurren y las personas mueren, ¿dónde está Dios en situaciones como esa?".

Sí, en mi caso Dios me proporcionó al doctor que necesitaba y sané, pero usted está en lo correcto, en ocasiones el resultado no es tan favorable o agradable. Una madre soltera pierde a su hijo adolescente en un terrible accidente de auto; un ejecutivo escapa con su recepcionista dejando a su esposa y tres hijos descorazonados y solos; una mujer muere de un infarto justo cuando ella y su esposo están listos para comenzar a disfrutar de su jubilación; un ministro sucumbe tras una enfermedad larga y dolorosa y de muchas oraciones por su sanidad. Usted tiene sus propias historias de decepción, dolor o tragedia donde la intervención milagrosa no ocurrió; o por lo menos no ha ocurrido hasta ahora.

Piense en el relato bíblico de Job, esta es otra demostración de lo difícil que a veces es ver a Dios obrando, pero la historia de Job también nos muestra el secreto para encontrar el camino en los momentos difíciles. Recordará que los amigos de Job le dieron una respuesta tras otra para las tragedias de su vida, pero ¿recuerda la respuesta de Dios? La respuesta de Dios en realidad no fue una contestación, después de todo, fue un encuentro: Dios se encontró cara a cara con Job. La mayoría de las personas le dirán que en medio del sufrimiento más atroz, no buscan una explicación, buscan Su presencia. Por ello, la respuesta final para el problema del dolor es una persona: Dios mismo.

Precisamente eso es lo que John y yo escuchamos decir con frecuencia a las personas que luchan con situaciones que parecen desesperadas. No buscan filosofía o teología tanto como la realidad de Dios y, ¿sabe qué? su historia y el testimonio de millones de personas a través de la historia es sencillamente esta: Dios aún se muestra de maneras poderosas. Dios abre un camino en medio de la muerte y del sufrimiento al revelar Su presencia. Como Job, nunca sabremos cuándo, dónde o cómo se mostrará, pero lo hará.

En ocasiones, en mi propia vida, Dios ha abierto un camino al enviar a las personas indicadas, aquellos que me podían decir cuál era el siguiente paso para encontrarlo o quienes pudieron ayudarme a superar el dolor o algunas pérdidas mayores en mi vida. Sin ellos, no sé lo que habría hecho, pero la clave es que nunca tendré que saberlo, porque cuando clamé a Dios por ayuda, Él los envió y fueron capaces de darme y enseñarme justo lo que necesitaba en ese momento.

Con el tiempo he aprendido que la clave es clamar a Dios por ayuda; cuando lo hacemos, Dios tiene formas sorprendentes de darnos lo que necesitamos, aun cuando el panorama parece desolador, incluso cuando nosotros hemos causado el problema.

◆ Muchos se sienten impotentes y desesperados

John y yo hacemos un programa de radio a nivel nacional todos los días, durante el cual las personas llaman para hablar acerca de problemas difíciles que han vivido o están padeciendo. Hace poco, recibimos una llamada de Marian, una profesionista de clase media que estaba al borde de perderlo todo, incluso a su esposo y a sus hijos. Durante un momento de insensatez, por sugerencia de un amigo, probó "solo una vez" el crack. El uso de drogas era por completo contrario al carácter de esta madre de familia del Medio Oeste de los Estados Unidos, pero por el poder de la adicción química que tiene esa sustancia, no fue capaz de probarla "solo una vez". La droga la atrapó de inmediato, y esta respetada madre trabajadora de pronto se vio convertida en algo que nunca habría imaginado: en una adicta. ¿Puede imaginar lo conflictivo que debió haber sido eso para una persona que antes pensaba que los adictos eran gente que vivía en callejones o apartamentos derruidos? Le dijimos que, por desgracia, se encontraba en las garras de una sustancia muy poderosa.

Muy desesperada, impotente y con una terrible culpa, Marian decidió buscar a Dios. En sus esfuerzos por alcanzarlo comenzó a ir a la iglesia, pensando que encontrar a Dios significaba hacer el compromiso de ser buena, dejar las drogas y asistir a la iglesia. Mientras Marian contaba su historia, me preocupó de inmediato que no hubiera encontrado a Dios, sino que en cambio hubiera hallado a la Iglesia al intentar portarse bien y ser una buena congregante. Pensó que encontrar a Dios significaba intentar hacer "las cosas de Dios", es decir, ir a la iglesia, ser una persona religiosa y cambiar su vida; pero no estaba funcionando, nada cambiaba. Y ahora, al pensar que ni siquiera Dios podía ayudarla, se sentía más desesperada que antes.

La interrumpí, y le expliqué que no estaba buscando a Dios sino a la religión. En la religión se trata de intentar ser mejores personas de lo que somos, de usar el vocabulario de Dios y hasta de ir al lugar de Dios —como la iglesia— para hacer todo eso. Pero Dios no depende de nuestra fuerza de voluntad ni de nuestro compromiso para transformar una situación desesperada ya que Él puede levantar personas de los muertos y crear vida donde no la hay. Si Marian hubiera encontrado a Dios, o Él a ella, entonces habría encontrado una clase de ayuda, fuerza y presencia más allá de sus propios esfuerzos; no escuché evidencias de nada de ello, en cambio, parecía una persona medio muerta que intentaba extender los brazos para reanimarse a sí misma con un aparato resucitador; esa no es la forma en la que Dios abre un camino.

Le expliqué que el camino de Dios proviene de la gracia —es decir, Él proporciona lo que nosotros no podemos darnos a nosotros mismos. No escuché algo, en la situación de Marian, que pareciera ser gracia. Le dije que quería verla en un programa de rehabilitación, rodeada por otros adictos, a través de quienes Dios le haría entender su incapacidad para detenerse sin ayuda; donde sus necesidades fueran atendidas por personas que entendieran los patrones de las adicciones y los caminos de Dios para salir de esa miseria; que estas personas le expresarían el amor y el apoyo que Dios tiene para ella y que le brindarían la fuerza para lograr vivir otro día. Yo quería ver a Dios intervenir directamente con Su poder, ya que nada de eso había aparecido en el relato; todo lo que había escuchado de ella era religión.

John y yo terminamos dirigiéndola a que pidiera ayuda a Dios, para que Él se abriera paso a través de la antigua manera en que ella hacía las cosas —a fuerza de voluntad— y la encontrara así como estaba, en esa situación. Oramos por ella, para que Dios hiciera un milagro. Ella no conocía un centro donde la trataran tanto a ella como a su fe, o donde fueran capaces de ayudarla a superar su adicción, pero nos dijo que estaba abierta a la ayuda de Dios. Ahí comenzó el milagro.

La primera parte del milagro fue ésta: Conocíamos el lugar adecuado para ella, era perfecto para lo que necesitaba, el centro de rehabilitación Calvary Center, en Arizona. Marian no tenía el dinero para pagarlo, así que oramos; sentíamos que Dios abriría una senda; no puedo explicarlo, pero eso fue lo que sentimos.

Entonces el milagro continuó. En cuestión de minutos, el teléfono sonó. Personas de todo el país llamaban para decir que sentían que debían pagar su tratamiento, fue increíble. Con lo que se reunió; creímos que su tratamiento ya estaba pagado, pero nos dimos cuenta de que le faltaría dinero, $5,400 dólares, para ser exactos.

Nos sorprendió que faltara dinero. Todos habíamos sentido que esto venía de Dios y que Él estaba obrando, pero parecía que las cosas no estaban resultando para Marian. Fue entonces cuando ocurrió el resto de este increíble milagro. Una mujer, que años antes había recibido una herencia de la cual nunca había dado un diezmo a Dios, llamó porque sentía que Dios la movía a donarlo para el tratamiento de esa mujer.

—¿De cuanto es el diezmo? —le preguntaron.

—La herencia fue de $54,000 USD —respondió— me gustaría dar $5,400.

Todos estábamos maravillados, era la cantidad exacta que necesitábamos; sin duda Dios había abierto una senda para esa mujer que no encontraba la manera de obtener la ayuda que tanto necesitaba. Poco tiempo después, Marian estaba en tratamiento y hasta la fecha se mantiene muy bien.

Quizás usted sea como Marian, ha ido a la iglesia pero nunca encontró un gran vínculo con Dios y no lo vio obrar en su vida, pensó que ir a la iglesia haría que Dios actuara en su favor. Queremos aclararle que amamos a la iglesia, incluso lo animamos a usted a formar parte de una congregación local; sin embargo, por cualesquiera que sean las razones, a veces las personas no encuentran a Dios cuando asisten. Podría ser porque la iglesia que usted visitó no conocía en verdad a Dios, quizá fue la situación espiritual en la que usted se encontraba cuando fue o no se pudo adaptar bien a la iglesia.

Sin embargo, como Dios lo demostró con esta mujer, Él puede abrirle un camino, sea cual sea su situación. Marian no sabía que su llamada desde el Medio Oeste al estudio de radio situado en California la llevaría a un centro de tratamiento en Arizona que pagarían personas de muchos estados diferentes. Dios no está limitado en la forma en que puede abrir una senda o en la manera en que se verá.

◆ ¿Y si no soy un adicto ni he perdido a nadie?

Quizá usted esté pensando: *Pero, yo soy una persona normal, con problemas y tensiones normales; no tengo ninguna gran crisis.* Usted puede estarse preguntando de qué manera encaja Dios en su vida. ¿Cómo le abrirá Dios un camino si no siente que lo ha perdido?

El hecho es que si usted piensa que su vida es perfecta y no puede mejorar nada más, entonces tiene razón; no necesita ninguna ayuda, ya ha llegado al cielo; algo que me parece formidable; inusual, pero formidable. En realidad nunca he conocido a nadie que creyera que su vida fuera perfecta, y conozco a algunas personas bastante exitosas, felices y realizadas. Más, si usted cree que ha llegado al cielo, Dios puede seguir abriendo caminos en usted... para dar a los demás. Pregunte a Dios a quién quiere enviarlo. Créame, Él le dará una misión.

Posiblemente algunos de quienes leen este libro hayan alcanzado un lugar en sus vidas en donde se encuentren más allá de la ayuda y gracia de Dios. Es posible que usted sea una persona normal, que viva una vida razonablemente normal.

Pero, hablemos acerca de lo normal, ¿qué es lo normal? Como psicólogos podemos decirle que lo normal es no "tenerlo todo". De hecho, la mayoría de las personas normales sienten con frecuencia que hay algo que falta en sus vidas, hay una distancia entre el lugar en el que están y en el que quieren estar, todos le llamamos "un vacío" a esa distancia. Por lo general, este anhelo se expresa en una o más áreas de su vida.

1. Busca que sus relaciones sean más cercanas. Es posible que usted tenga en su vida una relación buena pero que podría ser mejor, quizá no se sienta cómodo por el vacío en su relación con un ser querido o con un amigo, puede ser una relación con su hijo, o quizá desee una relación más cercana con algún familiar como un padre o un hermano.

Acaso el vacío se encuentre en su matrimonio. Su vida diaria con su cónyuge está bien, pero no disfruta la intimidad tan profunda que había esperado cuando eran novios o estuvieron recién casados. Usted sabe que las cosas deben ser mejores, pero sus sueños de acercarse más con los años y de ser compañeros de vida no se han materializado como lo esperaba.

2. Busca tener el control de su vida. Este vacío es personal: entre el lugar en el cual se encuentra y en el que quiere estar. Son sus metas personales, su forma de pensar y actuar, la forma en que se siente; quizá para usted sean los logros. No cree vivir de acuerdo con su potencial ni estar cumpliendo sus sueños, se pregunta por qué sus dones y habilidades no traen consigo los logros que había soñado y, como resultado, se siente alejado de toda pasión en la vida.

Otros de quienes se encuentran atrapados en este vacío tienen maneras establecidas de pensar, de comportarse y vivir, que no pueden cambiar a pesar de sus esfuerzos. Por ejemplo, una persona puede no ser capaz de perder peso porque se encuentra atrapada en sus hábitos de alimentación destructivos; otros, experimentan un vacío personal en las emociones; todos los días piensan en el vacío entre cómo se sienten y cómo quieren sentirse.

3. Busca satisfacer su hambre espiritual. Usted puede estar experimentando un vacío entre usted y Dios. Anhela volver a sentir la maravilla de esa fe infantil que tenía cuando era más joven, o estar vinculado con el Dios que conoce, que es amoroso y que quiere lo mejor para usted. Busca restaurar su pasión espiritual.

Pero usted quiere restaurar su pasión espiritual sin ser legalista y extraño como mucha de la "gente religiosa". Desea una realidad espiritual con personas afines a usted, que sean, reales y auténticas, con quienes pueda compartir de su relación con Dios.

O a caso usted busque a un Dios que sea más que la vaga conciencia de la Nueva Era, desea algo más que música relajante, meditación frívola y una sensación de unidad con la naturaleza.

Sin importar la forma en que se exprese su anhelo —en las relaciones, en lo personal o en lo espiritual— si tiene un vacío, si se siente atrapado entre sus circunstancias y sus sueños y esperanzas, le tenemos buenas noticias: Dios abrirá una senda para usted si lo llama. Pero aquí es donde las cosas llegan a complicarse; la mayoría de las personas no pueden ver el camino que Dios abre para ellos porque tienen dificultades para creer que hay un camino.

◆ Ejerza fe en el camino

El mayor obstáculo para encontrar los caminos que Dios nos da para salir de las crisis y vacíos de la vida es el no creer que exista un camino. Las conmovedoras letras de la canción de Don Moen, prometen: "Un camino hará, donde no lo hay", pero ¿cómo encontramos esa senda? ¿Cómo podemos sobrepasar las pruebas y tragedias de la vida? *Todo comienza cuando creemos que Dios en verdad abrirá un camino.* Es cuestión de aceptar y tener fe en Dios. La mayoría de nosotros no tenemos problemas para creer en Dios, pero por alguna razón nos cuesta trabajo confiar en Dios. Pensamos: ¿Dios me ayudará? ¿Puedo depender de Él? ¿Abrirá un camino para mí? La confianza es el puente sobre el río violento, es con ella que tenemos acceso al camino de Dios, la confianza es actuar con la seguridad de que Dios hará una senda.

Usted nunca se beneficiará de su fe en Dios hasta que se coloque sobre ese puente y comience a caminar en él. La confianza es tanto una actitud como una acción. Su primer paso debe estar seguido de otro y otro, hasta que se dé cuenta de que Dios ha abierto un camino para que usted lo conozca en forma personal. Mientras más actúe por su fe en Dios, podrá ver más de la senda que Él tiene para usted.

Cuando Dios nos abre una senda a través de las pruebas, es un proceso activo y no pasivo. Dios se encuentra actuando a nuestro favor, aun cuando no podamos verlo y Él nos llama a que también nosotros actuemos. En ocasiones, esto podría parecer una paradoja. ¿Yo lo estoy haciendo o es Dios quién lo está haciendo? La respuesta a ambas preguntas es "sí", Dios hará lo que solo Él puede hacer, el trabajo de usted es hacer lo que solo usted puede hacer. Es ahí cuando la fe brilla en verdad.

Marian no pudo dejar su adicción al crack ni encontrar el dinero que necesitaba para su tratamiento. Dios tuvo que hacelo, pero ella actuó con fe al orar para que Él hiciera algo, y cuando Dios actuó en su favor, ella dijo: "sí". Eso requirió tanto ejercitar la fe como llevar a cabo su oración.

Al comenzar esta emocionante travesía, queremos animarlo. El Dios que abrió una senda para mis padres cuando tenía yo cuatro años es el mismo Dios que puede ayudarlo a usted ahora. Él es quien abrió el camino para la madre de familia adicta al crack, que estaba viviendo una vida que no habría escogido ni en sus sueños más descabellados. Él es el Dios a quien personalmente hemos visto abrir una y otra vez las sendas en nuestras vidas, aun en ocasiones en las que no había una crisis sino tan solo el siguiente problema que resolver. Él mira toda la tierra, con el oído atento a todos los que lo buscan. Como dijo el salmista: "Cercano está Jehová a todos los que le invocan, a todos los que le invocan de veras. Cumplirá el deseo de los que le temen; oirá asimismo el clamor de ellos, y los salvará" (Salmos 145:18-19).

Nosotros creemos que usted no está leyendo este libro por coincidencia, así como tampoco Marian sintonizó el programa de radio ese día por coincidencia; y, al igual que la fe de Marian hizo que se recuperara al seguir las instrucciones de Dios, creemos que usted tendrá la misma experiencia cuando ejerza su fe en Dios al seguir los ocho principios que presentamos en los capítulos siguientes. Así como usted ejercería su fe en el doctor al seguir sus consejos para aliviarse en lo físico, al seguir las instrucciones de Dios, mejorará en lo espiritual y emocional. Dios lo está buscando, así que únase a nosotros en esta emocionante travesía mientras observamos las muchas formas en las cuales Dios abrirá una senda en su vida.

· ·

PRIMERA PARTE

LOS PRINCIPIOS DE LA SENDA

1

Principio uno:

COMIENCE SU TRAVESÍA CON DIOS

Yo, Henry, estaba sentado en un avión, me sentía agradecido de tener algunas horas para relajarme y no hacer nada en lo que tuviera que pensar, esforzarme o invertir de mis emociones. Estaba exhausto así que esperaba tener un compañero de asiento igual de cansado que no quisiera hablar, pero este día en particular no ocurrió.

—¿Va o viene? —me preguntó el hombre que se sentó junto a mí. Lo primero que pensé es que me gustaría ir; pero a un asiento diferente.

—Vengo de regreso a casa, de un viaje de negocios —le respondí, esperando que todo terminara ahí, pero no fue así.

Y después pasó al siguiente nivel:

—¿A qué se dedica?

Me decidí a darle una respuesta que, en muchas personas, tiene el efecto de detener las conversaciones:

—Escribo libros acerca de Dios.

Al responder así, había posibilidades de que me considerara un tipo raro y religioso y que fuera él quien decidiera irse a otro asiento.

—¿En verdad? —dijo, sonando emocionado—. Qué bien.

—¿Usted también está involucrado con Dios? —pregunté.

—Oh, no, yo no —respondió con rapidez—. Pero le doy mucho valor a las creencias, creo que creer es algo muy bueno.

Me comencé a sentir algo intrigado.

—¿A qué se refiere con creer? ¿Creer en qué?

—Pues, en Dios o en cualquier otra cosa —respondió—. Me he dado cuenta de que cuando las personas creen en algo, eso parece ayudarlos, pienso que los tranquiliza, les da una sensación de propósito o algo por el estilo.

Entonces dijo algo que captó mi atención y nos hizo iniciar una conversación que duró el resto del vuelo.

—No creo que en realidad importe lo que crean, el solo hecho de que crean en algo es útil.

—¿No cree que importe en lo absoluto lo que las personas crean? —insistí.

—No, en realidad no, todo lo que importa es que crean.

En realidad, lo que dijo era verdad en cierto sentido. Las investigaciones —y hasta las observaciones con sentido común— afirman que una persona con un conjunto de creencias y un fuerte sentido de la "fe" tienen mayor seguridad y aplomo que quienes se mantienen confundidos, sin saber en lo que creen.

Pero lo que le asegure a mi compañero de asiento y se lo aseguro a usted, que no es creer lo que abrirá un camino, es Dios quien lo hará. Las creencias o la fe son un acto de confianza de nuestra parte que nos conecta con el Dios que abre la senda.

Usted recordará la historia bíblica de Abraham; en ella, se relata que no tenía idea de a dónde se dirigía, pero creía que Dios lo sabía. Él no solo confió en su creencia y se dirigió al desierto, dejando todo lo que le era familiar, para ir a alguna tierra lejana "de promesa" en un intento de "mantener la fe", no, fue algo mucho más personal que eso y con un propósito mucho más específico. Abraham creía o confiaba, en un Dios que sabía exactamente a dónde lo llevaba y que era más que capaz de dirigirlo. Ejercer la fe es lo que Abraham tuvo que hacer para vincularse con el Dios que conocía el camino y que tenía el poder y la capacidad de llevarlo ahí.

Abraham sabía a quién seguía. Siglos después, el escritor del libro de los Hebreos dijo: "Por la fe Abraham, siendo llamado, obedeció para salir al lugar que había de recibir como herencia; y salió sin saber a dónde iba (…) porque esperaba la ciudad que tiene fundamentos, cuyo arquitecto y constructor es Dios." (Hebreos 11:8-10)

Así que cuando decimos que la fe, la confianza y la convicción lo ayudarán a superar los problemas, lo decimos en una forma muy específica; no solo son ejercicios de pensamiento positivo, involucran una relación con una persona real que conoce el camino en el cual debemos vivir y que promete dirigirnos a él.

◆ Nuestro diseño

Con mucha frecuencia escucho a personas decir a otros lo mismo que defendía el hombre en el avión. Dicen: "Ten fe" o "Sigue creyendo", ellos son sinceros en querer dar a un amigo valor y esperanza para superar una situación difícil o alcanzar una meta, pero un problema de la vida es que en algunas situaciones *todos* llegamos al límite de nuestra capacidad, fuerza, conocimiento y experiencia. En esos momentos el solo tener fe en la fe, el solo creer en las creencias o tener fe en nosotros mismos no es suficiente, necesitamos más.

Lo que necesitamos es a alguien que esté al otro lado de esa expresión de fe; necesitamos ayuda para saber cuál es el siguiente paso, cuál es la siguiente parte; necesitamos a alguien que nos dé la llave para abrir la puerta que nos permitirá cruzar el misterio que se encuentra frente a nosotros; necesitamos a alguien mayor a nosotros que nos diga qué hacer cuando no lo sepamos.

El hecho de que usted y yo necesitemos a alguien mayor a nosotros no es una debilidad, algunos dicen que nuestra necesidad de Dios es una "muleta" y que solo los débiles necesitan a Dios, pero eso es tan falso como decir que por ser débiles, necesitamos aire y alimento. Fuimos creados y diseñados para obtener de afuera de nosotros las cosas que necesitamos todos los días. Un enorme oxímoron es el decir que alguien se "hizo a sí mismo". El salmista lo entendía cuando escribió: "Él [Dios] nos hizo, y no nosotros a nosotros mismos" (Salmos 100:3). También me gusta lo que dice al final de este versículo: "Pueblo suyo somos, y ovejas de su prado."

La vida está diseñada de un modo que nos dice que se supone que somos capaces de hacer nuestro propio camino. Por principio, no nos hicimos a nosotros mismos, ni establecimos la vida ni la forma en que debe funcionar; así que lo que le diría a mi amigo del avión es que sí importa lo que creamos; para ser más específicos, importa en quién creamos. No crea en la fe; en cambio, use su fe para creer en Dios.

Cuando ponemos nuestra fe y nuestra confianza en Dios, hacemos lo único que un ser humano puede hacer para lograr sucesos sobrehumanos. Superamos el conocimiento y la fuerza humana. Tenemos contacto con la fuerza y el conocimiento infinito. El mensaje del salmista, junto con los testimonios de muchos que fueron antes que nosotros, es este: Comenzamos a encontrar la senda cuando nos damos cuenta de que no somos Dios. Tenemos límites; no tenemos todas las respuestas porque no nos hicimos a nosotros mismos ni a la vida misma. Así que está bien el hecho de que no lo sepamos todo y no podamos entenderlo todo; además, ya que Dios nos hizo, Él quiere mostrarnos a cada uno cómo vivir la vida que nos ha dado.

¿Usted cree que esto es cierto? Él es nuestro Pastor, la vida es Su prado y nos guiará en él; Él nos mostrará el camino. En verdad Él abrirá una senda en donde sea que usted se encuentre.

Por lo tanto, comience este viaje con el primer paso: darse cuenta de que, al no ser Dios, es natural que llegue a los límites de sus habilidades finitas para resolver sus problemas o para crear la vida que desea. Como Él es Dios, y quiere ser su pastor, usted tendrá la oportunidad de vivir en una relación con quien lo diseñó, y diseñó su vida, y que por tanto es quien sabe mejor cómo puede vivirla. Este es el primer paso para saber cómo Dios puede abrir una senda para usted.

◆ Lo que necesitamos y lo que Él nos brinda

Esta es una pregunta importante que usted debe responder: ¿Qué puede hacer cuando no sabe qué hacer?

La triste realidad es que hacemos dos cosas. Primero, repetimos lo mismo; con la diferencia de que la siguiente vez ponemos más empeño en hacer que la relación funcione, o en tener éxito en nuestras carreras o en romper con un hábito dañino. Las personas que se someten a una dieta tras otra sin tener éxito piensan: Esta vez las cosas serán diferentes, porque esta vez harán un compromiso más sincero para ser saludables y perder peso. Las personas que tienen relaciones difíciles piensan: esta vez será diferente, de alguna manera podemos mejorarlo aun después de otra pelea o de una separación más.

Este enfoque refleja una definición popular de la locura: Hacer lo mismo una y otra vez pero esperando resultados diferentes. Si usted ha dado su mejor esfuerzo, ha intentado todo lo que sabe hacer, y lo ha intentado una y otra vez, entonces sabe lo que es la locura. Atacar nuevamente un problema que no ha podido resolver solo con su conocimiento y sus fuerzas limitadas suena bastante loco, ¿no? Si no obtuvo los resultados que esperaba las primeras tres, cuatro... o diez o veinte veces, ¿qué le hace pensar que funcionará esta vez? Sin embargo, la mayoría de nosotros seguimos intentándolo, esperando que las cosas resulten de otro modo.

Lo segundo que muchos de nosotros hacemos después de haber intentado una y otra vez, obteniendo los mismos resultados, es dejar por completo de intentarlo. Es entendible, nos cansamos y nos rendimos, pensando: "Esta relación nunca va a funcionar", "Nunca podré perder peso", "Nunca alcanzaré mis metas y sueños" o "Nunca lograré superar la depresión".

Así que el resultado de intentar vivir en nuestras limitaciones de conocimiento, fuerza y recursos es inutilidad y desesperanza.

Por fortuna, para Dios, la esperanza comienza cuando llegamos a nuestros límites. Jesús dijo: "Bienaventurados los pobres en espíritu" (Mateo 5:3). Quería decir que cuando nos damos cuenta de que no tenemos más recursos, estamos listos para pedir la ayuda de Dios.

La mejor noticia es que cuando pedimos ayuda a Dios, trascendemos de inmediato nuestras limitaciones, pasamos hacia el terreno de un Dios que tiene maneras infinitas de darnos todo lo que en verdad necesitamos.

Quizá usted se pregunte cuáles son los recursos de Dios. Los que a continuación mencionamos son unos cuantos:

- Fuerza y poder
- Conocimiento y sabiduría
- Oportunidades y recursos

- Dirección y guía
- Sanidad y consolación
- Perdón y aceptación
- Habilidad y capacidad
- Amor y comunión
- Esperanza y valor
- Valores y principios

Si usted se encuentra indeciso, si tiene dudas, o simplemente se resiste a dar este paso fuera de sus propios recursos hacia Dios y Sus recursos ilimitados, considere esto: A través de la historia, hay personas que han encontrado por medio de la ciencia, de la filosofía y de su propia experiencia, que nuestra vida externa es una manifestación de nuestra vida interna. Entendemos que nuestra alma y nuestro espíritu, (nuestra parte interna) son lo que impulsa nuestra habilidad para amar y para crear las vidas que deseamos. La paradoja es que lo que se encuentra en nuestro interior, es lo que no podemos crear por nosotros mismos, *se nos deben dar desde fuera*, debemos obtenerlo de Dios. Las personas con dones los han recibido de Dios, y a través de Él usted también puede tenerlos.

Esta es la esencia de lo que decimos en muchas formas diferentes a lo largo de este libro: Sin importar las limitaciones o circunstancias a las cuales nos enfrentemos en la vida, hay un Dios que puede habilitarnos y dotarnos para superar lo que creíamos imposible, para ayudarnos en un momento difícil, para hacernos capaces de lidiar con una relación conflictiva o hasta para hacer un sueño realidad. Sea lo que sea, nuestra experiencia y la experiencia de muchas personas a lo largo de la historia, es que podemos confiar en que Dios ciertamente nos dará más de lo que necesitamos y que nunca creímos posible. En ocasiones, a través de medios muy inesperados, Él abrirá una senda para usted.

Cuando llegamos a nuestros límites, es cuando Él puede obrar mejor; es por lo cual Jesús nos dice: "Bienaventurados los pobres en espíritu". Si usted tiene una necesidad, hay buenas noticias: usted puede tener a Dios de su lado.

◆ La forma en que Dios provee

¿Qué es lo que debe hacer para superar sus propias capacidades y aprovechar el poder, la fuerza y los recursos de Dios? Parece demasiado bueno. Tal vez su suposición sea que esto es solo para personas muy especiales, muy buenas o muy raras; usted podría pensar que esta clase de vida no existe o existe solo para unos pocos.

La Biblia testifica una verdad diferente: que el poder y los recursos de Dios no son en lo absoluto para personas muy importantes, de hecho no pueden obtenerse a través de esfuerzo humano o por propia habilidad o por ser buenos, solo pueden obtenerse como un obsequio; solo se puede tener acceso a ellos a través de la humildad; es decir, al darnos cuenta que solo somos humanos en necesidad de nuestro Creador. A lo largo de la Biblia hubo algo que Dios dijo una y otra vez: "Ven a mí y yo te daré".

¿Cómo nos da Dios en la actualidad? De la misma forma en que siempre lo ha hecho: viniendo a nosotros e invitarnos a que vayamos a Él. Como lo dijo Jesús: Él está a la puerta y nos llama, y si lo dejamos entrar en nuestros corazones y nuestras necesidades cotidianas, nos llevará a la vida en abundancia (Apocalipsis 3:20; Juan 10:10). Él nos busca todos los días; todo lo que tenemos que hacer es decir "sí".

Así que, el primer paso para que Dios abra una senda en su vida es decir "sí" a Su invitación de darle a usted todo lo que no puede proveerse así mismo. En vez de buscar lo que necesitamos, Dios nos dice que lo busquemos a Él, al hacerlo, nos dará la "senda" que necesitamos. Como lo dijo Jesús: "Mas buscad primeramente el reino de Dios y su justicia, y todas estas cosas os serán añadidas" (Mateo 6:33).

A lo largo de este libro ahondaremos en las diferentes cosas que Dios puede darle para abrir una senda en medio de cualquier situación que esté enfrentando. Al leer, podrá encontrar los pasos específicos para el camino que necesite tomar; pero, sin el primer paso (decir "sí" a Dios) los principios que le ofrecemos aquí no serán más que otro grupo de reglas o conceptos con los cual intentará vivir en sus propias fuerzas, sujeto a sus propias limitaciones. Para hacerlas funcionar, primero debe estar relacionado con alguien mayor a usted, debe estar vinculado con más que la sola creencia: debe estar conectado con Dios.

Para comenzar su andar, dé el primer paso; sin importar dónde se encuentre en este momento. Diga "sí" a la oferta que le hace Dios para abrir una senda para usted a través de Su poder. Incluso si ya ha dado ese paso antes, pídale que abra una senda para usted. Él lo hará.

Como está a punto de ver, en ocasiones la senda que Dios hace para nosotros es en verdad milagrosa; sin embargo, en muchas otras, es un camino que requiere de mucho trabajo de nuestra parte, crecimiento y cambio. Hay veces en que ni siquiera es el camino en el cual pensamos que debíamos ir, sino que es diferente; y hasta mejor. Sin importar lo simple o desafiante que resulte su travesía espiritual, cuando Dios hace un camino, es real y poderoso, da significado y sus resultados perduran.

Cuando nos vinculamos a Dios y seguimos sus caminos, se puede abrir un completo nuevo mundo.

2

Principio dos:

ESCOJA CON SABIDURÍA SUS COMPAÑEROS DE VIAJE

Hace poco me encontré (Henry) con mi amigo Joe ¡y vaya que estaba enojado! Alguien le había dado un consejo que le llegó a lo más profundo y no le gustó ni siquiera un poco.

Joe estaba en el proceso de comenzar un nuevo negocio y había estado trabajando muy duro en el proceso de montarlo; tenía tantas ganas de tener éxito que casi podía sentirlo. A Joe le había ido bien como empleado de una gran compañía de ventas, pero definitivamente tenía el talento y las habilidades para tener el suyo, así que mientras trabajaba en el inicio de ese proceso, decidió buscar aportaciones de un exitoso hombre de negocios que había comenzado su compañía muchos años atrás. Esta fue la persona que le dio el consejo que no quiso escuchar.

Cuando Joe le dijo a este gran empresario todos sus planes y los sueños que tenía para su nueva compañía, esperaba escuchar una gran cantidad de sabiduría; esperaba recibir instrucciones que lo ayudaran a lograr sus metas.

En cambio, el hombre le respondió:

—Te diré cómo comencé mi trabajo; y también éste es mi consejo: Organicé un pequeño grupo de apoyo que se reunía dos veces por semana; orábamos juntos; confesábamos nuestras luchas y pecados los unos a los otros; pero, más que nada, solo nos apoyábamos; así es como construí mi compañía.

Joe respondió:

—Claro, pero, ¿y el financiamiento inicial? ¿Cómo se aproximó a los bancos? —hizo algunas otras preguntas.

—Esas cosas no son lo más importante, no al principio. Tener un grupo de apoyo es lo importante, —repitió el hombre de negocios.

Sin importar cómo intentó Joe obtener de él los secretos para comenzar su negocio, se mantuvo firme en lo que quería que Joe viera. Una y otra vez, el hombre repetía: "rodearte de personas firmes, afines en lo espiritual, es el paso inicial más importante".

Como lo dije, Joe estaba furioso cuando me contó cómo este hombre le había hecho desperdiciar su tiempo con consejos tan "inútiles". Joe no quería acercarse a personas sabias en lo espiritual; quería tener éxito, quería construir algo, hacer dinero y lograr sus metas. ¿Qué tienen que ver el financiamiento y las ventas con rodearse de personas espirituales?

En dos años, Joe estaba en bancarrota. Y no solo eso, estaba quebrantado. Equivocadamente concluyó que el consejo de ese hombre solo le quitaría tiempo valioso para "trabajar en su plan", pero no pudo ver que rodearse de buenas personas debió haber sido la primera parte y la más importante de su estrategia.

La historia de Joe ilustra una de las dos grandes razones por las cuales las personas no encuentran el camino que Dios tiene para ellos: Creen que resolver el problema que enfrentan es la prioridad más importante, pensando que la tarea en sí misma —tal como terminar o comenzar una carrera, o superar una adicción, un mal hábito o una relación difícil— es lo más importante.

Un hecho probado es que el trabajo de resolver un problema es secundario a reunir un equipo. Es raro que las personas que intentan hacer algo en sus propias fuerzas puedan lograrlo, y cuando lo hacen, por lo general no pueden mantener el esfuerzo, como Joe, sucumben ante sus propias limitaciones.

Como psicólogos, John y yo vemos todos los días a personas que intentan hacer una mejor labor en la vida, pero lo intentan sin el apoyo que necesitan de los demás. Esa es una de las mayores razones por las cuáles las personas fracasan: Intentan hacerlo solos.

También hay otra razón por la cual muchos no encuentran la senda que Dios está abriendo para ellos: no es la ausencia de personas buenas en su equipo, sino la presencia de influencias no muy buenas. No solo no tienen personas que los acerquen a sus metas sino que, tienen personas que los alejan de ellas.

Las personas poco útiles no son necesariamente malas personas, de hecho pueden ser algunos de nuestros mejores amigos y compañeros. Sí, todos necesitamos en nuestras vidas a personas "alocadas" y amantes de la diversión, porque la vida sería aburrida si no tuviéramos a nuestro alrededor a ese tipo de personas. Amo a mis amigos alocados, aun a aquellos que no me acercan a encontrar mi camino; son divertidos, pero no dependo de ellos para obtener ayuda. La realidad es que algunos amigos y conocidos no son capaces de hacer las cosas que se supone que nuestra comunidad debe hacer por nosotros. Les gusta divertirse todo el tiempo y evitan enfrentarse a los problemas que les permitirán crecer en sus propias vidas. Si evitan las cuestiones más profundas, entonces puede apostar a que no serán capaces de ayudarle con las suyas. Desde luego que puede divertirse con ellos, pero no lo ayudarán a crecer y encontrar la senda que Dios tiene para usted.

De hecho, puede ser peor, usted puede tener a su alrededor, a personas que hagan mucho más que no solo permitir que avance, podrían ser personas que lo hagan retroceder.

Susie era una mujer que había comenzado a hacer progresos en su vida, encontrando el nuevo camino que Dios tenía para ella; pero cuando regresó a recibir consejería, después de las vacaciones de Navidad, se veía diferente. Hablaba de ella misma en forma negativa y pude sentir que la energía de crecimiento que tenía en el verano había desaparecido; como si una luz se hubiera vuelto tenue.

Me empezó a hablar de los asuntos importantes; y de algunas cosas que quería lograr, pero no quise detenerme ahí; pues no podía pasar por alto la sensación que rodeaba a Susie; era como si una nube la hubiera seguido dentro de la habitación. Algo que también fue para mí muy notorio es que ella no parecía percibirlo, solo parecía que iba "resolviendo" la vida como si nada hubiera cambiado, pero yo no pude ignorarlo.

Así que le pregunté a Susie sobre sus vacaciones. En Navidad, pasó mucho tiempo con su familia, en especial con su madre y hermana, también había salido algunas veces con un antiguo novio. Nada horrible sucedió con ninguno de ellos, al menos no en la superficie; sin embargo, interiormente, le habían ocurrido muchas cosas.

La madre y la hermana de Susie eran personas negativas y muy especialmente hacia ella. No eran insultantes abiertamente, pero tendían a menospreciarla de maneras sutiles. A Susie siempre le había parecido que no podía ganar su aprobación, sin importar lo que hiciera. Les contó acerca de sus sesiones de consejería y de las cosas que estaba aprendiendo, y ellas le respondieron: "La consejería nunca ha ayudado a nadie, solo es una pérdida de tiempo". A pesar de lo que ellas dijeron, la realidad era que Susie había logrado muchos avances en las sesiones que tuvimos el año anterior.

Poco a poco, extendieron su negatividad a todas las partes de la vida de Susie. Cuando les habló de las clases que tomaba y de que pensaba cambiar de carrera, le dieron una docena de razones por las cuales su enfoque era incorrecto. Cuando les habló de su crecimiento en el área de las relaciones, en especial de la manera en la cual buscaba que los hombres con los que salía compartieran su nueva fe, ellos tenían sus propios puntos de vista sobre la manera en que escogía con quién salir y de lo que "siempre" había hecho mal en esas ocasiones. No consideraban valiosa su vida espiritual.

El punto clave, es que todo ocurrió de una forma muy sutil. No fueron crueles ni escandalosas de manera abierta, sino que estar con ellas era como estar en una habitación con una fuga de gas: después de un rato, sientes un dolor de cabeza, pero no te diste cuenta de cuándo llegó y no sabes por qué te sientes así.

Curiosamente, lo mismo sucedió con su antiguo novio, aunque él fue un poco más agresivo en sus menosprecios y deméritos. Podía alternar el encanto que tenía con sus dardos, de una forma que ella ya había olvidado.

No encontré una razón para que Susie viera a su antiguo novio, pero pensé que no debería evitar a su familia; sin embargo, le dije en términos claros que aunque la familia es importante, debía tener cuidado cuando los hiciera participar de sus vulnerabilidades.

Sus sueños, su crecimiento y su corazón debían compartirse con quienes estuvieran del lado de la vida y de la luz, no con quienes están del lado de la oscuridad y la destrucción. La animé a que las amara y las viera, pero también a ser sabia cuando compartiera con ellas las cosas que requieren de protección y cuidado, pues no lo encontraría en ellas; en cambio, mucho de lo que encontraría la haría retroceder y no la llevaría hacia donde deseaba. Así, nos encontramos con dos peligros de los "compañeros de viaje": La ausencia de personas que brinden apoyo y la presencia de quienes pueden dañar nuestra causa. Lo que necesitamos saber, es cómo escoger a las mejores personas, para que se encuentren en nuestro grupo.

Los siguientes, son algunos puntos que debemos observar en las clases de apoyo que necesitaremos.

◆ Escoja su equipo

Yo crecí participando en torneos de golf. Jack Nicklaus era el rey de ese deporte. El "oso dorado", como lo llaman, dominó el tour de la PGA por varios años. Desde mi punto de vista, era el mejor golfista que hubiera vivido.

Pero un día, mi forma de ver a Jack Nicklaus cambió de manera abrupta. Escuché que viajaba periódicamente a su lugar de origen, Ohio, para ver a su maestro, Jack Grout. El locutor dijo que Nicklaus necesitaba ayuda con su swing. Me quedé atónito. Pensé ¿Jack Nicklaus, el rey del golf profesional, aún necesita un maestro? Jack es el mejor ¿por qué necesita un maestro? De cualquier forma, ¿quién podría enseñarle si nadie es mejor?

En mi perspectiva infantil de la vida, yo asumía que, al ser muy bueno en algo, lo último que se necesitaba era un maestro; los maestros eran para personas que no sabían lo que hacían. He aprendido mucho desde entonces; por lo general, las personas que se levantan para convertirse en los mejores dentro de sus deportes o profesiones, no lo hacen solos, buscan la ayuda de un maestro, consejero o asesor espiritual.

Muchas personas buscan lo que Dios tiene para ellos, pero, desafortunadamente, tal como un niño que cree no necesitar un maestro, fallan al no aprovechar a las personas talentosas, cariñosas y sabias que Él pone en su camino. Parte del plan de Dios para abrir una senda para usted, es poner personas buenas a su alrededor, personas con dones para ayudarlo a llegar a donde necesita ir. Algunas de estas personas simplemente aparecerán en su vida, enviadas por Dios en el momento preciso; habrá otros que tendrá usted que buscar por su cuenta; algunos serán profesionales, otros, pueden ser vecinos o amigos de la iglesia.

Como dice en la Biblia, cuando nos amamos y nos apoyamos, en realidad estamos repartiendo los recursos de Dios: "Cada uno según el don que ha recibido, minístrelo a los otros, como buenos administradores de la multiforme gracia de Dios" (1 Pedro 4:10). Parte del plan de Dios para abrir una senda para usted es colocar a su alrededor a buenas personas, a quienes ha dotado con los recursos que usted necesitará obtener para ir a donde deba ir.

Las siguientes, son algunas de las cosas que los demás pueden darle, las que, en realidad, son dones de Dios:

Apoyo. Cuando estamos en medio de una transición o intentamos alcanzar una meta, es como tratar de avanzar cuesta arriba. Por definición, manejamos algo, ya sea bueno o malo, que va más allá de la vida cotidiana; no tenemos estos recursos en nuestro interior y Dios nos da Su fuerza a través del apoyo de los demás. Desde superar una enfermedad o una pérdida, hasta alcanzar un sueño, estas actividades requieren más fuerza y resistencia espiritual y emocional que la que poseemos.

Amor. La Biblia también dice: "Y ante todo, tened entre vosotros ferviente amor; porque el amor cubrirá multitud de pecados" (1 Pedro 4:8). Sin importar lo que le haya ocurrido, lo que haya hecho o lo que tenga que hacer, necesita la red de seguridad que es el amor. El amor impulsa la vida, y al saber que hay personas de nuestro lado —que están para nosotros— hará posible que haga lo que tenga que hacer.

Ánimo. Lo que debe hacer no estará exento de riesgos y miedo. En ocasiones la tarea parece presentar riesgos que no podemos encarar, y necesitamos a personas que nos digan lo que el apóstol Pablo dijo a sus amigos que se encontraban en un gran peligro: "Tened buen ánimo; porque yo confío en Dios que será así como se me ha dicho" (Hechos 27:25). Aún si usted tiene una gran fe, experimentará momentos de miedo, momentos en los cuales aquello a lo que se enfrente parezca ser demasiado grande. Todos necesitamos que la gente de Dios esté de nuestro lado durante esos momentos, para que nos recuerden que debemos mantener el ánimo, sabemos que la sola presencia de un grupo de apoyo brinda ánimo por sí mismo.

Opinión. Como lo discutiremos con mayor profundidad en el capítulo siguiente, debemos recibir opiniones de otras personas; esto es, porque las necesitamos para corregirnos, si queremos llegar a nuestra meta en la vida. La Biblia nos dice una y otra vez que las personas son una de las fuentes a través de las cuales recibimos la corrección de Dios: "Como zarcillo de oro y joyel de oro fino es el que reprende al sabio que tiene oído dócil" (Proverbios 25:12).

Sabiduría. Simplemente no poseemos todo el conocimiento y la sabiduría que necesitaremos, Dios habla a nuestras vidas a través de personas sabias.

Experiencia. Qué bendición es tener en nuestro grupo a alguien que ya ha estado en nuestro lugar y que nos puede entender. En momentos de dificultad o de crecimiento, necesitamos la experiencia de otras personas que antes hayan pasado por lo mismo que nosotros.

Modelo. No podemos hacer lo que nunca hemos visto. Una de las maneras más poderosas en que Dios puede abrir una senda para nosotros es darnos a personas que puedan ser modelo para nosotros; la Biblia dice: "A fin de que no os hagáis perezosos, sino imitadores de aquellos que por la fe y la paciencia heredan las promesas" (Hebreos 6:12). En cualquier área de la vida, ya sea el matrimonio, el trabajo o el crecimiento personal, tenemos que observar a quienes hacen lo que queremos hacer. Aprendemos mejor cuando somos capaces de mirar y aprender. De la misma forma en que un niño crece al imitar a sus padres, crecemos al mirar a otras personas que nos sirvan como modelos en diferentes áreas de la vida.

Valores. Los valores son lo que nos guía, pero el problema es que no se construyen por sí mismos, se desarrollan en el contexto de la comunidad. Aprendemos nuevos valores de otras personas y recibimos apoyo para mantenerlos y definirlos a través de las personas que asociamos con ellos.

Responsabilidad. El indicador de la temperatura nos dice si el motor de un carro se encuentra bien, lo mismo hace el del combustible; una compañía se somete a una auditoria para que sus directores sepan qué necesidades corregir. De la misma manera, necesitamos rendir cuentas, necesitamos someternos a una "auditoria" para conocer nuestra situación actual y en qué áreas necesitamos poner más atención.

La mayoría de las ocasiones mencionadas en la Biblia en las cuales Dios abre un camino para alguien, envía al menos a una persona más para ayudar; pudo haber sido un profeta, como Natán, quien guió y corrigió a David; hubo ocasiones en las que fue un pariente, como Jetro, que instruyó a Moisés acerca de cómo crear el primer gobierno de Israel; a veces fue un amigo, como Tito, que animó al apóstol Pablo cuando estaba triste. Por supuesto que también hay momentos sobrenaturales en los cuales Dios envía a un ángel, da una visión o hasta envía a Jesús mismo para hablarle a alguien. Escuchamos de sucesos así que ocurren en todo el mundo, incluso en la actualidad; pero en general, el plan de Dios para nosotros es que tengamos amigos cariñosos que nos apoyen y que estén ahí para ayudarnos a superar lo que sea que se presente en nuestras vidas.

> Mejores son dos que uno; porque tienen mejor paga de su trabajo. Porque si cayeren, el uno levantará a su compañero; pero ¡ay del solo! que cuando cayere, no habrá segundo que lo levante. También si dos durmieren juntos, se calentarán mutuamente; mas ¿cómo se calentará uno solo? Y si alguno prevaleciere contra uno, dos le resistirán; y cordón de tres dobleces no se rompe pronto.
>
> Eclesiastés 4:9-12

¿Quiénes forman su cordón de tres dobleces? ¿Quiénes son las personas que están cerca de usted, de su lado, animándolo sin temor de decir la verdad? ¿Qué amigos estarán dispuestos a consolarlo cuando se sienta triste, a mostrarle más acerca de Dios de lo que usted ya sabe, y a confrontarlo cuando se dirija a los problemas? ¿Con quién puede contar, para que le enseñe cuando no sepa qué hacer, que le brinde ayuda cuando la necesite, para llorar con usted cuando pierda y celebrar cuando gane? Su grupo puede ser informal o puede estar estructurado. Pero un ambiente estructurado de apoyo contiene varios elementos que, si se somete a ellos abiertamente, cambiarán su interior y lo acercarán más a Dios. Esta es una lista de lo que hay que buscar en cualquier contexto de grupo en el cual busque ayuda, capacitación o apoyo para reparar alguna área de su vida:

- Un lugar seguro al que pueda llevar su lucha.
- Un líder cariñoso, honesto y con experiencia en el tema.
- Responsabilidad ante Dios y otras personas.
- Regularidad de horarios, tal como horas y fechas para las reuniones.
- Que sea requerido que las personas asuman responsabilidad personal.
- Experiencias de tomar riesgos.
- Confrontación y opiniones directas pero amables.
- Apoyo y ánimo.
- Metas, tareas y labores que realizar en casa.
- Una manera de usar las fallas para aprender y crecer, más que sentirse desanimado y condenado por ellas.

Quizás usted piense que esto es mucho trabajo. Sí, es trabajo, pero vale la pena.

En el nivel tanto práctico como en el espiritual, mi amigo Joe se habría beneficiado si hubiera realizado esta clase de trabajo antes de comenzar. Recordará que se le aconsejó colocar un equipo a su alrededor; de haberlo hecho, creo que no habría terminado donde terminó, sino que en cambio hubiera alcanzado y sobrepasado las metas que tenía para sí mismo y para su negocio; sin embargo, estando solo, no pudo con el reto. Lo mismo ocurre con todos nosotros, necesitamos apoyo sabio y amoroso.

Básicamente, hay dos tipos de personas en el mundo: aquellos que crecen en lo personal y aquellos que se mantienen estancados, sin llegar a ningún lado. Acepte como compañeros de viaje a personas que siguen a Dios y el camino que Él ha trazado para ellos, porque son los que crecen constantemente. Ellos lo ayudarán a mantenerse en el camino que Dios ha hecho para usted. Por el contrario, no confíe su corazón a quienes se encuentran estancados o haciendo cosas que destruyen el amor, la vida y los logros, pues pueden matar sus sueños y alejarlo del camino de Dios. Algunas de las personas que usted necesita podrían ya estar en su vida; si lo están, agradézcales por su ministerio hacia usted. Además, dígales que los necesita para dar los siguientes pasos en su travesía, pregúnteles si estarán con usted comprometidos, dándole su opinión y apoyo. Es posible que se sientan apreciados y conmovidos de que usted se los haya pedido.

Si usted se da cuenta de que en este momento no hay suficientes de estas personas buenas y comprensivas, entonces entre en acción y encuéntrelas. Podría necesitar unirse a un grupo de apoyo estructurado que le brinde a las personas que necesita. De cualquier manera, algo se ha probado una y otra vez: Las personas con el mejor equipo, ganan, asegúrese de ser una de esas personas.

3

Principio tres:

TENGA LA SABIDURÍA EN ALTA ESTIMA

El esposo de Jan la encontró en la cochera, desplomada en el piso, con el frasco de píldoras en la mano. Él sabía que había estado deprimida, pero no tenía idea de que fuera tan grave; tampoco tenía idea de lo que pasaba ninguna otra persona en su vida. Aparentemente, Jan era una mujer realizada, que tenía muchos amigos; nadie habría imaginado que intentaría el suicidio, a menos que se los hubiera dicho, y ella no se lo diría a nadie.

La depresión es una cosa; la desesperanza suicida es otra. Su manera de pensar fue: ¿Cómo puedo decirle a alguien que me he hundido tanto? ¿qué pensarían? Y después: ¿De cualquier forma, qué podrían hacer para ayudarme? Sintió como si hubiera intentado todo lo que le habían enseñado para lidiar con la vida. ¿Acaso no había leído todos los libros indicados y escuchado todos los sermones y enseñanzas? ¿Acaso no tenía una buena educación? ¿Contarle esto a alguien? Años había ido atrás a una sesión de consejería y no fue útil; y si un consejero no pudo ayudarla, ¿podría un amigo? Además, no quería ser una carga para ninguno de sus amigos. Parecía que las píldoras eran su única respuesta.

Por fortuna, su esposo intervino y la llevó al hospital. Yo (Henry) la entrevisté y me dio tristeza ver lo deprimida que se sentía. Me dijo con la mirada en blanco: "No tengo ninguna esperanza, ninguna; y sé que nada cambiará para mí. Estoy atrapada en esta depresión y nadie lo entiende".

Jan expresaba los síntomas que por naturaleza se presentan en la depresión severa. No hay esperanza.

Continuó: "Estoy tan enojada de que mi esposo me haya encontrado; en ese momento todo podría haber terminado." Con esto, supe que aún pensaba en morir; sin embargo, lo que me llamó la atención fue la certeza que tenía de que las cosas nunca cambiarían y de que nunca se sentiría mejor.

Al hablar con ella, me sorprendió lo lejanas que eran nuestras perspectivas. Ella no tenía esperanzas, pero yo sí me sentía lleno de esperanza hacia ella. Ella estaba segura de que la única manera de que las cosas mejorarían, era muriendo; ¡mientras que yo estaba seguro de que mejoraría!

Cuando le dije a Jan que creía que podría recuperarse, me miró como si yo viniera del espacio exterior. Sin inmutarme, le dije que sin duda habría dificultades en el proceso y que la recuperación no sería fácil; sin embargo, afirmé, no carecía de esperanzas, aunque ella no lo sintiera así. Le aseguré que por la experiencia y la capacitación que yo tenía, sabía lo que causaba su depresión y qué hacer al respecto.

—De lo poco que he aprendido de ti en este corto tiempo, sé que puedes lograrlo —le dije.

Pero ella no estaba lista para creerme.

—No quiero estar en este hospital —fue todo lo que pudo decir.

—Sí, lo sé —dije—. Pero lo estás. Y necesitamos mantenerte aquí hasta que te sientas mejor.

—No, no quiero quedarme aquí —protestó con mucha más firmeza—. Nunca me sentiré mejor, así que solo déjenme ir.

—Lo siento, no te puedo dejar ir —me negué—. Pero creo que mejorarás, sé que no puedes verlo en este momento; por ahora, desde tu perspectiva no hay salida. En ese sentido, creo que tienes razón, pero desde mi punto de vista, dado lo que sé, hay una senda, solo que aún no puedes verla.

—Así que tendrás que quedarte con nosotros y verlo por ti misma —continué.

Como ocurre con las personas realmente suicidas, mi intento de darle ánimo no tuvo ningún efecto y su respuesta fue la que esperaba. Respondió con apatía:

—No tengo opción, ¿o sí? Ustedes me tienen encerrada, así que ya veremos.

◆ La sabiduría hace la diferencia

Años de experiencia clínica me han enseñado algo muy valioso acerca de la vida y de la forma en que Dios abre una senda. Lo que aprendí vino a través de una situación que se repetía una y otra vez. Es algo así: Alguien ingresaba al hospital o iba a verme a una sesión de consejería sin ninguna esperanza. En realidad, eso es un eufemismo, de acuerdo a algunos casos que he visto.

Aunque estuvieran luchando con un matrimonio en desastre, una adicción, un niño problema, el fin de una carrera o una depresión muy larga, me he encontrado con muchas personas que en verdad creían que *no había absolutamente nada que pudiera mejorar su situación*. Su experiencia subjetiva les decía que habían tocado fondo, y no tenían ninguna esperanza de poder cambiar las cosas.

Pero mi experiencia me ha enseñado a ver las cosas de una manera diferente. Lo que puedo ver es esto: mientras que muchas personas creen que no hay esperanza, yo puedo sentir, con absoluta certeza que lo que experimentan puede resolverse.

Una persona está segura de que todo ha terminado, otra está segura de que la victoria está garantizada. ¿Cuál es la diferencia? En una palabra: la sabiduría.

No me malentienda, no afirmo ser un hombre sabio ni tener una inteligencia especial, en lo absoluto, pero si la sabiduría es habilidad y conocimiento aplicado a la vida, entonces conozco algunos principios de sabiduría con los cuales las personas pueden resolver problemas que aparentemente carecen de solución. Esto surge de años de experiencia en el tratamiento de personas heridas y sin esperanza, de ver lo que funciona, y de haber sido bendecido con maestros experimentados.

Lo que trato de decir es esto: Cuando poseemos la sabiduría necesaria para saber cómo actuar en una situación en particular, tenemos esperanza y hasta la certeza de que solucionará el problema. Yo sabía que una persona mejoraría cuando hiciera lo adecuado, y la razón por la cual lo sabía era porque existen principios verdaderos y probados de los caminos de Dios que los harían recuperarse.

Como ejemplo, consideremos la depresión. Yo sabía que una persona se puede recuperar de la depresión al trabajar con los mecanismos que ha identificado que le provocado la depresión. Así, si se siente aislado y aprende como relacionarse con los demás, la depresión que surge del desapego emocional desaparece; o, si se siente deprimido por sentirse sin autoridad y aprende cómo dejar de ser manipulado, la depresión se va. De la misma manera, si la depresión es el resultado de una aflicción o herida no resuelta y usted resuelve ese dolor, la depresión se desvanecerá gradualmente; si la depresión surge de un problema bioquímico y toma el medicamento adecuado, se sentirá mejor. Y esto continúa así, dependiendo de cuáles sean las dinámicas.

Pero algo era seguro: sí la depresión era algo que yo había solucionado antes, y si había tratamientos probados que sabía que funcionaban, tenía esperanza basada en la sabiduría que buenos maestros me habían enseñado. Yo sabía que la persona se recuperaría. Lo importante de esto es, en realidad, lo mismo que Dios expresa en el libro de los Proverbios cuando dice que la esperanza viene de la sabiduría: "Así será a tu alma el conocimiento de la sabiduría; si la hallares tendrás recompensa, y al fin tu esperanza no será cortada" (Proverbios 24:14; el énfasis es nuestro).

En muchas ocasiones sentimos que no tenemos esperanza porque no sabemos qué hacer; y si le añadimos la sensación de que quizá no haya nada que pueda hacerse, en verdad parece no haber esperanza. La manera en la que vemos las cosas determina cómo sentimos acerca de ellas.

Sin embargo, Dios no tiene límites para solucionar las cosas, Él puede y abrirá un camino. Como nos lo dice: en ocasiones, la forma de llegar a ese camino viene a través de Su ayuda para obtener la sabiduría que se aplique a nuestra situación.

Proverbios es un libro maravilloso de la Biblia y nos hace ver con claridad el valor que Dios da a la sabiduría. Las siguientes son algunos consejos sabios a los que usted puede asirse en situaciones difíciles:

- *Si lucha con personas difíciles o hirientes:* "[Ten sabiduría] Para librarte del mal camino, de los hombres que hablan perversidades" (Proverbios 2:12).

- *Si se pregunta si vale la pena buscar respuestas a sus problemas:* "Sabiduría ante todo; adquiere sabiduría; y sobre todas tus posesiones adquiere inteligencia" (Proverbios 4:7).

- *Si se pregunta qué es lo mejor que puede hacer para cuidar de sí mismo:* "El que posee entendimiento ama su alma; el que guarda la inteligencia hallará el bien" (Proverbios 19:8).

La Biblia nos dice una y otra vez, estos son solo unos pocos ejemplos de muchos, que una de las formas que usa Dios para abrirnos una senda es darnos sabiduría. Nuestra tarea es averiguar lo que no sabemos acerca de la situación que enfrentamos y qué es lo que nos puede ayudar; por ello, las siguientes son algunas cosas que hay que recordar en el proceso de obtener sabiduría.

◆ **La sabiduría y la verdad provienen de Dios**

El primer lugar en el cual debemos buscar sabiduría es directamente de Dios mismo. Cuando estamos en problemas o nos enfrentamos con alguna situación ante la que no sabemos qué hacer, podemos pedirla a Dios, Él nos dará la sabiduría que necesitamos. Considere esta verdad del Nuevo Testamento:

> Tened por sumo gozo cuando os halléis en diversas pruebas, sabiendo que la prueba de vuestra fe produce paciencia. Mas tenga la paciencia su obra completa, para que seáis perfectos y cabales, sin que os falte cosa alguna. *Y si alguno de vosotros tiene falta de sabiduría, pídala a Dios, el cual da a todos abundantemente y sin reproche, y le será dada.*
>
> Santiago 1:2-5; énfasis añadido

En cualquier situación difícil, lo primero que debemos hacer es clamar a Dios. Poco tiempo atrás, estuve hablando con una mujer que se encontraba en medio de un divorcio, después de treinta años de matrimonio. Me dijo esto: "Ha sido horrible, pero aprendí algo asombroso: cada día ante cada situación nueva —desde las disputas financieras hasta la custodia de los hijos— me sentía sin saber que hacer; pero cuando le preguntaba a Dios, siempre me decía de alguna forma, de un modo u otro, que la respuesta llegaría. He aprendido que Él nos dirá lo que necesitemos cuando lo necesitemos. También aprendí que no nos lo dice con anticipación, sino justo a tiempo."

Así como esta mujer lo ha aprendido, Dios nos dará la sabiduría que necesitamos si se la pedimos.

◆ Dios usa la sabiduría de los demás

Hay muchas situaciones que usted y yo no sabemos manejar. Algunas son situaciones serias en las cuales hay cosas importantes en juego; pero *alguien* sabe cómo resolver nuestro problema. Nuestra labor es encontrar a ese alguien.

Primero, debemos orar y pedir a Dios que nos ayude en nuestra búsqueda. Segundo, debemos buscar activamente a quienes tienen experiencia en el problema que estamos enfrentando. Tengo un amigo a quien llamo cuando tengo alguna dificultad financiera, él es sabio cuando se trata de asuntos monetarios, por eso me apoyo en él cuando necesito ayuda en esa área. El hecho es que no tenemos todas las respuestas y que con frecuencia, otros las tienen.

Para conocer la senda, aprenda a buscar amigos que tengan el entendimiento que usted necesite.

◆ Busque sabiduría estructurada

En ocasiones, una llamada telefónica a un amigo no nos dará la sabiduría que buscamos, necesitamos ayuda de una fuente más *formal*. Con formal, me refiero a alguien capacitado en la clase de ayuda que necesitamos.

La depresión clínica nuevamente es un buen ejemplo. Este tipo de depresión es seria, y para poder ayudar a quien la sufre, se requiere de alguien capacitado en psicología. En nuestro programa de radio, John y yo recibimos con frecuencia, llamadas de personas cuyos seres queridos se encuentran atrapados en una adicción. Han intentado lidiar ellos mismos con el problema o hablar algunas veces con un consejero; pero nada funciona. Nos sentimos frustrados cuando los escuchamos; casi les gritamos que busquen ayuda con un consejero específico que haya tratado con cientos de alcohólicos o con adictos al sexo. La mayoría de los consejeros poco experimentados, no saben que hacer con el adicto; la ayuda que ellos necesitan casi siempre debe provenir de un programa estructurado que trate el abuso de sustancias. Por lo general, las áreas con las cuales luchamos ya se encuentran identificadas y hay alguna clase de ayuda formal disponible si la buscamos. Hay programas para superar la aflicción, para recuperarse después de un divorcio, grupos para mejorar el matrimonio, consejeros financieros, cursos para saber escribir currículum, entrenadores para entrevistas de trabajo y más y más. No hay necesidad de que usted vuelva a inventar la rueda. Para mí, es triste ver a personas que se quedan estancadas y no buscan sabiduría y ayuda ¡habiendo tanta, tan disponible! Y en la actualidad, el precio no debe ser un obstáculo, ya que hay muchos buenos programas a los cuales usted puede tener acceso a través de iglesias y agencias gubernamentales.

No hace mucho, dirigí un seminario y hablé de la necesidad que tenemos de ser activos en la búsqueda de los propósitos y sueños que Dios tiene para con nosotros. Sueños que provienen de Dios y que nunca tienen como base motivos incorrectos o egoístas. Solo cuando están basados en buenos motivos son sueños que Dios ha puesto en nosotros. Y en ese caso, podemos contar con que Él abrirá una senda para que podamos realizarlos (Santiago 4:2-3). Así que si un sueño en verdad proviene de Dios, a través de nuestro corazón Él abrirá un camino para que se cumpla.

Una mujer me preguntó:

—¿Y si tienes un sueño, no tienes el dinero para cumplirlo y Dios no lo ha provisto?

—¿Cuál es su sueño? —le pregunté.

—Quiero regresar a la escuela y estudiar música, pero no puedo costearlo y Dios no ha provisto el dinero.

—¿A cuántas agencias de subvención se ha dirigido? ¿Cuántas becas ha buscado? ¿A cuantas personas que la han escuchado cantar y ministrar con este don les ha pedido apoyo para alcanzar este sueño?

—A ninguna —respondió.

Ella simplemente vio que el dinero no estaba ahí y asumió que Dios no proveía; porque, después de orar algunas veces, el dinero no apareció milagrosamente. Lo que sugerí es que Dios a veces provee a través de becas formales y estructuradas o a través de consejeros de ayuda financiera que podrían ayudarla a obtener lo que necesita.

Después le dije: "Vaya y busque esa clase de ayuda de las personas que saben cómo obtener subvenciones; acuda a todos los lugares posibles. Si lo ha hecho y aún no obtiene ayuda, entonces podrá decir que Dios no ha provisto y que la puerta de ese sueño está cerrada; pero solo entonces."

Usted debe recordar que Dios nos dice que busquemos la sabiduría: "Pedid, y se os dará; buscad, y hallaréis; llamad, y se os abrirá. Porque todo aquel que pide, recibe; y el que busca, halla; y al que llama, se le abrirá" (Mateo 7:7-8).

Durante muchos años hemos entrevistado y contratado psicólogos, psiquiatras y consejeros; todos ellos con educación formal, pero había una diferencia notable en los candidatos que en verdad buscábamos, los cuáles habían ido más allá de la educación que habían recibido para buscar sabiduría de personas experimentadas en lugares estructurados diferentes a la escuela. Habían asistido a seminarios de educación continua, habían leído libros, escuchado cintas y participado en talleres; así que no fue por accidente que estuvieran tan adelantados al grupo de quienes no hicieron esas cosas.

Lo mismo ocurre con las personas a quienes aconsejamos. Las personas que obtienen los mejores resultados son los que van más allá de la ayuda que proporcionamos y buscan experiencias estructuradas para aprender y obtener sabiduría, asisten a grupos, talleres, ven videos acerca de cómo mejorar las relaciones, escuchan cintas educativas. La sabiduría que necesita para su situación está disponible si la busca. Estas son algunas fuentes:

- Pastores
- Iglesias con programas para diferentes necesidades
- Universidades públicas

- Seminarios
- Libros y audio casetes
- Talleres
- Retiros
- Profesionales en la materia
- Grupos de auto-ayuda

◆ Evalúe las voces de la sabiduría

Al buscar sabiduría, es importante estar seguros de que las personas que ofrecen consejos son sabios, saben de lo que están hablando. En el mundo hay mucha sabiduría en venta, y la Biblia dice que nuestra meta debe ser obtener sabiduría, aunque el costo sea alto (Proverbios 4:7). Pero también hay probabilidades de que gaste su dinero al comprar "sabiduría" y experiencias que no sirven.

Como ejemplo: ¿A cuántas personas conoce que en realidad hayan obtenido músculos abdominales planos y marcados gracias a una máquina de abdominales que "tan solo" cueste $69.95 dólares y que "haga el trabajo por usted"? Ninguna, ¿cierto? En cambio, seguramente conoce a muchas personas que estén en forma por ejercitarse con regularidad. ¿Conoce a alguien que se haya vuelto rico al comprar en la televisión algún programa para volverse rico? Sin embargo, es posible que conozca personas que han recibido apoyo de personas experimentadas en las finanzas o que recibieron educación para tener una economía sólida.

No les crea a todos los "expertos" ni coloque su confianza en "soluciones" rápidas. Investigue, obtenga alguna referencia de alguien que esté familiarizado con el trabajo del consejero, hable con su pastor, pregunte a sus amigos, a su doctor o a alguna persona de su confianza para tener referencias. Asegúrese de que no le vendan una factura llena de productos que no tendrán valor, sino algo que tenga un historial de buenos resultados. Recuerde: el que alguien diga que es un experto no lo convierte en uno.

◆ El universo no funciona al azar

Dios nos ha colocado en un universo con un orden. Así también, hay principios que gobiernan las relaciones, el trabajo y la forma en que nos sentimos. Todo funciona, o no funciona, de acuerdo a las leyes que Dios estableció desde la creación. Al hablar de sabiduría, la Biblia dice esto: "Jehová con sabiduría fundó la tierra; afirmó los cielos con inteligencia. Con su ciencia los abismos fueron divididos, y destilan rocío los cielos" (Proverbios 3:19-20).

¡Posiblemente una parte de la senda que Dios ha abierto para salir de su dilema ya esté hecha! Y es muy probable que ya se encuentre construido por completo. Su trabajo es encontrar esa senda al buscar la sabiduría que se aplique a su problema.

Una cosa es segura: podemos confiar en los caminos de Dios. Así que pídale ayuda, busque la sabiduría con todas sus fuerzas y cuando la encuentre, aplíquela con todo su ser.

4

Principio cuatro:
DEJE ATRÁS EL EQUIPAJE

Glen se encontraba muy emocionado por su nuevo empleo; más emocionado de lo que jamás he visto (Henry) a alguien. Su nuevo puesto estaba en el departamento de mercadeo de una compañía familiar que vendía suministros médicos. Se le contrató para entablar relaciones con doctores, administradores de hospitales y otras influencias clave en la comunidad médica; influencias que el grupo de ventas podría utilizar. Para un sujeto extrovertido como Glen, tener un trabajo que involucraba principalmente establecer relaciones con personas era un sueño hecho realidad.

Las primeras semanas, pensó que el curso de su vida entera había cambiado. Talentoso y brillante como era, Glen siempre pensó que tendría éxito. Una persona agradable, con su cerebro y personalidad, parecía ideal para cualquier trabajo que requiriera creatividad, inteligencia y habilidades sociales; sin embargo, eso no había ocurrido. La verdad era que a sus treinta y siete años, no había llegado muy lejos de lo que estaba cuando tenía veinte. Pero él me aseguraba que ese empleo cambiaría la situación.

Él no podía creer lo adecuado que se sentía para ese puesto. Su primera tarea fue llevar a jugar golf y hacerse amigo de un grupo de cirujanos en ortopedia por un par de días, mientras estaban de visita en la ciudad. "¿Puedes creerlo?", le preguntó a su esposa, y continuó hablándole de lo bien que le iba, de cómo los mantenía riendo y de su seguridad de lo que lograría el equipo de ventas después del trabajo que había realizado. Casi podía ver el futuro formándose frente a él: una oficina nueva y cosas similares.

Glen continuó con otras reuniones y lo que siempre había sido cierto, lo era también en ese lugar: las personas lo amaban.

Todo se veía brillante hasta que un día, alrededor de la tercera semana, recibió una llamada del departamento de contabilidad para recordarle que no había entregado sus recibos o su informe de gastos. Se disculpó: "Oh, si, lo siento, me entretuve con un nuevo negocio en el que está trabajando el jefe. Me tiene trabajando duro, te daré más tarde lo que necesitas".

Tan pronto como colgó el teléfono, se volvió a involucrar en su trabajo y lo olvidó. Los días siguientes pensaba en su promesa; y en cada ocasión se decía "lo haré después". Pero, como era su forma de actuar, ese "después" nunca llegó; en cambio, la llamada telefónica por parte de John, su jefe, sí llegó.

—Glen, acabo de recibir una llamada de Raymond, el director financiero, dice que algunos papeles que necesita que le entregues lo están retrasando, los necesitan para terminar un análisis. ¿Qué ocurre? ¿Por qué no se los has dado?

—Lo siento —se disculpó—. He tenido mucho en qué ocuparme, pero lo haré de inmediato.

—Bien, no me gusta que me presionen —respondió John—. No me es de mucha ayuda en mi intento de elevar nuestro presupuesto, por favor no vuelvas a hacer esto.

—No te preocupes, John, no volverá a pasar —le aseguró Glen, pero sentía algo de resentimiento cuando colgó.

"Eso me pareció un poco severo", murmuró, "¿cuál es el gran problema con el papeleo? ¿No entienden la importancia de lo que estoy haciendo por la compañía?" Hasta se sintió algo enojado por esa falta de aprecio.

Después, esa semana, Glen debía entregar a la dirección un informe de investigación muy importante para la reunión anual del consejo de administración. Una vez más, no entregó a tiempo el informe, y de nuevo su jefe le llamó, en esta ocasión estaba furioso:

—¿Dónde está esa información, Glen? La necesitamos para la reunión del consejo.

—Lo siento, John, ayer tuve que hacer una presentación en un hospital y no pude trabajar en ello. Voy a comenzar ahora mismo —le explicó.

John estaba preocupado por lo que parecía ser algo recurrente en Glen, así que decidió hablar con él al respecto, necesitaba decirle que las ocasiones en las que había fallado en sus responsabilidades había sido un problema para otras personas y quería que ese problema se solucionara, Le gustaba el trabajo que hacía con las personas, pero su irresponsabilidad para entregar la información necesaria era un obstáculo. Como administrador experimentado, John sabía que todas las habilidades sociales del mundo no valían al ser descuidado. También quería que Glen funcionara mejor. A John le simpatizaba, y estaba realmente impresionado con su inteligencia y habilidad.

La reunión no resultó nada bien. Lo que John pensó que sería una retroalimentación constructiva terminó siendo una montaña rusa de emociones. Glen reaccionó con enojo y algo de sarcasmo.

—¿Por qué le dan tanta importancia a los detalles cuando estoy haciendo cosas tan buenas en el aspecto global? No puedo creer que hagan tanto alboroto por esto —se quejó.

John solo escuchaba.

Glen continuó:

—Me siento menospreciado y herido por tu crítica.

—No pretendo menospreciarte —respondió con amabilidad pero autoridad—. Estos asuntos son importantes para que todos alcancemos nuestras metas. No es nada personal, aprecio lo que haces; esto tiene el fin de resolver problemas.

John se fue y esperó que Glen entendiera. Como un administrador con mucha experiencia, se mantuvo firme y no permitió que la reacción de Glen lo distrajera del asunto; sin embargo, lo llevó a predecir: Glen no lo logrará a largo plazo.

Tristemente, la predicción de John se volvió realidad. Cuando Glen comenzó a escuchar otras opiniones, se resistió más y comenzó a sentirse resentido hacia John y los demás socios de la administración. Se quejaba de ellos con sus colegas y eso provocó aún más problemas. Al final, su talento y contribuciones no pudieron balancear el mal desempeño administrativo de Glen y su tendencia a crear división. Lamentablemente, aunque todos los administradores tuvieron tantos buenos planes para él, lo despidieron.

Para sus jefes, Glen pronto se volvió solo un recuerdo; nunca lo verían de nuevo y sus problemas de carácter nunca volverán a ser una contrariedad; desgraciadamente, esos problemas continuarían afectando a su esposa y sus tres hijas que estaban en edad escolar, así como dos nuevos empleos que perdería por lo mismo. Su familia tuvo que mudarse y volver a empezar en dos ocasiones más hasta que, al fin, Glen lo entendió y Dios le abrió un camino. ¿Cuál fue la senda que Dios abrió para Glen? Dios le abrió una senda para que finalmente dejara atrás su pasado.

◆ **Deje su equipaje**

En la vida hay un concepto que se llama *dar por terminado*. Veamos como funciona.

Todos tenemos relaciones, experiencias y lecciones que no da la vida que en ocasiones son dolorosas, difíciles y que por alguna razón, cuesta trabajo entender. Como resultado, conservamos ciertas emociones, conductas y conflictos que no se relacionan con el presente, sino con personas y eventos del pasado. Porque tales cosas no se dieron por terminadas, y se vuelven un estorbo para las situaciones, relaciones o metas del presente. Lo triste es que este "equipaje" que llevamos con nosotros no desaparece hasta que se resuelve, se desecha o se le da por terminado.

Lo que ocurrió con Glen no fue nuevo en lo absoluto, era una antigua forma de actuar que se volvió a repetir, al tratar de alcanzar otra meta, en un lugar nuevo, con personas diferentes. En el caso de Glen, todo tenía que ver con la relación que tuvo con su padre.

El padre de Glen había sido un hombre fuerte y dominante. Glen sintió que nunca podría complacerlo, parecía que sin importar lo que hiciera, no era lo suficientemente bueno para su padre, siempre se sintió menospreciado; hacía su mejor esfuerzo para complacerlo, pero siempre era en vano.

Como resultado, Glen se sintió muy herido y desarrolló una gran sensibilidad a las críticas, por una buena razón. De diferentes maneras, su padre era cruel y lo criticaba mucho, provocando que Glen se sintiera inferior a los demás. Al crecer, hizo lo que muchos de nosotros hacemos: trabajaba duro para superar esas emociones y se desempeñaba bien: Por su esfuerzo y por su talento, a menudo tenía éxito hasta que una figura de autoridad significativa (como John, un entrenador u otro jefe) lo criticaba en alguna forma. Después, era característico que se sintiera inferior a esa persona; no tan exitoso, poco apreciado y herido. En pocas palabras, todo lo que sintió en su relación con su padre, lo sentiría en sus relaciones presentes al tratar con figuras de autoridad a quienes quisiera complacer.

El intentar superar sus emociones no había funcionado, porque Glen nunca había desechado sus sentimientos y patrones de conducta. Como resultado, todo ello se encontraba muy presente y activo en su interior; solo esperaban una oportunidad, como una nueva relación con una nueva figura de autoridad, para expresarse. Y entonces, otra vez, como una protesta pasiva, se sentiría herido y comenzaría a resistir aquello que su jefe le pidiera. Y mientras más se resistía, más críticas recibía. Era un círculo vicioso, y finalmente perdía su empleo.

Lo mas triste de sus patrones de conducta era que por lo general sus jefes no tenían la intención de menospreciarlo, pero por su sensibilidad y el dolor que nunca habían recibido sanidad, cualquier crítica, hasta las críticas constructivas, lo hacían sentir mal. Era como si viajara en el tiempo y se sintiera como se había sentido de niño. Tristemente, también actuó como un niño, y a la mayoría de las compañías no les gusta emplear niños. Así que perdería su empleo, y su esposa e hijas sufrirían. Su tendencia a resistirse a la autoridad, ser indirecto y no satisfacer las expectativas de su jefe lo alcanzarían.

Glen no entendía el concepto de dar por terminado. Dios hizo que nuestra forma de entender la vida fuera muy predecible, sin importar las circunstancias. Con su ayuda, podemos resolver heridas y formas de actuar que desarrollamos en situaciones dolorosas en el pasado. Pero si no hemos tratado con el equipaje con el que cargamos en una situación dada, esas heridas y problemas interfieren y pueden provocar un desastre en cualquier nueva situación en la cual nos encontremos. En un sentido muy real, nuestro pasado se volverá nuestro presente.

Si hay sucesos dolorosos en su corazón con los que no ha tratado, esos viejos acontecimientos continuarán produciendo lo que llamamos conflicto. Dios nos muestra que toda clase de sucesos ocurren en nuestro corazón. Los conflictos con los que nos enfrentamos todos los días provienen del interior, como nos lo revela el libro de los Proverbios: "Sobre toda cosa guardada, guarda tu corazón; porque de él mana la vida" (Proverbios 4:23). Glen tenía heridas en el corazón que lo afectaban. Cuando recibía la corrección de su jefe en el presente, sentía como si se enfrentara a su padre. Necesitaba guardar su corazón para poder sentirse libre del pasado y tener un nuevo presente.

◆ Rescate su corazón del pasado

Así que, ¿cómo abre Dios una senda para dejar atrás nuestro viejo equipaje del pasado? Los siguientes, son seis pasos que puede usted pedirle a Dios que le ayude a tomar.

1. Acepte que tiene un problema del pasado y confiéselo.

He visto personas que, con la ayuda de Dios, superan cualquier clase de situación pasada imaginable; sin embargo, ningún conflicto puede resolverse hasta que admitamos que existe.

Poco tiempo atrás, una mujer llamó a nuestro programa de radio para hablar de su falta de deseo de tener relaciones sexuales con su esposo. Mientras estuvieron comprometidos, se sintió muy atraída sexualmente hacia él, pero cuando se casaron y comenzaron a tener actividad sexual, ella se volvía "insensible". Como ella lo describía, no sentía ningún deseo.

—De hecho, hasta siento repulsión por el sexo —dijo—. Esta situación me molesta mucho, porque lo amo y él me ama. Estoy harta de esto.

Y dijo algo muy revelador:

—No hay razón por la cual me sienta así.

La verdad, es que nunca sentimos nada —ya sea enojo, pasión, o insensibilidad— sin una razón. Cuando insistí en este punto, se mantuvo firme; con ello me di cuenta de que sí había alguna razón por la cual ella necesitaba creer que no había razón para su falta de sentimientos sexuales hacia su esposo.

Karen —insistí—, sé que no crees que haya un motivo por el cual tengas este problema, pero si le preguntara a algún conocido tuyo acerca del por qué te sientes así, ¿qué crees que respondería?

Su contestación fue inmediata:

Diría que tiene algo que ver con el abuso sexual que experimenté, pero no creo que eso tenga nada que ver con ello, simplemente no puedo ver la relación.

—¿Qué ocurre en tu interior cuando tu esposo quiere tener relaciones sexuales? —Le pregunté.

Karen pensó un momento.

—No lo sé, solo me siento distanciada, como si quisiera irme.

—¿Sabías que eso es exactamente lo que ocurre durante el abuso sexual? La víctima se distancia de la vivencia y ya que la experiencia es de naturaleza sexual. La persona dañada se mantiene distante durante la relación sexual. Esto es exactamente lo que describes.

Lo importante es, que hasta que ella pudo reconocer que los eventos dañinos y significativos que experimentó en el pasado tuvieron un efecto importante en su presente, no pudo resolverlos. Y mientras no los resolviera, esas vivencias continuarían siendo parte del presente y no del pasado.

La palabra que en la Biblia se utiliza para decir "aceptar", se tradujo como "confesar". Confesar algo significa que aceptamos que es cierto. Cuando se trata del equipaje que nos molesta, debemos reconocer que las cosas no han salido bien, ya sea que nosotros las provocamos o nos las hicieron. Y después debemos aceptar con Dios, o confesar, que ocurrieron y nos afectaron profundamente.

2. Obtenga sanidad y exprese el dolor. El siguiente paso es recibir el cuidado y la sanidad que necesitamos para enfrentar lo que sea que haya ocurrido y nos haya herido. Si su corazón ha sido lastimado, debe permitir que otras personas le brinden el cuidado y el amor de Dios, para ayudarlo a reparar ese corazón roto. Él nos dice: "Llorad con los que lloran" (Romanos 12:15), lo que nos da la sanidad y el apoyo que necesitamos de los demás para comenzar a sanar nuestras heridas. Glen necesitaba personas cariñosas con quienes hablar acerca de cómo su padre lo había lastimado, personas que reconocieran que su dolor era justificado. De la misma manera, Karen necesitaba a alguien que llorara con ella y la ayudara a lidiar con el dolor y el miedo que acompaña al abuso sexual para que pudiera perder fuerza. Por lo general, el proceso por medio del cual Dios nos ayuda a dar término al dolor, las heridas y las pérdidas, también involucra el duelo. En pocas palabras, necesitamos expresar nuestro dolor como una parte central en el proceso mediante el cual Dios trae sanidad. En la Biblia, Salomón, el hombre más sabio, lo dijo de esta forma:

"Mejor es el pesar que la risa; porque con la tristeza del rostro se enmendará el corazón".

Eclesiastés 7:3

Si Glen y Karen se hubieran permitido encarar su dolor —la pena en su rostro— el corazón de él, sensible a las críticas, y el de ella, asustado por el abuso, habrían podido comenzar a sanar; habrían podido aceptar el amor que Dios y los demás tenían para ellos, el amor que las personas en su pasado no les dieron. De esa forma serían capaces de estar más en el presente y menos en el dolor y en los sentimientos del pasado.

3. Reciba el perdón. A veces, el dolor que llevamos a las situaciones nuevas es el dolor de los errores del pasado. Si usted se siente culpable o avergonzado por acciones que hizo, puede tener dificultades en las relaciones o situaciones nuevas por sentirse "malo" o "indigno". Para enfrentar la vida con entusiasmo, debemos estar libres de la culpa y la vergüenza que asociamos con errores y deficiencias previas. Dejar atrás el equipaje pasado significa que debemos saber que somos totalmente aceptados, perdonados y amados.

Este perdón y amor es la clase de amor que Dios nos ofrece a todos nosotros. Lo que debemos hacer es pedirlo, y lo recibiremos. Él nos promete que nos perdonará por cualquier cosa que hayamos hecho en nuestra vida, sin importar lo malo que creamos que sea. Él tomará todas nuestras fallas y las borrará totalmente: "Porque como la altura de los cielos sobre la tierra, engrandeció su misericordia sobre los que le temen. Cuanto está lejos el oriente del occidente, hizo alejar de nosotros nuestras rebeliones" (Salmos 103:11-12). Todo lo que debemos hacer, es lo que dice 1 Juan 1:9:

"Si confesamos nuestros pecados, él es fiel y justo para perdonar nuestros pecados, y limpiarnos de toda maldad."

Para ser libres y limpios de la vergüenza y de la culpa de nuestro pasado, solo debemos pedirlo. Dios abrirá el camino para un nuevo inicio, Él borrará por completo nuestros errores y nunca más los recordará (Hebreos 8:12). Usted puede empezar de nuevo. Toda la Biblia nos habla del nuevo comienzo que Jesús consiguió para todos los que lo deseen. Él tomó en sí mismo toda nuestra culpa y nuestra afrenta, por ello, podemos ser libres de la condenación (Romanos 8:1). Todo lo que debemos hacer es aceptar que Él pagó por nosotros y seremos perdonados.

El pasado puede perder el control que ha ejercido sobre usted, pero solo si lo acepta. El pasado pierde su poder cuando lo confesamos a Dios y recibimos Su perdón, es entonces cuando el pasado en verdad puede desaparecer, cuando podemos dejar el equipaje atrás.

Así que, si se siente mal acerca de algo, pídale a Dios que lo quite de usted. Él ya abrió una senda para que todos podamos comenzar de nuevo; y la abre todos los días. Lo único que debemos hacer, cuando caigamos, es pedirlo. Su perdón y Su gracia siempre están presentes. Dios siempre le da otra oportunidad a quien se la pide.

La confesión también es la manera en la cual Dios nos ayuda a sobrellevar los sentimientos de distancia que hay entre nosotros. Cuando pecamos o erramos, tendemos a pensar que los demás no nos aceptarán, así que nos sentimos aislados y solos. A veces, nos sentimos así aunque sepamos que Dios nos ha perdonado. Dios nos dice que hagamos entre nosotros lo mismo que hicimos primero con Él; que confesemos nuestras faltas los unos a los otros para poder ser sanados: "Confesaos vuestras ofensas unos a otros, y orad unos por otros, para que seáis sanados" (Santiago 5:16).

Una de las maneras más poderosas por medio de las cuales Dios abre un camino que nos saque de nuestros errores pasados, es que hablemos y oremos unos por otros. Cuando lo llevamos a cabo, nos damos cuenta que el aislamiento que sentimos por causa del pasado no tiene por qué estar ahí. Nuestras culpas pierden su poder a la luz de la aceptación y la oración.

4. Perdone a los demás. Si usted hablara con Glen acerca de su pasado, se daría cuenta de que llevaba mucho equipaje en su corazón. No se necesitaba de una conversación muy larga acerca de su historia laboral para notar que muchas personas le "hicieron mal". Le costaba mucho trabajo para olvidar la forma en que sentía que otras personas lo habían decepcionado.

Por este resentimiento y falta de perdón, Glen seguía atado a todas esas ofensas. En una forma muy real, todas las personas que alguna vez lo lastimaron, aún lo lastimaban todos los días; estaban vivos en su memoria y esos recuerdos roían su alma. Su pasado estaba muy presente. El equipaje que llevaba a cada situación nueva era muy pesado y, como resultado, desconfiaba de cada nueva autoridad y era como una de bomba de tiempo.

Lo anterior es una clase de cáncer espiritual en acción: las cosas que no podemos dejar ir nos comen por dentro. Pero eso no ocurre en la vida de Dios. Como lo leímos antes, Dios no recuerda nuestros pecados, Él olvida, Él perdona, no guarda rencor. Como resultado, es libre de todo lo que alguien llega a hacerle. Una vez que trata con ello, lo termina. Como dice el dicho es "libre para amar de nuevo".

Así mismo, Dios quiere abrir una senda para que seamos libres para amar de nuevo. Todos hemos sido heridos y Él lo entiende, así que nos ha dado una forma de proceder para ser libres de las deudas del pasado; la misma en la que Él se encarga de nuestras deudas: el perdón. Cuando perdonamos a los demás somos libres.

Y aclaremos: perdonar no significa negar que alguien nos ha hecho daño. Tampoco significa que estemos forzados a confiar de nuevo en ellos o a permitirles entrar a nuestro corazón, eso depende de si han visto su error y se han arrepentido. Si vamos a confiar en ellos una vez más, es importante que se hayan vuelto dignos de confianza; sin embargo, el perdón no tiene nada que ver con el futuro ni con abrirnos de nuevo y ser vulnerables, se trata de dejar ir lo que sucedió; de reconocer las cosas que alguien hizo para dañarnos y lo que se nos debe.

Mientras sintamos que alguien nos "debe" algo, estaremos atados a esa persona por la ofensa que cometió: Es por eso que la Biblia usa la palabra "perdonar", que significa "cancelar una deuda". Cuando perdonamos, decimos que la persona no nos debe nada y dejamos ir a esa persona una vez que hemos perdonado; la deuda se acaba y dejamos de sentirnos obligados a castigar o a tomar represalias; pero, cuando sentimos rencor, nos mantenemos deseando castigar a quien nos ofendió.

El perdón nos libera en ambas direcciones. Nos libera de tener que intentar cobrar algo que nunca podremos cobrar y nos libra de tener que buscar justicia y reparar el daño. Es el pase que nos da libertad para avanzar. Dios abrió un camino para que todos experimentemos la misma libertad que Él tiene, al perdonar a los demás como Él lo hace.

Si usted mira a su alrededor, puede notar la diferencia entre las personas que guardan rencores y las que son capaces de dejar ir las cosas. Quienes perdonan son mejores para andar por la vida con corazones mucho más ligeros ¡No es sorprendente, ya que cargan menos equipaje!

5. Examine sus caminos. Hemos hablado de las heridas; pero una parte importante del equipaje de nuestro pasado está relacionado con patrones de comportamiento que aprendimos de esas situaciones dolorosas. Cuando niño, Glen aprendió que la autoridad —cualquier autoridad— era poco razonable, imposible de complacer y que él era impotente para hacer mucho en esa clase de relación, por ello, desarrolló una estrategia para lidiar con su padre. Lo evitaba y se resistía a hacer lo que le pedían; también, evitaba hablar directamente con él acerca de sus conflictos, escabulléndose tras sus espaldas para encontrar consuelo y comodidad. Razón por la cual nunca aprendió a resolver los problemas y dejarlos atrás. Ese es el porqué un informe de gastos tardío, lo cual fue un pequeño descuido, pudo crecer hasta convertirse en algo capaz de dar fin a su carrera.

Quizás haya algún patrón que usted utilice para lidiar con la vida, las personas, las relaciones, los riesgos y hasta con el amor mismo, un patrón que le cause problemas. Aprendió cómo manejar y salvar esas situaciones en un ambiente específico en el cual no se practicaban los principios de Dios, así que esos patrones pueden estar evitando que usted alcance lo que a Él le gustaría que tuviera. Sin embargo, está bien. Dios ha estado miles de años en el negocio de abrir caminos nuevos para que las personas salgan de malas situaciones. Él sacó a su pueblo de Egipto y les dio nuevas maneras —o patrones— para enfrentar la vida, después, les dijo que se alejaran de los caminos de sus padres, de las generaciones pasadas y de sus captores. Si examinaban sus sendas y aprendían nuevos patrones de comportamiento, Él les abriría una senda.

¿Acaso no es momento de que usted examine sus caminos? Si, por ejemplo, su vida le ha enseñado que el amor solo lastima y que debe evitarlo, se mantendrá atrapado en el aislamiento emocional, hasta que examine y enfrente ese patrón. Si ha aprendido a no dejar que las personas se acerquen, reconozca que así está actuando, para ver qué es lo que lo limita. Si ha aprendido a evitar los conflictos, identifíquelo, para saber de qué manera trata con el conflicto y debilitarlo. Si ha aprendido a evitar cualquier riesgo, en un intento por mantener todo bajo control, dése cuenta de que esa actitud lo aleja de la posibilidad de crear un futuro nuevo y emocionante.

La lista de patrones autodestructivos que podemos desarrollar es casi infinita, pero el principio es el mismo: Las pautas de conducta que aprendimos en el pasado, pueden ser equipaje que arruine nuestro presente. Analice las diferentes formas en las que usted se enfrenta a las relaciones, que pueden estar manteniéndolo atado al pasado; y permita que Dios abra un camino hacia un nuevo futuro.

6. Vea con nuevos ojos su nuevo yo. Otra clase de equipaje que arrastramos, es la manera de vernos a nosotros mismos con lo que aprendimos en cuanto a relaciones o situaciones pasadas. Glen aprendió que no era lo suficientemente bueno; Karen aprendió que era un objeto para uso de alguien; el estaba herido y ella tenía miedo. Los dos estados anteriores son muy comprensibles, porque Dios nos hizo de esa manera. Descubrimos quiénes somos a través de las personas que nos aman o, en ocasiones, a través de los que no lo hacen. En otras palabras, nuestra forma de vernos a nosotros mismos, es una perspectiva relacional. Es como si al crecer "tomáramos prestados" los ojos de los demás y lo continuáramos haciendo en todas nuestras relaciones. Por eso a menudo podemos ver gente "florecer" en nuevas relaciones; son aquellos a quienes se les vio y se les valoró como Dios los creó. Por la misma razón, otras personas se detestan a sí mismas, pues así se les vio y se les trató en el pasado.

Dentro del equipaje que debemos dejar, se encuentran las diversas formas falsas de mirarnos a nosotros mismos que aprendimos en el pasado. ¿Por qué no se toma el tiempo en este momento para hacer un inventario de la manera en que se ve a usted mismo? Pregúntese: ¿la manera en que me veo es realista? ¿Está equilibrada en debilidades y fortalezas, en cosas que valoro y las áreas en las que necesito crecer? ¿Me siento amado(a)?

Dios nos hizo para que aprendiéramos quiénes somos por medio de quienes nos aman. Necesitamos —necesitamos mucho— el vernos primero que nada como seres amados por Dios, que tienen un gran valor para Él. Entonces podremos comenzar a vernos como nos ven quienes nos aman; así, comenzaremos a dejar atrás la carga de la autoimagen que no nos permite avanzar.

◆ Sea libre de ser usted mismo

Si la Biblia cuenta alguna historia, y si los creyentes alrededor del mundo tienen una historia que contar, es aquella que habla de un Dios que nos libera de la esclavitud del pasado. Él ha estado aligerando a la gente del peso del dolor desde el principio del tiempo. Algo que sabemos, es que no desea que nuestro pasado nos detenga. Asirnos del dolor, de la falta de perdón o tener ataduras del pasado, definitivamente afectará nuestra realidad presente y amenos que tratemos con ellas, también afectarán nuestro futuro. Sin embargo, Dios ha abierto un camino y nos ha dado una forma de desempacar: abandonar el dolor, el resentimiento, la vergüenza, y la culpa, hasta que lleguemos a deshacernos de los antiguos patrones de comportamiento.

En este momento, pida a Dios que le muestre las diferentes maneras en que puede desempacar ese pesado equipaje para que pueda viajar más ligero. Si sigue su dirección, comenzará a experimentar una mayor felicidad, mejores relaciones y más realización de la que jamás pensó que fuera posible.

5

Principio cinco:

RECONOZCA SUS FALLAS Y DEBILIDADES

Sharon, me voy. Te llamaré desde mi nuevo número. Tendremos que hablar acerca de finanzas y de los niños. Siento que las cosas no estén resultando. Rob.

Sharon, aletargada miró alrededor de la cocina. Las paredes estaban llenas de fotografías de ella, y de su esposo Rob y de sus hijos. Se sentía desorientada y apartada de la realidad, como si sus cimientos se hubieran derrumbado de pronto. La abrumaban sentimientos de dolor, miedo y tristeza.

Para obtener algún tipo de estabilidad, intentó tomar el control de las cosas. Ella creía en Dios, pero no podía vislumbrarlo en ese momento; amaba a Rob con todo su corazón, él era su compañero y su alma gemela. Muchos años atrás, cuando se conocieron, ambos sentían que Dios los había unido. Ella estaba segura de que así fue, hubo muchos indicios; además, era un padre estupendo, ¿cómo pudieron llegar a esto?

Sin embargo, estaba conciente de que ella y Rob no llevaban una buena relación, y de que él era infeliz en el matrimonio. En los últimos meses, se volvió cerrado, distante, intranquilo y hasta frío; ella sentía que no le era posible acercarse. Se sentaban juntos en la iglesia, pero sin tomarse de las manos como solían hacerlo, sintiéndose muy lejanos el uno del otro; para complicar las cosas, Rob pasaba mucho tiempo en el trabajo.

Ella también estaba conciente de la tensión en que habían estado recientemente. Recordaba cuando la compañía donde trabajaba Rob, le dio la opción de trasladarlo a otra parte del país, lo cual le daría una posición mucho mejor dentro de la compañía;

en cambio, si no la tomaba, se arriesgaba a ser despedido. Cuando apareció este asunto, la pareja y sus amigos cercanos hicieron de esa decisión objeto de mucha oración, reflexión y discusión. Finalmente, les fue claro que mudarse era la mejor decisión. Dejar su hogar, su iglesia y sus amistades cercanas fue muy difícil. En su nueva casa, Rob intentaba ajustarse a su trabajo, pero pasaron semanas en la mudanza, la inscripción de los niños en la escuela, en familiarizarse el área, conocer a los vecinos y encontrar una iglesia dónde se sintieran cómodos. De hecho, fueron a la iglesia donde mi esposa y yo (John) los conocimos, y es por ello que conozco su historia.

Cuando Rob comenzó a distanciarse de ella, Sharon lo notó y se sintió preocupada; le preguntó si había un problema; la mayoría de las ocasiones él le respondió que no y ella dijo que oraría por él. Por cuestión de meses, la pareja coexistió en un cordial matrimonio muerto.

Sharon le atribuyó la mayor parte de este conflicto a la mudanza. Sí, el traslado cobró su precio, pero la realidad era que existían semillas de descontento en su matrimonio desde mucho tiempo antes del cambio, y la falta de conciencia de estos signos por parte de Sharon fue lo más serio del problema.

En realidad, Sharon, tenía una cierta ceguera espiritual que nunca había permitido que Dios la tocara, ayudara o sanara. Ella era una de esas personas que tienen una enorme dificultad para asumir su propia responsabilidad. En la mente de Sharon, cuando había un problema, siempre era por la culpa de alguien más. Ella culpaba a otras personas, usaba excusas y no admitía que podía jugar un papel dentro del problema.

Esta no es una condición inusual, de hecho, todos la tenemos en cierto grado, y ha estado presente desde el origen de la humanidad. Cuando Adán y Eva se señalaron el uno al otro, y después al diablo, la culpa apareció; cuando los israelitas se sintieron incómodos en el desierto, la culpa continuó; así que, mientras Sharon tenía un caso severo de ceguera espiritual, estaba bien acompañada.

Ella no era una mala persona, en realidad era una buena en su corazón. Amaba a Dios, a su familia y a sus amigos y quería lo mejor para ellos; trabajaba duro para ser una esposa, madre y amiga servicial. Cuando las cosas iban bien, en realidad lo estaban; pero cuando los problemas se presentaban, las cosas iban mal, pues la mayoría del tiempo culpaba a Rob, ya que era la persona más cercana.

Por ejemplo, cuando se sentía abrumada por sus hijos, pensaba que era porque su esposo trabajaba demasiado como para ayudarla; cuando tenían dificultades económicas, era porque él no ganaba suficiente dinero; cuando quería tener una conversación larga y emotiva con su marido y él se encontraba exhausto, ella atribuía la resistencia de él a una falta de interés en sus emociones; cuando no estaba de acuerdo con su opinión y se mantenía firme, la controlaba; y los peores momentos ocurrían cuando él mencionaba algo que ella había hecho que le causaba angustia, en esos momentos ella perdía el control, estallaba y lo acusaba de juzgarla y criticarla.

Sin duda, Rob tenía parte de la responsabilidad. Intentaba cambiar para complacerla, pero cuando se daba cuenta de que nada de lo que hiciera sería suficiente, simplemente se rendía y se distanciaba o intentaba hablar de la falta de responsabilidad de ella, pero ella lo negaba, y entonces, él la evadía; también podía intentar ser duro y fuerte, sin dejarle saber cuánto lo lastimaba. En todo, se dio por vencido demasiado rápido.

La verdad es que su traslado solo lesionó su matrimonio ya herido. Sharon atribuía a Rob los problemas ocasionados por decidir mudarse, aunque ella había participado en un ciento por ciento al orar por la decisión. Le dijo que estaba decepcionada por el camino que llevaba su empleo y lo culpó por no intentar encontrar algo mejor. Nada de lo que él hacia la satisfacía; no había suficiente amor, tiempo o apoyo para complacerla. Lo que sea que estuviera mal, siempre era culpa de él.

Poco antes de que ocurriera el rompimiento, Sharon habló conmigo acerca de su matrimonio y de sus problemas con Rob. Como amigo, yo había pasado el suficiente tiempo con ellos como para darme cuenta de algunas de las causas. Llegué a decirle a Sharon, que en mi opinión, Rob necesitaba descansar de ser encontrado culpable de todo lo que ella sintiera que estaba mal, aunque no fuera perfecto. Además, le dije que ella parecía tener dificultad para aceptar su responsabilidad en el conflicto. Por lo general, cuando yo decía algo así, Sharon respondía diciendo: "¡Pero no entiendes la clase de hombre que es!" Y luego la conversación se estancaba. Tras algunos vanos intentos de comunicarme con ella, abandoné el asunto.

Pero m alegra que Dios no pensara que su situación fuera vana. En realidad, cuando las cosas se vuelven más oscuras es cuando Dios hace que su luz resplandezca más. En retrospectiva, creo que en el caso de esta pareja, Dios dejó que la oscuridad aumentara. Creo que esta fue su manera de hacer las cosas claras para Sharon.

◆ En ocasiones, se necesita una impresión

En ocasiones, necesitamos una impresión fuerte que nos haga despertar a la verdad.

Durante varios meses Sharon se negó a considerar que el culpar constantemente a su marido era la raíz de sus problemas conyugales. Ella no podía ver que su comportamiento lastimaba tanto a Rob que lo hacía dudar de ser amado por Dios o por cualquier otra persona, y que mermaba la vida, el amor y la energía de su corazón. Desde luego, Rob debió hacer algo diferente a simplemente irse, pero la impresión causada por su nota de despedida provocó el primer avance. De pronto, su esposo no estaba. Ya no podía culparlo por cómo se sentía y no tenía idea de qué hacer, a dónde acudir, o qué decisión tomar. ¿Debería llamar a John e intentar convencerlo de regresar? ¿Debería conseguir un abogado? ¿Qué debía decirles a los niños?

Felizmente, como lo mencioné, Sharon amaba a Dios y, como han hecho las personas desde la antigüedad hasta nuestros días, hizo lo único que cualquiera debería hacer cuando esté perdido y no sepa a dónde ir: clamó a Dios en oración, pidiéndole ayuda. No ocurrió nada; al menos no en ese momento. La realidad no cambió, no hubo señales ni voces que atender, pero Sharon no se rindió, Dios era su única esperanza; y así, continuó orando.

Al reflexionar en la historia de Sharon, recuerdo que, con frecuencia, Dios permite que luchemos por mucho tiempo mientras pedimos Su ayuda. En uno de los momentos más dolorosos de su vida, Jesús oró tres veces sin ninguna respuesta notable de parte de Dios (Mateo 26:39-44). Es como si Dios nos ayudara a apropiarnos de nuestras peticiones, deseos y anhelos; a buscarlos profundamente, de corazón, en vez de a la ligera o con indiferencia. Sharon continuó orando, buscando y estando atenta a la respuesta. En pocos días, algo comenzó a suceder en su corazón. Como una semilla que brotaba hacia la superficie, pudo sentir algo en su interior; emociones relacionadas con Rob. Como lo explicó después, en vez de sentir la decepción y el dolor habitual hacia su esposo "desertor", comenzó a sentir su dolor, en especifico; dejó de sentir el dolor que él le había causado y a cambio sintió el dolor que ella le había causado a él. Recordó algunas de sus conversaciones, que antes había visto como ejemplos de las fallas de su esposo, pero ahora recordaba cosas que ella había dicho; frases de culpa, donde expresaba que todo era culpa de él. Recordó que Rob intentó señalar que ella también tenía parte en el problema, pero ella, sencillamente, lo ignoró.

La arrepentida mujer recordó una noche en especial: En un raro momento de vulnerabilidad en el cuál se encontraba bajo mucha presión en el trabajo, Rob le pidió que lo abrazara en la cama antes de irse a dormir. Como un niño pequeño que necesitara ser calmado, le pedía consuelo para lograr superar un momento difícil. Ella había estado tan enojada con él, que le dijo: "si manejaras mejor tu trabajo, serías un hombre y no lo necesitarías". Y se dio la vuelta dándole la espalda, y se durmió.

Con una perspectiva más clara, ahora Sharon se daba cuenta de lo hiriente que había sido. Se sentía muy mal por el rechazo y el daño que le había causado a Rob; sentía mucho remordimiento y angustia por el dolor que le había dado.

La sacudida que recibió por parte de Rob, aunada a la gracia de Dios, que le mostró la verdad acerca de sus acciones, hicieron su trabajo.

◆ La verdad puede ser dolorosa, pero libera

Este proceso, mediante el cual Dios abrió con delicadeza el corazón de Sharon, continuó por algunos días. No fue agradable: Ella tuvo que aceptar sus propias fallas y la responsabilidad que tuvo al descuidar a Rob, no se sintió bien consigo misma durante este período en el cual Dios le dio claridad. Me recordó una parte de la Biblia que habla cerca de cómo nos sentimos cuando nos damos cuenta de nuestras fallas: "Y os acordaréis de vuestros malos caminos, y de vuestras obras que no fueron buenas; y os avergonzaréis de vosotros mismos por vuestras iniquidades y por vuestras abominaciones" (Ezequiel 36:31). Con todo, Sharon siguió pidiendo a Dios su ayuda y fortaleza para soportar la verdad. Necesitaba con desesperación Su respuesta.

Sharon me dijo que, al mismo tiempo, comenzó a sentir algo más, algo bueno. De pronto descubría una sensación profunda de aprecio y amor hacia Rob. Ahora que asumía la parte de culpa que le correspondía, fue como si hubiera más espacio en su interior para ver las cualidades de su esposo, todo aquello por lo cual se casó con él.

En su mente, todo comenzó a relacionarse: los pequeños mensajes de Dios empezaron a tener sentido, las opiniones que le habíamos dado otros amigos suyos y yo, la crisis por la partida de Rob, y los sentimientos que sentía en su interior; todo parecía decir lo mismo: Ve y arregla las cosas con Rob. Sharon no sabía exactamente lo que debía hacer, pero lo llamó.

Cuando se reunieron, Sharon hizo su mejor esfuerzo para explicarle lo que le había ocurrido y después se disculpó sinceramente por tantos años de haberlo culpado por todo y por no haber reconocido sus propios problemas y fallas. Aunque le fue difícil, no dijo nada sobre cuánto le había trastornado su repentina partida. Le quería dejar en claro que esa conversación era solo para reconocer sus propias fallas. Como ella dijo después de esa experiencia: "Fue la conversación más difícil de mi vida".

Rob estaba atónito; pues dijo que cuando iba de camino a reunirse con Sharon se había preparado para escuchar más reclamos; pero cuando se dio cuenta de que Sharon en verdad estaba arrepentida, tuvo la seguridad de que Dios había hecho algo para cambiarla. Fue entonces cuando empezó a abrir de nuevo su corazón herido y desconfiado a su primer amor. De inmediato, estuvo dispuesto a intentar relacionarse de nuevo con Sharon; y ella con él. En pocos días, estaba de regreso en el hogar donde siempre quiso estar.

La historia no termina ahí. Sharon experimentó un renacimiento espiritual, y se dio cuenta de que necesitaba aprender a responsabilizarse de sus propias fallas. Sin embargo, como todos sabemos, en los nacimientos espirituales, la vida nueva no aparece de inmediato y totalmente desarrollada, sino pequeña e inmadura. Pero, con algo de apoyo, Sharon llegó a entender que si las cosas en verdad iban a cambiar, ella debería hacer más que solo asumir su responsabilidad por el dolor que le había causado a Rob, también debería asumir la responsabilidad por sus patrones de conducta, así que tendría que actuar en el proceso de cambiar su comportamiento. Pedir perdón a un compañero de baile por pisar su pie, es diferente a tomar clases para que no vuelva a ocurrir.

Sharon me dijo: "Comencé a aceptar cosas en las que yo tenía problemas, como la mala organización, el egoísmo y las expectativas irreales que tenía hacia Rob; sin mencionar mi actitud defensiva. Fue bueno el mantenerme orando durante todo este tiempo, porque Dios tenía que ablandar mi corazón. En verdad, antes no quería reparar en las cosas que había en mi interior que debí haber visto para crecer".

Los nuevos hábitos internos de Sharon tuvieron repercusiones que fueron mucho más allá de su matrimonio, ya que dejó de culpar a sus niños por ser niños, y en cambio aceptó la forma en que su estilo de maternidad, a veces inconstante y crítica, los afectaba. También sus amistades mejoraron, porque dejó de alejar a las personas con su conducta. Se disculpó con ellos y les pidió que le dieran sus opiniones honestas cuando hiciera algo mal. Sharon dejó de sentirse enfadada con Dios por haber permitido que su esposo se fuera, y le expresó con humildad lo agradecida que se sentía por haber recibido una segunda oportunidad para rehacer su matrimonio de la forma correcta.

También hubo otro beneficio en la manera en que Dios abrió una senda para Sharon. La responsabilidad que Dios le dio, hizo que Rob se sintiera más seguro, y que también él pudiera aceptar sus propias deficiencias. Dejó de cerrarse, de vivir para el trabajo y de encerrarse en sí mismo, y empezó a admitir ante su esposa las ocasiones en que tenía fallas o la había defraudado. Al fin, ambos se iniciaron en el camino correcto, el cual los convertiría en la pareja que siempre soñaron ser. Desde luego que el matrimonio de Sharon y Rob no era caso resuelto, los dos deben crecer todavía más; sin embargo, al abrir Dios un camino para que asuman la responsabilidad de sus propia vida, han visto cambios profundos en su labor como padres, en el trabajo y con sus amistades. Ahora, hasta ministran a otras parejas; en efecto. Este es un nuevo día para ellos.

Cuando Sharon le pidió ayuda a Dios aquella vez en la cocina, pensó que Él le mostraría a Rob el error de su proceder. Y se sorprendió cuando Dios respondió a su oración mostrándole que debía aprender a aceptar la carga de la responsabilidad; más, eso es solamente el precio que hay que pagar para encontrar el camino que Dios ha abierto. Él lo crea, pero es nuestra responsabilidad caminar en él. Como dijo Jesús: "Y decía a todos: Si alguno quiere venir en pos de mí, niéguese a sí mismo, tome su cruz cada día, y sígame" (Lucas 9:23).

Cuando reflexiono en la historia de Sharon, una parte de mí desea que en ese momento, en la cocina, hubieran caído relámpagos, sonado trompetas y un ángel hubiera aparecido pare decirle exactamente qué pasos tomar. Esa habría sido una gran ilustración de cómo Dios abre un camino para las personas, y nos animaría en nuestra travesía de fe. En verdad creo y he experimentado en lo personal, que en ocasiones Dios rasga el tejido del espacio y el tiempo para aparecer en nuestra vida cotidiana con Su gracia y Su poder. Él es Dios y es sobrenatural, milagroso y divino.

Sin embargo, otra parte de mí, se alegra de que Dios no hiciera eso con Sharon, sino que en cambio le diera una conciencia interna y convicciones profundas en ese tiempo. ¿Por qué me alegro de que haya ocurrido de esa manera? Porque la historia de Sharon nos hace recordar que nunca seremos capaces de predecir cual será el camino de Dios; nunca sabremos explicar lo que hará en nuestras vidas. También nos recuerda que, con frecuencia, los mayores milagros son aquellos que Él produce en el silencio del corazón humano.

◆ Ponga en práctica el principio de la responsabilidad

La historia de Sharon ilustra un principio importante: el de la responsabilidad. En esencia, este principio es una actitud que se debe tomar ante la vida, las metas y los problemas. *Mi vida es mi problema. Dios me dio un papel a desempeñar para obtener lo que sea que yo quiera, haga o desee. Sean cuales sean los sueños que Dios me dé o los problemas que deba resolver, debo hacer mi tomar parte para alcanzar mis metas.*

Algunos dirán que esto parece ser a fuerza de voluntad o de actuar en nuestras propias fuerzas y no con el poder de Dios, pero no podrían estar más apartados de la realidad. Dios asume más responsabilidad que nadie, Él es quien tiene el compromiso de abrir un camino para nosotros cuando no sabemos qué hacer. Continuamente nos brinda protección y libertad. Como lo expresó el salmista: "Jehová, roca mía y castillo mío, y mi libertador; Dios mío, fortaleza mía, en él confiaré; mi escudo, y la fuerza de mi salvación, mi alto refugio" (Salmos 18:2).

Dios nos ve como socios o colaboradores para abrir el camino. Él hace su labor y nosotros hacemos la nuestra. El apóstol Pablo dijo: "Por tanto, amados míos, como siempre habéis obedecido, no como en mi presencia solamente, sino mucho más ahora en mi ausencia, ocupaos en vuestra salvación con temor y temblor, porque Dios es el que en vosotros produce así el querer como el hacer, por su buena voluntad" (Filipenses 2:12-13).

¿Qué significa "ocupaos de vuestra salvación"? Significa que después de la salvación y la liberación de Dios, debemos tomar el compromiso de vivir una vida que lo refleje a Él y a sus caminos: dependencia diaria de Dios, confianza, amor, honestidad y todo lo que proviene de Él. Mientras nosotros hacemos esto, Él hace obras milagrosas y divinas para alcanzar Sus metas.

La historia de Sharon es un buen ejemplo de cómo debemos colaborar con Dios. ¿Qué fue lo que Él hizo? Envió a sus amigos, dejó que Rob se mudara sin pedir el divorcio y limpió el corazón de Sharon de su ceguera. ¿Qué hizo Sharon? Buscó, escuchó, se mantuvo abierta, no se rindió y, finalmente, se hizo responsable de la luz con la cual Dios alumbraba su camino. Finalmente, el principio de responsabilidad es una cuestión de discernimiento espiritual. Todos necesitamos aprender que Dios prepara un camino y que nosotros debemos aceptar el compromiso de poner en él nuestros pies y caminar.

◆ La responsabilidad, las fallas y la culpa

Algunas personas tienen dificultades con el hecho de pensar que no siempre son la causa de sus problemas. Con frecuencia eso evita que acepten toda su responsabilidad. Por ejemplo, un hombre que fue despedido a causa de la economía de la empresa sentiría que se le debe otro empleo porque el despido no fue culpa suya, o una mujer con un esposo manipulador sentirá que no puede hacer nada para cambiar su situación porque el problema es de su esposo y no suyo.

Nadie discutiría el hecho de que nosotros mismos no causamos todos nuestros problemas; es una de las trágicas realidades de vivir en un mundo caído. Los inocentes sufren; sin embargo, al final, ser culpables o no es irrelevante cuando se trata de resolver un problema. La siguiente, es una manera mucho más útil de mirar esta situación: La persona a quien le preocupa el problema, se lo apropia.

Cuando de esta forma somos responsables de nuestra vida, tenemos el poder para hacer cambios. Apropiarnos de los problemas nos habilita para actuar; es bueno usar nuestras capacidades para hacer planes, para abordar una situación dolorosa o para corregir lo incorrecto. Las personas que se apropian de sus problemas, en lugar de culpar a otros, pueden tomar la iniciativa. El hombre desempleado puede salir a buscar entrevistas de trabajo, y la esposa infeliz puede buscar ayuda, ya sea que su marido esté o no interesado.

Este tipo de responsabilidad también nos da libertad: dejamos de ser esclavos del pasado, de las falsas esperanzas, de desear que alguien cambie o del desánimo y la pasividad. Somos libres para probar soluciones, tomar riesgos y dar pasos.

Así mismo, es una bendición. Al principio es incómoda, pero vale la pena. El otro lado de la moneda, culpar a otro, es lo contrario; es una especie de maldición. Uno se siente bien al principio, pero con el tiempo nos arruina. Técnicamente, cuando culpamos, proyectamos toda la responsabilidad de un problema a algo o alguien más y ello nos mantiene en esclavitud. Por eso, todos debemos estar concientes y tratar con nuestras tendencias a encontrar culpa, excusas, a restar importancia o a negar nuestra responsabilidad ante cualquier situación.

A veces, "culpar" puede ayudarnos, pero a lo que me refiero, es al proceso de evaluar las responsabilidades en circunstancias dadas. En un sentido, debemos realizar una especie de auditoria espiritual para averiguar quién aportó qué al problema. Esto no significa acusar a alguien, simplemente nos hace estar mucho mejor preparados para resolver la cuestión. Valorar esta clase de culpabilidad, puede instruirnos acerca de lo que debemos perdonar; al mismo tiempo, si tuvimos parte en el problema, debemos confesarlo, pedir perdón y arrepentirnos.

El evaluar las responsabilidades significa, es por ejemplo, que un hombre con una esposa alcohólica necesite "culparla" por su hábito, en vez de pensar que él hizo algo para provocarlo, pero también, se "culparía" a sí mismo por no haber hablado ni tomado una posición más estricta cuando debió. En esencia, un período de valoración puede ayudarnos a encontrar las raíces de un problema; sin embargo, recuerde que lo más importante no es saber quién causó el problema, sino el conflicto y su solución.

◆ **Sepa qué apropiarse**

Si desea que Dios abra un camino en su vida, acepte sus fallas y debilidades; Dios bendice esta actitud. La siguiente, es una breve lista de puntos de los que usted puede comenzar a hacerse responsable para así, colaborar con Él:

- **Su propia infelicidad.** Comience pidiéndole a Dios que lo ayude a hacerse responsable del dolor o incomodidad que experimenta; después, pídale que lo ayude a encontrar alivio.
- **Problemas específicos.** Determine la causa de su problema. ¿Se trata de un distanciamiento en las relaciones, un paso de fe, un conflicto en el trabajo o un hábito que no desaparece?
- **Recursos que necesite.** Usted debe ser parte activa en encontrar los recursos que necesite para resolver su situación. Obtenga ayuda, apoyo, consuelo y consejo. Busque hasta encontrar personas que tengan respuestas y puedan darle ánimo.

- **Debilidades y obstáculos.** Identifique las áreas en las cuales su fuerza no esté a la altura del reto y luego comience a desarrollar esas áreas.
- **Responsabilidad.** Rinda cuentas a algunas personas que puedan ayudarlo a mantenerse en su proyecto de resolver una lucha o alcanzar una meta.
- **Un grupo de apoyo.** Busque amigos que estén llenos de compasión y consuelo, pero que no lo dejen evadir su responsabilidad de dar el siguiente paso para solucionar sus conflictos. ¡Evite a toda costa a las personas que lo mantengan estancado al ayudarlo a sentirse una víctima!
- **Un día a la vez.** Aborde los asuntos del presente en vez de obsesionarse con el pasado o intentar rescatar el futuro. Las personas que se hacen cargo de sus vidas saben cómo vivir en el presente.

Finalmente, resista la tentación de aceptar *toda* la culpa en todo; no debe soportar la lucha usted solo, Dios tiene su parte y Él actuará con gusto a su favor. Ni usted ni yo somos tan fuertes como para cargar con el peso de todo.

La buena noticia es que cuando somos responsables, la vida funciona mejor. Por eso, cuando hacemos las cosas a su manera, Él está ahí para ayudarnos a llevar la carga. Jesús dijo:

"Mi yugo es fácil, y ligera mi carga".

Mateo 11:30

6

Principio seis:

ACEPTE LOS PROBLEMAS COMO SI FUERAN REGALOS

Cuando mi amigo Gary me llamó (soy John) para preguntar si nos podíamos ver en el desayuno, pensé que algo lo inquietaba. Hacía tiempo que no lo veía, así que esperaré con gusto la reunión. Cuando nos saludamos en el restaurante, Gary me dijo de pronto: "Me despidieron".

¿Gary despedido? Me sentí impactado, pues no era ningún joven inexperto recién salido de la universidad que intentara establecerse en su lugar de trabajo, era un profesional experimentado en gestión de alto nivel en una gran empresa manufacturera, un puesto que había mantenido por muchos años. Le gustaba su trabajo y planeaba hacer de él una carrera de por vida, también tenía una esposa y tres hijos que dependían de él. "Gary, lo siento mucho, ¿qué ocurrió?", respondí.

Me explicó que una reestructuración de personal en los niveles superiores de la empresa lo colocó con un nuevo jefe. Gary y Dan no se llevaron muy bien. Gary era ordenado y metódico y Dan era más desafiante y precipitado. Dan presionaba a Gary para tomar más riesgos, explorar ideas nuevas e intentar enfoques diferentes con las personas a quienes dirigía. Gary sabía que estas ideas eran válidas, pero pensó que Dan olvidaba la importancia de la diligencia, la responsabilidad y el ayudar a las personas a realizar mejor sus trabajos; además, pensaba que sus expectativas eran poco razonables. Gary intentó adaptarse al sistema de Dan, pero fue incapaz de alcanzar las metas y expectativas de su jefe.

Después de largos y dolorosos intentos de remediar el asunto, Gary fue despedido.

—¿Qué puedo hacer por ti, Gary? —le pregunté, asumiendo que buscaba ánimo y quizás unas cuantas pistas para conseguir un nuevo empleo, pero su respuesta me sorprendió.

—John, que ores porque aprenda lo que Dios quiera enseñarme con esta situación.

—¿A qué te refieres? —inquirí.

—Toda esta experiencia me ha descontrolado —dijo—. Nunca me había sucedido antes y no tengo idea de qué es lo que siga, pero sé que Dios está detrás de todo esto. Estoy seguro de que no ocurrió por accidente, aunque no tengo la menor idea de qué significa. Así que supongo que la mejor manera de lidiar con mi crisis es comenzar con Dios y avanzar a partir de ahí. En este momento, aprender lo que Dios quiera que aprenda me parece que es lo mejor.

Las palabras de Gary me parecieron perfectamente razonables. Le dije que me encantaría orar por él.

Nos mantuvimos en contacto durante los meses siguientes, mientras Gary reunía los trozos de su carrera destrozada. Durante ese período, adquirí un gran respeto por mi amigo. Él no se regodeó en culpar o sentir autocompasión, sino que todos los días se preguntaba y buscaba el camino de Dios para él. Al mismo tiempo, realizó una búsqueda enérgica e implacable de trabajo, que le valió una buena posición en otra compañía, en la que aún se encuentra.

Si en ese tiempo Gary hubiera concentrado todas sus energías en la solo buscar trabajo, nadie lo hubiera culpado; tenía una familia de la cual cuidar y cuentas que pagar. A los ojos de cualquiera, hubiera sido algo bueno, pero no habría sido lo mejor. Lo mejor fue que Gary le pidió a Dios que le enseñara algo.

Aunque Gary sabía que era lo suficientemente inteligente como para encontrar una manera de salir de su dilema, su fe lo llevó a buscar la lección, el cambio o el enriquecimiento que se encontraba detrás de esa pérdida. Sabía que lo mejor es ver los problemas como ventanas hacia Dios, ventanas en las cuales debemos mantenernos hasta que Dios nos muestre la luz que ilumine nuestros corazones. Gary quería salir de este dilema a la manera de Dios.

Y eso fue porque la fe de Gary en Dios le dijo que podía confiar en que Él lo cuidaría.

Mientras Gary buscaba, oraba, leía la Biblia y hablaba con personas, Dios respondió. Al principio, lo que Gary aprendió lo hizo sentirse incómodo, con el tiempo, Dios le mostró que, en esencia, Dan tenía razón. Gary se resistía a los riesgos y a los cambios, temía fallar y perder el control, aún en su relación con Dios. Su vida, su trabajo y su fe estaban orientados a no correr riesgos. No había mucho espacio en sus hábitos y creencias para los riesgos, la creatividad o para que el poder de Dios trabajara a favor de Gary.

Una vez que entendió su problema, comenzó a trabajar para cambiar y crecer. Requirió mucho esfuerzo, pero al final fue un hombre nuevo. En la actualidad, todavía es la persona responsable y confiable que era antes, pero cuando he estado con él, parece tener más vida por dentro, tiene cosas más importantes que el siguiente proyecto. Gary ahora intenta cosas nuevas, está más abierto a experimentar y ha descubierto que tiene un talento para ayudar a que otros hombres de negocios crezcan y se desarrollen de la misma manera. A través de su iglesia, se ofrece como voluntario para instruir y aconsejar a hombres que necesitan ayuda con sus carreras, y le encanta hacerlo. Gary usó su problema para encontrar a Dios en una forma nueva y mejor.

◆ Una cuestión de perspectiva

Como Gary, todos tenemos problemas, son parte de la vida, pero el cómo los resolvemos nos divide en dos grupos, *quienes se quedan en el problema* y quienes *van más allá del problema*.

El primer grupo de personas tiene una tendencia a detenerse por completo cuando se encuentra con un problema, y se mantienen ahí; lo único que desean es deshacerse del problema lo más pronto posible. El segundo grupo, personas como Gary, encuentran algo útil en los problemas; sin embargo, hacer eso requiere de la gracia de Dios, ya que somos propensos a tratar solo con la dificultad para después continuar nuestras vidas.

Ya sea que el aprieto se relacione con la carrera, las relaciones, la salud, las emociones o con una pérdida, todos tendemos a enfocar nuestras energías para extinguir el fuego y asegurarnos de que no se encienda de nuevo. Puede ser que sea un dolor recurrente en el pecho que espera desaparezca, un distanciamiento en su matrimonio que ha aprendido a tolerar o un problema de alimentación con el cual intente diferentes remedios y planes. Es un problema, es doloroso y queremos que desaparezca, así que en eso nos concentramos.

No hay nada de malo en intentar resolver el problema y aliviar el dolor, pero la manera de salir de nuestros problemas no debe ser nuestra principal preocupación, pues Dios ve nuestras dificultades de una manera muy diferente a la nuestra. En un sentido muy real, son sus regalos para nosotros, pues nos llevan hacia Él y hacia sus caminos. Él quiere desarrollar mucho más en nosotros que la habilidad de extinguir incendios; tiene muchas lecciones y una nueva vida para nosotros mientras aprendemos a sortear los problemas.

En este punto, la palabra conducir es importante, ya que a Dios no le preocupa tanto sacarnos de los problemas sino conducirnos a través de ellos. Por ello, con frecuencia Dios aborda nuestros problemas de maneras muy diferentes a las nuestras. Podemos compararlo con la diferencia entre la forma que tiene un doctor de ver el dolor con la de su paciente. Suponga que va al doctor con un dolor, quiere una inyección o una píldora, algo que haga desparecer el dolor y la quiere de inmediato. Pero su sabio médico sabe que el dolor es señal de un problema más profundo y le prescribe más dolor: cirugía y terapia física.

Usted tiene la elección: podría exigir un alivio inmediato a sabiendas de que el problema físico reaparecerá o puede pasar a través del proceso de curación para resolver el problema de una vez por todas. Esa es la misma clase de elección a la cual nos enfrentamos cuando hay problemas y crisis en la vida. Dios nos ama por completo y busca lo mejor para nosotros, pero el Médico tiene menos interés en nuestra comodidad inmediata que en nuestra salud y desarrollo a largo plazo.

Por ello es que la Biblia dice: "Hermanos míos, tened por sumo gozo cuando os halléis en diversas pruebas, sabiendo que la prueba de vuestra fe produce paciencia" (Santiago 1:2-3). La dirección de Dios no es para sacarnos de nuestros problemas sino para conducirnos a través de ellos. Así es como aprendemos de nuestras dificultades y encontramos el camino de Dios.

◆ Las dos direcciones

Primero, miramos hacia abajo. Un problema que no podemos resolver está, por definición, más allá de nosotros. Si lo hubiésemos podido arreglar, quizá lo habríamos hecho. Así que sea cual sea la lucha, nuestros intentos no son suficientes. Los problemas nos llevan a nuestros límites; agotan nuestros recursos, nuestra fuerza, nuestra voluntad y paciencia. No es agradable estar en nuestros límites. Nos sentimos impotentes, perdidos, temerosos e inseguros de hacia dónde voltear. Si nos detenemos ahí, sintiéndonos mal por nosotros mismos o lamentándonos de lo impotentes que somos, en verdad estamos en un lío. Sin embargo, podemos escoger una dirección diferente.

La cual es, que podemos permitir que nuestros problemas nos lleven hacia arriba. Podemos llevar nuestra atención lejos de pensar en sí mismos, hacia la manera en que Dios lo ve. Los problemas nos brindan una oportunidad para ver más allá de nuestro pequeño mundo, de nuestras respuestas comunes y de los hábitos en que confiamos, para mirar hacia lo desconocido, hacia donde Dios nos espera. Cuando estamos en nuestros límites, estamos donde Dios realmente se encuentra. Como niños perdidos, buscando la voz de sus padres, buscamos en los cielos y clamamos a Aquél que conoce el problema, la solución, las lecciones y los caminos. Nuestro Dios, ilimitado, siempre está ahí para nosotros.

Nuestra tendencia es mantenernos en lo seguro, porque necesitar y depender de un Dios impredecible no es un camino cómodo; preferiríamos mantener todo bajo nuestro control. Sin embargo, Dios sabe que ese enfoque secará nuestras almas y por ello trabaja en su contra. Quiere que miremos hacia arriba, hacia todas Sus oportunidades y recursos. Con frecuencia, la manera en que Dios actúa es como un chaparrón que se derrama sobre un arroyo estancado que está bloqueado por escombros. Cuando la inundación se mueve con gran fuerza hacia el obstáculo, lo destruye, y el arroyo comienza a fluir de nuevo; el agua fresca y pura lo revive. Quiero que lo mire de este modo: cuando miramos hacia arriba, nos abrimos a Dios y Dios también se abre a nosotros. Y después, debemos mirar hacia adentro. La transformación por la cual pasamos, no termina al mirar en dirección a Dios. Una vez que el problema nos lleva a Él, Dios nos lleva a una travesía en nuestro interior, para demostrar lo que quiere que aprendamos. Constantemente nos enseña, anima, guía, sana y dirige al ayudarnos a entender lo que ocurre en nuestro interior; es decir, en términos de nuestras actitudes y reacciones. Cuando le pedimos que nos muestre las obras de nuestro corazón, es como si encendiera una luz brillante dirigida a lo profundo de nuestro corazón, que revela dolores, heridas, debilidades y opiniones que necesitan ser tocadas o sometidas a Él.

Por ejemplo, yo hablo mucho con personas solteras, y me doy cuenta de que su visión externa es muy importante para lo que enfrentan. La mayoría de ellos desean profundamente casarse; sin embargo, casi todos han experimentado alguna relación que les fue una catástrofe emocional. Como resultado, han formado diversas actitudes. Algunos intentan resolver el problema al cerrarse. Otras, algunas viven sintiendo lástima por sí mismos. Otros más, culpan a todo el sexo opuesto, diciendo: "Ya no hay hombres [o mujeres] buenos con quienes casarse". Hay quienes toman la actitud de que estar con alguien —con quien sea— es mejor que estar solo; solucionan el problema de no tener una pareja saliendo con alguien que les atrae por alguna razón desconocida y se casan con esa persona. Ninguna de esas personas está tomando la dirección hacia adentro.

Sin embargo, algunos solteros sí toman esa dirección. Le piden ayuda a Dios para mirar su interior, hasta que descubren lo que ocurrió en los desastrosos rompimientos y decepciones pasadas. Le piden que les muestre si ellos contribuyeron a los problemas de la relación o si permitieron que los arrastrara la persona equivocada. Le preguntan lo que necesitan para cambiar, con el fin de encontrar a la persona indicada. El permitir que Dios abra nuestros ojos y nos permita mirar nuestro interior, trae muchos buenos frutos. Al final, estas personas son mucho más sabias para escoger a quién amar.

Este es otro punto relevante acerca de la importancia de mirar hacia el interior. Cuando miramos hacia adentro, Dios puede revelarnos que tenemos algunos asuntos centrales que son fundamento de nuestras actitudes; que forman reacciones que no solo ocurren en una, sino en diferentes áreas de nuestra vida. Muchas de las personas a quienes aconsejo, descubren que muy profundo, en su interior, llevan un problema que se relaciona con muchas más cosas que aquella que lo hizo iniciar el recorrido. Frecuentemente, parece ser una constante en sus vidas. Por ejemplo, Gary, a quien conocimos al principio del capítulo, se dio cuenta de que temía a los riesgos y a las cosas nuevas. Como lo vimos, esto afectó su trabajo; pero él se sorprendió de que, al mirar hacia adentro, descubrió que también tenía miedo de tomar riesgos en las relaciones. Aunque no pudo verlo al principio, Gary intentaba tomar tan pocos riesgos, que su esposa y sus amigos en ocasiones se sentían alejados de su vida. Mientras que se preocupaba y era amable con ellos, evitaba el riesgo de ser vulnerable y exponer cómo se sentía en realidad.

Como lo hemos visto, Dios nos ayuda para identificar "actitudes" o pautas en nuestras vidas. Cuando pacientemente le permitimos mostrarnos la verdad, somos capaces de ver cómo éstas nos afectan mucho más de lo que imaginamos.

◆ Vea el dolor como algo normal

Los problemas también son un regalo en el sentido de que nos ayudan a hacer normal el dolor; es decir, nos ayudan a esperar al dolor como una parte regular de la vida. Gran parte de nuestra existencia involucra dolor, ya sea una incomodidad menor, producto de problemas pequeños, o el dolor por pérdidas catastróficas. Por naturaleza, no nos gusta experimentar dolor o problemas como parte de la vida, desearíamos que la vida fuera diferente de lo que es. Así que cuando aparecen el dolor y las luchas, protestamos, las negamos o sostenemos que nada de eso debería ocurrir; pero la vida es difícil y ni toda nuestra resistencia puede hacer algo para alterar la realidad del dolor.

Cuando recurrimos a las protestas y negamos el dolor, en realidad estamos discutiendo con Dios. Él no dice: "La vida no debe tener luchas o dolor", somos nosotros quienes lo decimos. Pero ya que Dios ve la realidad total tal y como es, la única respuesta que tiene sentido para nosotros es perder esa discusión; solo entonces podremos ganar.

Cuando dejamos de protestar acerca del dolor y de los problemas, comenzamos a desprendernos de cosas que de cualquier manera no podemos conservar.

Aprendemos cuáles opciones, caminos, lecciones y oportunidades son nuestras, y entramos al lugar de la aceptación. Aceptamos que el dolor es parte de la vida, aceptamos que no tenemos todas las respuestas, que siempre habrá problemas, y que algunos problemas se mantendrán como un misterio hasta que estemos cara a cara con Dios.

Esa aceptación nos ayuda a vivir en la realidad de Dios, lo cual nos permite adaptarnos y cambiar hacia la manera en que las cosas son en verdad. También nos permite relajarnos y ser flexibles, para que Dios pueda llevarnos con más facilidad a través de nuestros problemas.

◆ Identifíquese con el sufrimiento

Los problemas son una bendición en otro sentido: Nos ayudan a identificarnos con el sufrimiento de Dios. Dios no es alguien que retrocede ante los problemas, tampoco evita las dificultades que le causan. Aunque podría ordenarlo todo de una forma diferente, Él escogió para sí mismo el camino del sufrimiento. Dios trata con los problemas aunque le duelan.

Desde Adán y Eva, hemos sido un problema para Dios. Él solo quiere amarnos y guiarnos; sin embargo, nos hemos alejado de Él desde que el inicio de los tiempos. Él no quiere destruirnos para comenzar de nuevo porque nos tiene cariño. Por desgracia, cuando intenta acercarse, amenazamos o intentamos ser nosotros mismos Dios. Esto le crea problemas en el sentido de que no hicimos con Su amor lo que Él siempre quiso.

La mayoría de nosotros olvida que Dios tiene un corazón Él siente profundamente, en especial cuando se trata de nosotros. Nuestra actitud hacia Él puede lastimarlo. Cuando su pueblo perdió el amor hacia Él, su respuesta fue: "Mi corazón se conmueve dentro de mí" (Oseas 11:8). Cuando Jesús vio la dureza de corazón de Jerusalén, anhelaba reunir a su pueblo como la gallina que junta a sus polluelos, pero se resistían a su amor (Mateo 23:37). La respuesta de Dios al problema de usted es enfrentarlo y asumir la responsabilidad de hacer algo al respecto. Él no evita, niega o malentiende el significado del problema; sin embargo, sufre en el proceso. Mientras que nos redime, restaura, perdona, repara y sana, sufre por lo que le hacemos enfrentar. Cuando aprendamos cómo Dios soluciona los problemas de esta manera, aprenderemos a identificarnos o asociarnos con su sufrimiento. A través de las edades, las personas espirituales han estudiado cómo el identificarnos con este dolor nos ayuda a estar más cerca de Él, a ver la realidad tal y como es y a tomar un enfoque adecuado hacia la vida y sus problemas.

Por eso es que podemos aprender mucho de nuestros problemas, al permitirnos llegar más cerca del sufrimiento de Dios; en especial a través de Jesús, "El autor y consumador de la fe, el cual por el gozo puesto delante de él sufrió la cruz" (Hebreos 12:2). Cuando nos identificamos con los sufrimientos de Dios, maduramos. A menudo, las personas que han viajado por este camino cuentan que sea cual sea el problema que inició el proceso, al final no llegó a ser tan importante como lo que aprendieron acerca del sufrimiento a la manera de Dios.

Vuélvase parte de esta clase de vida, no le pida a Dios que deshaga sus problemas, las cosas no funcionan de ese modo y Él sabe que no es lo mejor para nosotros. Vea los problemas como los siguientes pasos de crecimiento que debe dar; acéptelos y avance mirando hacia arriba y hacia dentro con Él.

◆ Más allá del sufrimiento, hacia el crecimiento

En ocasiones, tendemos a abordar los problemas como si fueran simplemente un ejercicio para aprender paciencia y resistencia. Esto es, vernos a nosotros mismos exclusivamente como personas que sufren sin ninguna culpa, que aprenden una lección acerca de cómo aguantar el dolor. Sí, hay mucho que ganar al aprender a ser pacientes, pero esa sería una perspectiva limitada de la situación. Vaya más allá de solo tolerar los malos momentos.

Para eso, comience a preguntarse y a tener curiosidad. Pregunte a Dios acerca de sus propios problemas de control, acerca de sus expectativas idealizadas de Él y de la vida, acerca del quebrantamiento, del egoísmo y de cosas similares. Como Gary, con frecuencia encontrará áreas en las cuales debe crecer, cambiar, sanar o arrepentirse, que pueden llevarlo una nueva vida.

7

Principio siete:

ACEPTE LA VIDA TAL Y COMO ES

Yo, John, padezco de una enfermedad ósea llamada *osteopenia*, lo que significa que mis huesos son demasiado porosos. Osteopenia, una enfermedad precursora a la mejor conocida osteoporosis, provoca que los huesos sean propensos a las fracturas, que además sanan despacio. Hace un par de años, me rompí la espalda en un accidente acaecido en un globo de aire caliente, en Kenia, y los médicos supusieron que mi espalda no se habría roto si no padeciera de esta enfermedad.

Desde que me diagnosticaron, he pasado una buena cantidad de tiempo investigando tratamientos y curas. Mi madre sufre de osteoporosis y no le ha sido fácil vivir con ella. Si puedo hacer algo, no quiero envejecer con huesos frágiles.

Sin embargo, hay buenas noticias; el mundo médico ha aprendido a hacer varias cosas para ayudar en mi enfermedad. Los expertos recomiendan ciertos suplementos y ejercicios diarios de levantar peso que inducen el fortalecimiento de los huesos. Mi doctor me estableció un régimen a partir de tales factores.

Me siento agradecido por saber que, al seguir este curso de acción, las cosas pueden mejorar para mí. La pregunta es: ¿Lo que hago en verdad funciona? Es importante medir la efectividad del tratamiento, así que cada año me toman una serie de radiografías para que el doctor pueda valorar si mi condición mejora o se deteriora. Los huesos cambian muy despacio, así que tomar radiografías más frecuentes no sería útil; sin embargo, no tengo manera de medir mi progreso hasta que termina el año.

Me ha costado un poco habituarme a vivir con la incertidumbre durante períodos tan largos. Por ejemplo, al escribir este capítulo, mis siguientes radiografías tardarán seis meses. Intento mantenerme con los suplementos y los ejercicios, pero en realidad no sé nada acerca de mi estado. Sería agradable tener una respuesta inmediata, del tipo que obtiene una persona que se somete a una dieta cuando se para en una báscula; me encantaría ser capaz de monitorear más de cerca mi estado; sin embargo, en esta etapa del desarrollo de la ciencia médica, no existe la posibilidad de hacer eso. Todo lo que puedo hacer es apegarme al régimen y esperar que todo mejore.

Que difícil es esperar, debo admitirlo; sin embargo, la situación en que me encuentro me ha brindado algunos beneficios. Uno de ellos es que me muestra con mucha claridad que nos soy el amo del tiempo. El tiempo es su propio amo y lleva su propio paso y transcurso. Esta es una realidad que todos debemos aceptar: Cuando Dios nos abre un camino, por lo general, lleva tiempo.

Aunque creo profundamente en la habilidad de Dios para realizar milagros y en sus actividades instantáneas y sobrenaturales que ejecutan en nosotros, también creo que la manera normal en que Dios trata con nosotros involucra una secuencia de eventos; un proceso que Dios dirige y que debemos seguir, lo cual requiere paciencia de nuestra parte.

Sí, esperar puede necesitar paciencia. El tiempo es el camino en el cual Dios ha escogido obrar para que las cosas sucedan. Considere esto: Él creó el universo en etapas; a los israelitas les tomó cuarenta años entrar a la Tierra Prometida; pasaron cientos de años antes de que naciera el Mesías; y en toda la Biblia hay muchos ejemplos más de cómo Dios toma en cuenta el tiempo dentro de la forma en que obra para cuidar de nosotros. ¿Qué es lo importante del tiempo? ¿Por qué Dios se toma Su tiempo, cuando nos encantarían las respuestas, los cambios y las liberaciones instantáneas de nuestros dilemas?

Lo que he presenciado una y otra vez es que: El tiempo permite que los remedios de Dios se apliquen a nuestra situación.

Por ejemplo, se necesita tiempo para que seamos accesibles a Dios en todos los caminos en los que debemos cambiar, necesitamos ser expuestos a fondo y en repetidas ocasiones a Su amor, a

Su verdad, Su gracia y Su ayuda. Por lo general, no aprendemos algo la primera vez que lo oímos y los corazones heridos requieren de tiempo antes de estar listos o ser capaces de hacer uso de la ayuda que se les ofrece; hasta nuestro cuerpo nos enseña que la sanidad y el cambio tardan. Por ejemplo, si por algunos días tomamos antibióticos para tratar una infección, con el tiempo, la medicina puede afectar a todo el organismo infectado; también, el tiempo permite que el antibiótico interactúe continuamente con la infección para así debilitarla de forma sistemática y al final destruirla. Por estos ejemplos podemos ver que el tiempo es una bendición y no lo contrario.

◆ ¡Lo quiero ahora!

No es fácil dejar pasar el tiempo. Con frecuencia, el tiempo hace emerger en nosotros esa parte infantil que exige soluciones inmediatas. Nos sentimos tensos, desanimados, frustrados y listos para rendirnos. Hay muchas maneras por medio de las cuales intentamos lidiar con la realidad del lento paso del tiempo. Como ejemplo, algunas personas sienten una necesidad imperiosa de recibir alivio inmediato en una crisis; otros creen que Dios siempre traerá una solución instantánea cuando se tiene suficiente fe; algunos se sienten fuera de control cuando no pueden acelerar los sucesos; y otros tienden a ser impulsivos y no pueden tolerar ningún tipo de frustración para obtener lo que buscan.

Sin embargo, las personas que se pueden someter a las restricciones del tiempo, por lo general encuentran mejores resultados que quienes protestan o intentan evitarlas. Cuando insistimos en atajos y soluciones rápidas, tendemos a repetir los mismos problemas una y otra vez sin llegar a ninguna parte.

Una manera útil de entender por qué debemos ser pacientes es la siguiente: Si una meta es significativa, requerirá de tiempo. En otras palabras, lo que tiene beneficios y resultados inmediatos, tiende a no ser muy importante en una visión amplia de la vida; sin embargo, lo que requiere de mayor tiempo, tiende a ser más significativo. Para ilustrar este concepto, hay personas cuyos sueños financieros se basan en ganar la lotería; en contraste, hay personas que pasan años aprendiendo, obteniendo experiencia, y ejecutando un plan de negocios bien diseñado. Esas son las personas a quienes la Biblia se refiere cuando dice: "Los pensamientos del diligente ciertamente tienden a la abundancia; mas todo el que se apresura alocadamente, de cierto va a la pobreza" (Proverbios 21:5).

Me parece que lo que hace difícil la espera es que posee una clase de naturaleza "clandestina". Con esto quiero decir que con frecuencia Dios se encuentra en el proceso de abrir un camino para nosotros cuando no podemos ni siquiera ver su mano. En ese tiempo, cuando parece que nada ocurre a nuestro favor, es un don de fe el ser capaces de confiar que Dios se encuentra obrando en nuestras relaciones, en nuestras familias, trabajos y hasta en nuestros corazones. Considere esta parábola de Jesús:

> Decía además: Así es el reino de Dios, como cuando un hombre echa semilla en la tierra; y duerme y se levanta, de noche y de día, y la semilla brota y crece sin que él sepa cómo. Porque de suyo lleva fruto la tierra, primero hierba, luego espiga, después grano lleno en la espiga; y cuando el fruto está maduro, en seguida se mete la hoz, porque la siega ha llegado.
>
> Marcos 4:26-29

Esta historia nos enseña que para que Dios abra un camino, necesitamos emprender dos tareas. La primera es *sembrar la semilla que nos dé*. Eso puede ser, admitir la verdad, enfrentar un problema o rendir a Dios algo a lo que nos hayamos mantenido aferrados. Nuestra segunda tarea es *esperar, sin intentar apresurar el paso de Dios*. Él también tiene una labor, Él abre un camino al tomar los ingredientes de crecimiento para producir algo bueno en nuestras vidas.

Es necesario tolerar el paso del tiempo porque es una parte importante para sanar en las relaciones. Hace muchos años, decepcioné a un amigo mío y herí mucho sus sentimientos. La relación era tensa, y aunque me perdonó por lo que hice, se mantuvo distante por un tiempo. Recuerdo haber tratado de arreglarlo todo tan rápido como pude para que nuestra amistad pudiera regresar a la normalidad; pero no ocurrió de ese modo, mi amigo necesitaba tiempo para permitirse el acercarse de nuevo a mí. En vez de intentar forzar la situación, ambos oramos porque Dios abriera un camino para mejorar las cosas. Trabajé para cambiar lo que hice para lastimarlo, a fin de que no ocurriera de nuevo. También mantuvimos la relación y hablábamos cuando se presentaban asuntos. Poco a poco, las cosas mejoraron, pero aún me sentía inseguro.

Una noche, estábamos cenando e hice un comentario desconsiderado que, al momento de escucharlo salir de mis labios, me hizo recordar lo que hice al principio. Me congelé por dentro, preguntándome si había vuelto a provocar la misma herida.

Mi amigo notó mi ansiedad y aparentemente supo lo que ocurría en mi interior. Dijo: "Mira, ni siquiera pensé en lo que dijiste hasta ver tu expresión, ya lo superé; ahora es momento de que tú lo superes."

Como en la parábola de Jesús que leímos anteriormente, el tiempo permitió que Dios mantuviera nuestra relación expuesta a los elementos de sanidad hasta que estuvo completamente curada, y ambos pudimos avanzar.

Si hay algo que nos ayuda a tolerar el paso del tiempo es involucrarnos de forma activa en el proceso de desarrollo en que Dios nos tiene. Nos es muy útil estar involucrados activamente en las tareas, experiencias, aprendizajes, pruebas y relaciones que son parte de su camino para nosotros. Cuando estamos envueltos en lo que sea que Dios haga en nuestras vidas, en cierto sentido, estamos experimentando la eternidad, pues la eternidad es donde se encuentra Dios. Es interesante, que mientras más involucrados estemos, más atemporal parece la travesía.

Esta a temporalidad la puedo ver en mis hijos. En la noche del domingo, hablan con frecuencia de lo mucho que detestan pensar en ir a la escuela el lunes; sin embargo, cuando los veo el lunes después de clases, no pueden dejar de hablar de lo que sucedió en la escuela. Del mismo modo, cuando no estamos involucrados, el tiempo parece ir muy despacio, y mientras menos pensamos en el tiempo, más podemos olvidarlo.

◆ El tiempo, por sí solo, no sana

En el otro extremo, es importante saber que el paso del tiempo no es suficiente para que Dios abra un camino. Algunas personas piensan que todo lo que deben hacer es ser pacientes y esperar y que después Dios les dará lo que deseen; sin embargo, no es cierto, y muchas personas se quedan atrapadas en esa forma de pensar. Esperan que Dios cambie las cosas, esperan a que llegue otra persona o a que sus emociones cambien; y después, se decepcionan cuando el cambio no ocurre.

Y es que el tiempo es solamente un contexto en el cual interactúan en nuestros problemas los medios mediante los cuales Dios trae sanidad. Todos los demás elementos que Dios usa para abrir un camino siguen siendo necesarios. Nadie espera a que sane solo un tobillo torcido, sino que consiguen un aparato, realizan ejercicios y terapias físicas, y aplican calor y masajes con cuidado. El tiempo por sí solo nunca es suficiente. Asegúrese de estar rodeado por todo el amor, la verdad, el apoyo, la seguridad y la responsabilidad que necesita para realizar lo que le toca hacer a usted en el camino que Dios abre. A menudo, el tiempo, por sí solo, es tiempo desperdiciado, mientras que el tiempo en conjunto con los componentes de sanidad, producirá resultados profundos y duraderos.

◆ Cada temporada tiene su propia función

El tiempo tiene algunos parientes cercanos, los llamamos *temporadas*. No todos los períodos de tiempo son iguales, cada uno tiene diferente uso y significado dentro del plan de Dios. Es útil entender la naturaleza de estas temporadas para poder entender cuáles son nuestras tareas y expectativas, mientras el tiempo hace su trabajo. Como nos enseña la gran sabiduría de la Biblia:

"Todo tiene su tiempo,
      y todo lo que se quiere debajo del cielo tiene su hora.
Tiempo de nacer, y tiempo de morir;
      tiempo de plantar, y tiempo de arrancar lo plantado".
Eclesiastés 3:1-2

La siguiente es una manera de ver las diferentes temporadas que nos sirven para crecer; que necesitamos usar y a las cuales nos debemos adaptar para que Dios abra un camino. Se relacionan con cualquier situación o contexto de crecimiento y lucha que podamos experimentar.

Invierno. Un clima frío y suelo duro hacen que esta temporada parezca muerta y poco productiva; sin embargo, es un momento muy importante. Se remueven objetos muertos, obstáculos y rocas que se encuentren en el camino del crecimiento futuro. En este momento se reparan cercas rotas y máquinas descompuestas; se hacen planes para el futuro.

Usted puede usar esta temporada para prepararse para el trabajo que deba realizar; es decir, ordenar su horario y sus asuntos con el fin de tener tiempo y espacio para trabajar en su meta. Quizá quiera investigar acerca de los recursos que necesita tales como buenas iglesias, grupos y expertos. El invierno le permite detenerse por un momento y prepararse para crecer.

Primavera. Este es un tiempo de nuevos comienzos y esperanzas. Removemos la tierra le proporcionamos fertilizante, agua y un clima controlado. Esperamos un poco y luego nos preocupamos por los retoños frágiles que comienzan a aparecer como por arte de magia, cuidamos el campo para que las aves y otros animales no lo devoren.

En la primavera del proceso de crecer, comenzamos a involucrarnos con los planes y compromisos que hicimos en invierno. Usted, por ejemplo, podría comenzar a estudiar un tema relacionado con lo que necesita o unirse a un grupo que trabaje en eso, y cuando vea que esos cambios iniciales comiencen a asomarse en el suelo, necesitará protegerlos de las personas y las circunstancias que puedan pisotearlos y robarlos.

Verano. El crecimiento es muy notorio y el campo cada vez es más exuberante, con plantas más grandes y fuertes. Esta es la etapa del mantenimiento; en la cual nos aseguramos que continúe lo comenzado en la primavera. Los ingredientes para el crecimiento siguen siendo tan necesarios como las lluvias, al igual que la necesidad de protección.

En el verano, debemos ser diligentes para continuar. No se sienta tentado a detenerse por los cambios que comenzaron la temporada anterior mantenga el programa para la cosecha en la temporada siguiente, siga trabajando en las mismas labores, porque estará edificando la obra que Dios comenzó en usted.

Otoño. Este es el tiempo de la cosecha, donde se siega lo sembrado. Es cuando experimentamos los beneficios del trabajo y tomamos tiempo para recoger los frutos, usando algunos y almacenando otros para el tiempo de oscuridad y frío que se acerca.

En el otoño del desarrollo personal, verá cambios en sus emociones, en su conducta, relaciones, y carrera, entre otros. No solo son cambios exteriores, sino que en verdad son el producto de una transformación interna. En esa área en particular usted es una nueva persona. Así que es un momento de celebración y gratitud hacia Dios; a la vez, es un tiempo de regresar lo que hemos recibido, a través del servicio a Dios y a los demás.

Por naturaleza, somos personas que buscan las cuatro estaciones de la cosecha en el otoño. Deseamos resultados inmediatos y nos desanimamos con facilidad cuando no lo son. No es fácil someternos a las tareas de la estación en la que nos encontramos, en espera del otoño, pero quienes pueden adaptarse a ellas, en vez de exigir que la temporada se adapte a ellos, cosecharán a su tiempo. Por desgracia, los demás se mantendrán cometiendo los mismos errores, soportando las mismas fallas y el mismo dolor.

◆ Aprópiese de estas grandes verdades

El tiempo y las temporadas son el contexto en el cual Dios nos abre un camino. Aprópiese de las grandes verdades que nos enseñan, aprenda sus caminos y úselas para mejorar algo en su vida; para hacerlo mejor de lo que era antes de que comenzaran el cambio y el crecimiento.

Siempre podemos contar con esto: al caminar por el tiempo, haciendo lo que nos toca y permitiendo que las temporadas de la vida obren cambios en nosotros, el Dios que habita la eternidad camina a nuestro lado, obrando transformaciones profundas.

De esto podemos estar seguros: ¡Nunca estamos solos!

8

Principio ocho:

AME A DIOS CON TODO SU SER

Hace algunos años, yo formaba parte del *equipo de respuesta* en el servicio dominical de la iglesia a la que asistía. Cuando el pastor predicaba, él invitaba a las personas a pasar al frente si necesitaban oración o ayuda espiritual, para que el equipo de respuesta los atendiera. Ayudábamos a esas personas en cualquier forma que pudiéramos.

Yo debo admitir que fue muy significativo formar parte de ese equipo, y ayudar a aquellos que sintieron que Dios estaba moviendo algo en su interior para dar el siguiente paso de fe. Estuve presente en algunos momentos verdaderamente sagrados en las vidas de varias las personas. Un domingo, Nancy pasó al frente con lágrimas en sus ojos por un asunto que involucraba a su hijo adolescente, Scott. El chico era rebelde, usaba drogas y tenía problemas graves en la escuela; se resistía a cualquier consejo o ayuda de Nancy, ignoraba sus preocupaciones o inventaba excusas para que no lo molestara. Como cualquier madre, quería que su hijo encontrara a Dios y enderezara su vida, así que oré por ella e intenté ofrecerle ánimos.

Algunos domingos después, Nancy llegó de nuevo con las mismas preocupaciones. Semanas después, regresó y luego una vez más. Finalmente, preguntó si podíamos hablar con más tiempo sobre su situación. Acordamos reunirnos para comer.

Al platicar, resultó ser que Nancy era una madre soltera, tenía dos empleos para lograr subsistir, a la vez que intentaba criar a su hijo. Me dijo que era un gran paso para ella el ir a pedir oración en la iglesia, ya que era tímida; además, se preguntaba si estaba exagerando demasiado. Le aseguré que tener un hijo en apuros no era un asunto poco importante. Y después, le hice una pregunta algo incómoda.

—¿Qué significa para usted el pasar al frente de la iglesia y pedir que alguien ore por usted?

Nancy pensó por un momento y dijo:

—Bien, sé que Dios es la única respuesta para Scott y para mí, supongo que cuando camino hacia el frente de la iglesia, esa es mi forma de hacerle saber a Dios que tomo en serio mi fe, que en verdad lo amo y que haré lo que quiera si nos da su ayuda.

—No podría estar más de acuerdo con usted —le aseguré—. Creo que usted en verdad ama a Dios, y cuando lo buscamos y lo amamos, Él nos responde al mostrarnos un camino que viene de parte de Él.

—Sin embargo —continué— quiero que piense en algo. Me parece que usted no ama a Dios lo suficiente como para que Él la ayude.

Nancy estaba algo confundida.

—No creo entenderlo. Le estoy dando mi vida entera al pasar al frente, no me guardo nada, no tengo más que dar.

—No estoy cuestionando en lo absoluto la sinceridad de su compromiso con Dios, pero me pregunto si hay partes en usted que, quizá sin saberlo, esté manteniendo fuera de su relación con Él. Quizás usted no sepa lo está haciendo o no sepa qué es importante; es como dejar de ver los detalles en la vista total. Amar a Dios involucra más que comprometernos con Él; nuestra vida comprende muchas cosas diferentes, no solo una. Amar a Dios significa llevar a la relación todos los aspectos de nuestro corazón, de nuestra personalidad y todas nuestras emociones, para que Él pueda obrar en usted y ayudarla.

Nancy no estaba segura de lo que quise decirle, así que le ofrecí esta ilustración.

—Imagine que tiene un dolor de estómago que no desaparece. Usted consulta a un doctor que le diagnostica una irritación gástrica y le da un medicamento, pero suponga que olvidó decirle que es alérgica a algún alimento que comió la noche anterior y que siempre le produce malestar estomacal. Aun con el medicamento que está tomando, ¿qué cree que pasaría con los dolores de estómago?

—Todavía los tendría —dijo.

—Así es —continué—. Usted estaba comprometida para recuperarse, pero esta parte en particular de su organismo —su alergia— no estuvo involucrada en el tratamiento, como consecuencia, usted no obtuvo los resultados que necesitaba, porque todo su ser debe estar presente para poder sanar.

—Si eso es lo que hago ¿cuál es la parte que no muestro en mi situación? —preguntó Nancy.

—Por lo poco que hemos hablado, hay algo que pude notar: su miedo. Creo que usted teme que al establecer límites más estrictos con Scott, podría perderlo para siempre. Usted también teme abrirse con otras personas acerca de lo difíciles que son las cosas en realidad. Y pienso que usted puede tener miedo de que Dios le permita a Scott autodestruirse si usted no hace algo. El miedo es una parte importante de su vida y parece que usted intenta manejar por sí misma ese miedo.

—Así que el miedo es algo que no le permite tener una buena relación con Dios —le dije—. Creo que usted lo ama genuinamente, pero necesita rendirle, además de su amor, los muchos miedos a los que se tiene que enfrentar. Creo que ese sería un buen comienzo.

Nancy pensó un poco acerca de nuestra conversación. Comenzó a ver desde cuando no llevaba sus miedos ante Dios. Había pensado que hablarle de sus miedos no estaba bien o que era una señal de debilidad o falta de confianza. Por decirlo de algún modo, temía al temor.

Por fortuna, Nancy comenzó a encarar sus miedos. Le pidió ayuda a Dios y habló con personas que la ayudaron a enfrentarlos. Con el tiempo, su vida empezó a cambiar, a la vez que tuvo cada vez menos miedo de hacer lo necesario para ayudar a Scott. Al llevar su miedo a Dios, Él le dio algo mucho mejor: la restauración de su hijo.

◆ Permita que el amor lo dirija

Dios nos ama de forma incondicional y desea abrir un camino en medio de nuestras situaciones difíciles. Como Nancy lo descubrió, encontrar el camino es también una cuestión de amor de nuestra parte. Amar a Dios tanto como podamos, con cada fibra de nuestro ser, es el único punto de partida verdadero y significativo. Amar a Dios es tan importante que Jesús lo identificó como el primer y más grande mandamiento: "Amarás al Señor tu Dios con todo tu corazón, y con toda tu alma, y con toda tu mente. Este es el primero y grande mandamiento" (Mateo 22:37-38).

Desde luego, Jesús se refería al antiguo y gran primer principio del Antiguo Testamento (Deuteronomio 6:5). Amar a Dios es el mayor mandamiento, pues sirve como el principio que incluye a todas las demás reglas de la vida; nos coloca en el universo de la manera en que Él lo diseñó. Si lo amamos, nos vinculamos a Él y lo seguimos, terminaremos haciendo su voluntad, lo cual es lo mejor para nosotros. Después de eso, el resto de la vida tiende a surgir en el orden correcto. No se ignoran las demás reglas, principios y mandamientos, sino que se cumplen. De hecho, Jesús dijo que la ley y los profetas están de acuerdo con los mandamientos de amar a Dios y a los demás (Mateo 22:37-40). Si usted ama a Dios, por consiguiente valorará lo que Él valora y verá como Él ve. Cuando amamos a Dios entramos a Su mundo de realidad espiritual, trascendencia, relación, responsabilidad, libertad y mucho más.

Por lo tanto, cuando se encuentre en una mala situación de su vida y no sepa cuál será el siguiente paso: Ame a Dios. Es imposible que tropiece si comienza con ese mandamiento.

Sin embargo, como lo descubrió Nancy, amar a Dios es simple pero complicado. Eso se debe a que hay muchas partes que conforman nuestro interior y cada parte necesita aprender cómo amar a Dios. El libro de los Salmos dice: "Formidables, maravillosas son tus obras" (Salmos 120:14) y nosotros, al ser obra de Dios, tenemos aspectos complejos en nuestro interior. Es a lo que Jesús se refería cuando habló de amar a Dios con todo nuestro corazón, con toda nuestra alma y con toda nuestra mente.

Si usted se pregunta qué significa eso, considere lo siguiente: Todos nosotros estamos familiarizados con la experiencia de tener emociones en conflicto, como lo que sentimos en una relación o al desear algo que choca con nuestros valores. Los anteriores, son ejemplos de las diferentes partes que tenemos en nuestro ser interior, y cada una de ellas —corazón, alma y mente— necesita conocer a Dios. Necesitan que Dios las conozca y las ame. Estas partes existen en conjunto, conectadas, pero separadas. Todas tienen el propósito de amarlo con todas sus fuerzas. Cuando eso ocurre, se conectan por completo a la fuente del amor y la vida y reciben todo lo que necesitan.

◆ ¿Qué hay en nuestro interior que Dios desee amar?

La siguiente es una breve lista de algunos de los aspectos más importantes de nuestro ser interior. Estas partes necesitan estar unidas a Dios, para que puedan tomar parte en ayudarlo a usted a encontrar Su camino:

- **Valores.** Nuestros valores son la arquitectura de nuestras vidas, conforman lo que nos es importante y lo que no lo es. Lo que es importante para Dios debe ser importante para nosotros. Por ejemplo, algunos valores esenciales son la existencia de Dios, su amor para nosotros y que seguirlo a Él es lo más importante que podemos hacer. Nuestros valores nos dirigen y nos guían. Cuando no amamos a Dios con nuestros valores, es decir, cuando nuestros valores no provienen de Él, es seguro que iremos a la deriva como un barco sin timón.

- **Pasiones.** Nuestros deseos e impulsos hacen que nos sintamos vivos; ya sean agradables o dolorosos. Con frecuencia las personas son reticentes a permitir que Dios entre a sus pasiones, piensan que es algo muy subjetivo o inmaduro. Pero cuando se las entregamos a Dios, Él puede transformarlas en pasiones que trabajen para Él y con Él. Es bueno recordar que Dios es el autor de la pasión, así que permita que su amor por Dios impulse sus pasiones.

- **Emociones.** Amar a Dios con todo nuestro corazón incluye a nuestras emociones. Dios nos creó con un gran número de ellas, las cuales funcionan como una señal para ayudarnos a estar conscientes del estado de nuestra alma. ¿Nos sentimos con miedo, en peligro, con gozo, amados, en paz, enfadados o tristes? Cuando amamos a Dios con nuestros sentimientos, tanto positivos como negativos, Él los usa para ayudarnos a crecer y para aprender sobre nosotros mismos.

- **Heridas.** Hay ocasiones en las cuales todos experimentamos heridas profundas en nuestro interior. Las personas nos fallan, los sueños naufragan y las circunstancias actúan en contra nuestra. Dios abrirá un camino cuando usted le permita entrar hasta el lugar donde tiene una herida. Quizás usted evite dejarlo llegar a donde le duele por miedo a ser más lastimado o culpado; sin embargo, recuerde que Dios no es un extraño que pueda lastimarlo y Él sanará esas heridas cuando usted se las entregue.

- **Amor.** Somos personas que amamos muy profundamente; en ocasiones, amamos a quienes son buenos con nosotros; y en otras, amamos a quienes no lo son. Cuando llevamos nuestro amor ante Dios, Él transforma lo que amamos para poder comenzar a invertir y a confiar en las personas indicadas.

- **Motivos.** Detrás de cada elección que hacemos en la vida se encuentran los motivos, los cuales son las razones más profundas de nuestras acciones. Algunos motivos nos lleva a ser bondadosos, responsables y libres; otros, a ser auto-protectores, temerosos o egoístas. Exponga a Dios sus motivos para que Él pueda transformarlos en motivos como los suyos.

- **Pecados.** Todos hemos fallado. Albergamos pensamientos pecaminosos, hablamos palabras pecaminosas y realizamos acciones pecaminosas. Cuando llevamos nuestros pecados a Dios, Él nos perdona, nos sana y nos brinda una manera de tratar con ellos y de obtener victoria y libertad.

- **Talentos.** Dios nos dio a todos talentos y dones para que podamos ayudar a otros a tener una mejor vida, ame a Dios con sus talentos. Muchos se dan cuenta de que, cuando los usan, Dios les brinda un camino para ayudar a otras personas en tantas maneras como nunca soñaron.
- **Preferencias y opiniones.** Parte de la vida es asumir la responsabilidad de la libertad que tenemos de tener preferencias y opiniones en muchas áreas. Por ejemplo, usted disfruta de un estilo en particular de iglesia o de alabanza, hay ciertos tipos de personas que lo atraen como amistades. No tema llevar ante Dios sus preferencias, Él abrirá un camino para ordenarlas y usarlas para que pueda para hacer su vida mejor.

◆ Dios abre un camino cuando lo amamos con todo lo que forma parte de nosotros

En esencia, amar a Dios es una relación; una relación planeada para ser completa, en la cual todo lo que hay en nosotros debe estar vinculado con todo lo que Dios hace estar disponible para nosotros. Piense en la relación más querida, más cercana y más cariñosa que haya en su vida. Puede ser alguien con quien usted se haya abierto profundamente y a quien ame sin reservas, alguien a quien ame con cada fibra de su ser. Usted permite que esa persona conozca sus secretos, sus miedos y sus deseos más profundos; usted tomó el riesgo de ser vulnerable con esa persona; usted se permitió necesitar y depender de esa persona.

Quienes han experimentado esta clase de conexión, le dirán que este tipo de relación profunda y plena los hace sentir más vivos. La vida se vuelve más intensa, es importante y tiene significado. Ellos lo expresan así "Antes la vida era en blanco y negro, ahora todo el mundo está lleno de color". Nuestras relaciones humanas, profundas y amorosas, son una imagen de la manera en que Dios quiere que lo amemos, con todo nuestro corazón.

El hecho de llegar a conocer a Dios en todas las formas posibles es una travesía que dura toda una vida y que lo abarca todo. Mientras más aspectos de nuestra alma y de nuestra vida podamos vincular con Él, será más fácil que Dios nos abra un camino para nuestros propósitos futuros. Esto puede tener que ver con el crecimiento o la intimidad; con usar nuestros talentos y dones; con el éxito en el trabajo o con el servir a los demás. Al mismo tiempo, amar a Dios en todos los aspectos también puede proporcionarnos respuestas acerca de las luchas y las penas que enfrentamos, como problemas de paternidad, una relación amorosa, un mal hábito o una cuestión de fe.

La verdad fundamental es: Dios abrirá un camino para nosotros en la medida que nosotros abramos uno para Él. De eso se trata amarlo por completo, es quitarle nuestras limitaciones y decirle: "Haz lo que necesites hacer con cualquier parte de mí". Es decir lo que Jesús —que amaba a Dios por completo— dijo: "No se haga mi voluntad, sino la tuya" (Lucas 22:42). Sin embargo, esto no es decir que nuestro amor a Dios hace algo por Él, sino que nuestro amor por Él hace algo por nosotros. Cuando amamos a Dios con todo nuestro ser, Él tiene acceso a todas las partes de nuestro interior que necesitan Su amor, Su gracia y Su apoyo.

Cada uno de nosotros estamos hechos para florecer cuando nos vinculamos a Dios y lo amamos; por el contrario, nos marchitamos cuando no lo hacemos. Jesús dijo: "Yo soy la vid, vosotros los pámpanos" (Juan 15:5). Esta es la razón por la cual muchas personas sienten que sus emociones y sus almas han muerto, no han recibido la vida de Dios en mucho tiempo; si es que en alguna vez. Otras personas no tienen sueños ni deseos porque no le han dado a Dios la oportunidad de renovarlos. Los valores de otros se marchitan porque no se han entregado a lo que en verdad es importante en la vida. Cuando amamos a Dios con todo nuestro ser, Él también abre un camino de otro modo llamado unidad. Las partes que conforman nuestro interior y que se conectan a Él, dependen de Él, lo aman y comienzan a trabajar juntos, en unidad y armonía. Como una orquesta madura y bien capacitada, cada parte realiza su trabajo junto con el resto y el resultado es una belleza.

Por ejemplo, algunas personas son buenas para amar a Dios con sus mentes pero no con sus corazones; son buenos en los principios y en conocer las acciones buenas y prudentes, pero con frecuencia sienten sus corazones muertos o cargados. También hay personas cuyas emociones son difíciles de controlar, sin importar lo que sus mentes les digan que deben hacer. Esto es lo que ocurre con las personas que luchan con conductas impulsivas, sus corazones no funcionan en sincronía con el resto de ellos mismos. Cuando estos individuos comienzan a liberar el amor de Dios en sus corazones y se abren a Él, su mente y su corazón empiezan a ver todo de la misma manera. Lo anterior tiene sentido pues la realidad de Dios es la armonía, Él nunca está en conflicto con sí mismo. Así que mientras más nos conectemos a Él menos alteraciones experimentaremos en nuestro interior.

Otro aspecto de la forma en que Dios abre un camino cuando nos permitimos amarlo con todas las partes de nuestro ser, se relaciona con nuestra necesidad de ser sanados. Cuando padecemos problemas o dolores en la vida, quedamos heridos. Como cuando sufrimos dolor emocional o angustia en una relación, cuando tenemos problemas con la fe u otros parecidos. No es sino en estos períodos de sufrimiento que tenemos la indicación más clara de cuánto necesitamos que Dios abra un camino. Por naturaleza, Dios es un sanador, Él tiene la voluntad y el poder para hacerlo: "El sana a los quebrantados de corazón, y venda sus heridas" (Salmos 147:3).

El proceso sanador de Dios funciona en la medida en que llevemos a Él todas las partes de nuestro ser. Suponga que una persona sufrió la pérdida de una relación significativa de larga duración, y digamos que una persona a quien amaba profundamente ya no está presente en su vida. Quien sufrió la perdida ora por esto, intenta superarlo, piensa en forma positiva y hace todo lo que todos hacemos cuando intentamos dejar atrás algún suceso doloroso; sin embargo, permanecen las sensaciones intensas de dolor. En ocasiones, una situación así puede indicar que esa persona no le ha permitido a Dios darle esperanzas de que podrá encontrar otra relación que satisfaga esas mismas necesidades. Puede ser porque le parezca desleal reemplazar a la persona a quien amaba o porque tenga miedo de acercarse de nuevo a alguien; pero sea cual sea la razón, evita llevar a Dios su necesidad de contacto humano. Mas, cuando se da cuenta, entiende que Dios sana en la medida que lo amamos y nos relacionemos con Él, entonces, es libre y capaz de amar a Dios con todo y su necesidad. Dios hace su parte y lleva a la persona o personas indicadas a su vida. Es como la Biblia enseña: "No tenéis lo que deseáis, porque no pedís" (Santiago 4:2).

◆ Amamos a Dios porque Dios es amor

Dios es amor, Él abre un camino para quienes lo aman con todo lo que tienen, con cada fibra de su ser. Usted puede estar seguro de que mientras más de su ser disponga ante Dios, más podrá crecer, sanar y encontrar Su camino. *Dios abrirá un camino para nosotros en la medida en que nosotros abramos un camino para Él.*

Sea cual sea el obstáculo o el contratiempo que afronte, comience a examinar su corazón con detenimiento. Averigüe si la solución yace en llevar alguna parte desconocida, no amada o desconectada de su interior a la luz de Su amor, cuidado y sanidad.

Ame a Dios con todo su ser; corazón, alma y mente, y mire los milagros que comienzan a surgir en su vida.

· ·

SEGUNDA PARTE

LOS PRINCIPIOS EN ACCIÓN

9

LAS CITAS Y LOS NUEVOS ROMANCES

Una tarde, me encontraba (Henry) hablando en un seminario cuando una mujer levantó la mano y me preguntó:

—¿Cómo distingue cuando Dios le da una señal?

—¿Por qué lo pregunta? ¿Qué ocurrió que le hizo pensar que recibía una señal de Dios? —le respondí.

—Pues, me preguntaba si Dios trataba de decirme que debía regresar con mi antiguo novio.

—¿Qué le hizo pensar eso?

—Me encontraba en el supermercado y me topé con él cuando estaba de compras. Pensé que podría ser señal de que Dios quería que regresara con él.

Al principio pensé que estaba bromeando.

—¿Así que tan solo por encontrarse con él, cree que Dios le está diciendo que regresen?

Creo que pudo notar mi sorpresa.

—Sí

—Bien —dije—, creo que todo depende del pasillo en el cual estaba cuando lo encontró.

—¿Qué? —dijo—. ¿A qué se refiere con "el pasillo"?

—Sí, qué pasillo del supermercado. Por ejemplo, si se encontró con él en la sección de pastelería, es posible que no haya sido una señal de Dios. Sería una señal de que, si regresaran, todo sería muy dulce y sabría muy bien; pero solo por un momento, ya que algunas horas después sufrirían de un aletargamiento por el azúcar, así que quizá no sería algo duradero.

—Si lo encontró en la sección de las verduras, podría ser algo un poco más saludable, pero no se puede hacer una buena dieta con solo una o dos cosas buenas; para una dieta saludable, se necesitan muchas cosas buenas, y tan solo unas cuantas frutas o vegetales no dan buenos resultados; no hay suficientes nutrientes en la relación.

—Además, me gustaría asegurarme de que miró el carro que él empujaba para averiguar qué pasillos visitó desde la última vez que lo vio. ¿Cómo era la relación? ¿Era buena? —pregunté.

—No —dijo—. Era horrible, no me trataba bien, era en verdad muy mala.

—En ese caso —dije—, echaría un vistazo a su carro para ver donde había estado, esperando que hubiera recogido algo de la sección de detergentes; me parece como si necesitara limpiar sus acciones desde el momento en que estuvo con él; también vería si estuvo en la farmacia y compró alguna medicina, parece estar algo enfermo.

—Sí, él no tenía ninguna de esas cosas en su carro, lo más posible es que la relación no mejoraría, no me parece que haya sido una señal de Dios en lo absoluto —le dije.

Después, mientras pensaba en esto, me di cuenta de que mi respuesta fue una metáfora para lo que ocurre en el mundo de las citas. Las personas casi siempre aceptan lo que se cruza en su camino y esperan que Dios se encuentre en algún lado cuidándolos; como resultado, a menudo terminan en relaciones no muy nutritivas.

◆ Prepárese para salir

Muchas personas inteligentes toman decisiones muy malas en lo referente a salir con otras. Veamos la clase de problemas que usted podría estar experimentando:

- **Noviazgo pasivo.** Acepta lo primero que se cruza en su camino.
- **Noviazgo carente de valores.** Permite o participa en cosas con las que no se siente cómodo.
- **Noviazgo insatisfactorio.** Termina en relaciones que no son buenas para usted o que no son lo que desea.
- **Noviazgo perjudicial.** Se encuentra en una relación que en realidad es destructiva.

- **Poco o ningún noviazgo.** Desea tener una relación, pero nada ocurre.
- **Noviazgo repetitivo.** Revive la misma situación una y otra vez.

Los problemas de noviazgo son muy comunes. Algunas personas se desilusionan y dejan de salir por completo con otras. Otras, enseñan que a Dios no le agrada el noviazgo. Sin embargo, John y yo tenemos una visión diferente, creemos que las citas son estupendas, pueden ser divertidas, una gran oportunidad de crecer, y una importante relación e interacción humana. Puede ser un momento para aprender nuestras propias pautas de conducta en las relaciones y saber cómo superarlas; así como para aprender qué clase de personas nos gustan, cuáles no y cuáles son buenas para nosotros. Las citas y el noviazgo son algo bueno.

Sin embargo, al ser ésta una práctica humana, puede ser una cuerda floja llena de peligros. Usted saldrá con personas imperfectas y algunas de ellas más imperfectas que otras; además, usted tampoco es perfecto, lo cual complica el asunto. Es por esto que necesita abordar las citas, con mucha reflexión, oración y sabiduría, Dios puede abrirle un camino para crecer en esta área.

Las citas y el noviazgo son una cuestión seria tanto para el alma como para el corazón, pero la mayoría de las personas no piensan de ese modo ni se preparan para ello. En general, la mayoría de nosotros hemos recibido muy poca instrucción en esta actividad de la vida que influencia algunas de las decisiones más significativas y trascendentales que tomaremos en nuestras vidas. Algunas de estas decisiones son inconscientes, y en ocasiones se hacen de forma impulsiva o al menos sin mucha planeación. Algunas de las áreas que se verán influenciadas a causa de un noviazgo son las siguientes:

- Con quién y cuándo se casará.
- Sus sentimientos acerca de las relaciones y el amor, ya sean positivos o negativos.
- Su habilidad para creer y confiar en las personas.
- Cómo se siente con usted mismo.

- A quiénes tiene o mantiene como amigos.
- Si se queda donde está o se muda a otra ciudad, estado o país.
- Su crecimiento espiritual o personal.

La lista podría continuar. El caso es que las citas y los noviazgos no son algo que se hace por deporte. *En verdad pueden alterar quiénes somos, a quién amaremos o no, en quién nos convertimos y toda clase de direcciones que tomaremos en la vida.* Por esa razón, merecen más atención de la que reciben. En la mayor parte de los casos, las personas toman decisiones de acuerdo a como se las dictan su corazón y sus pasiones. Aunque el corazón y la pasión son necesarios para alimentar una relación entre hombre y mujer, pueden ser ignorantes, necios o hasta autodestructivos como guías.

Pero es posible integrar el corazón y la pasión en pautas que le darán mayor posibilidad de crecimiento y satisfacción. Para ayudarlo a hacer esto, hemos ideado doce reglas sobre cómo abordar las relaciones.

1. Comience buscando a Dios y conviértase en la persona más saludable en quien se pueda convertir. Quizá piense que en un libro como este, diremos que la mejor preparación para el noviazgo es Jesús, y se encuentra en lo correcto; pero no queremos que lo escuche en la forma de escuela dominical que dice: "sé niño bueno" o "sé niña buena". Queremos que lo vea como la profunda verdad que es, ya que en verdad podría salvar su vida y darle todo lo que desee y busque en cualquier persona con la que salga en este momento.

Jesús dijo:

Por tanto os digo: No os afanéis por vuestra vida, qué habéis de comer o qué habéis de beber; ni por vuestro cuerpo, qué habéis de vestir. ¿No es la vida más que el alimento, y el cuerpo más que el vestido? Mirad las aves del cielo, que no siembran, ni siegan, ni recogen en graneros; y vuestro Padre celestial las alimenta. ¿No valéis vosotros mucho más que ellas? ¿Y quién de vosotros podrá, por mucho que se afane, añadir a su estatura un codo? Y por el vestido, ¿por qué os afanáis? Considerad los lirios del campo, cómo crecen: no trabajan ni hilan; pero os digo, que ni aun Salomón con toda su gloria se vistió así como uno de ellos. Y si la hierba del campo que hoy es, y mañana se echa en el horno, Dios la viste así, ¿no hará mucho más a vosotros, hombres de poca fe? No os afanéis, pues, diciendo: ¿Qué comeremos, o qué beberemos, o qué vestiremos? Porque los gentiles buscan todas estas cosas; pero vuestro Padre celestial sabe que tenéis necesidad de todas estas cosas. Mas buscad primeramente el reino de Dios y su justicia, y todas estas cosas os serán añadidas.

Así que, no os afanéis por el día de mañana, porque el día de mañana traerá su afán. Basta a cada día su propio mal.

Mateo 6:25-34

Una paráfrasis de lo anterior podría ser: "No te preocupe con quién saldrás o dónde encontrarás a esa persona. Las aves no se preocupan por eso. Él las guía a otras aves, y coloca a las flores en lindos jardines. Él sabe que necesitas una vida social y un noviazgo satisfactorio. De lo que en verdad hay que preocuparse es de buscarlo a Él y a su justicia, y las buenas relaciones vendrán como fruto. No te preocupe tu vida sentimental en el futuro, pues cada día traerá su afán; en cambio, preocúpate por tu crecimiento espiritual, en quién te estás convirtiendo y cómo se ven tus relaciones en la actualidad. Búscalo y conviértete en quien Él quiere que te conviertas, y el resto te será añadido."

Las buenas decisiones no se dan en la noche o en día de la cita, se hacen meses o años antes; de hecho, se hacen antes de siquiera conocer a la persona con quién se saldrá. Un buen noviazgo surge de ser la persona más saludable que pueda ser. Una persona saludable brota en forma satisfactoria y saludable y es capaz de atraer a personas saludables y satisfactorias.

Así que las citas comienzan con el proceso de convertirnos en las personas más completas, honestas, cariñosas, responsables, creativas y satisfechas en quienes podamos volvernos. Esa clase de vida proviene de buscar a Dios, de permitirle guiarnos a través de las clases de crecimiento que necesitamos y de seguir su justicia lo mejor que podamos. Entonces, al encontrar la manera correcta de ser y la indicada para llevar a cabo las diferentes relaciones, el resto vendrá solo.

2. Satisfaga sus necesidades de relación fuera del contexto del noviazgo. Hay un viejo proverbio que dice: "Nunca vayas a comprar víveres cuando tengas hambre". El principio encerrado en esta sentencia es: cuando estamos en necesidad, no tomamos decisiones sabias. Esto es tan cierto en el noviazgo como lo es en las compras.

Sara vino a nuestro grupo porque se encontraba en una sucesión de relaciones poco satisfactorias. Quería aprender cómo "elegir mejores hombres". Estaba conciente de su tendencia a sentirse atraída hacia el tipo incorrecto de personas.

Cuando comenzó a hablar acerca de sus noviazgos, la mayoría de lo que dijo fue acerca de estos "hombres malos" con los que se involucró; sin embargo, todos queríamos saber algo más.

—¿En quién buscas ayuda para tu soledad? —preguntamos.

—¿Qué soledad? —respondió.

—La soledad que sientes cuando no estás en una relación —le dije.

Sara guardó silencio, era un nuevo concepto para ella. No se veía vacía ni sola porque nunca se había permitido acercarse lo suficiente a cómo se sentía sin un hombre, a saber cómo era estar sola. Sus relaciones con hombres incapaces de relacionarse con ella, evitaron que estuviera consciente de lo desconectada y necesitada de amor que en realidad estaba.

Así que la llevamos a hacer un compromiso que aceptó: Llegar primero a un punto donde su vida estuviera tan llena sin un hombre, que no se angustiara ni se sintiera sola cuando no tuviera uno. Y se volvió más fuerte cuando comenzó a dejar que otras personas se acercaran a ella, conocieran su corazón, tocaran su soledad y algunas de sus heridas. También empezó a concertar citas con un deseo de encontrar a alguien con quien compartir su vida, contrario al deseo de adquirir una vida por ese medio. Ella pudo decir "no" con mucha mayor facilidad a los hombres que no eran buenos para ella o en quienes no estuviera interesada; pudo ser más selectiva pues no se encontraba en necesidad. Cuando ya somos amados, no llegamos a parecer necesitados ni demasiado apegados, y tomamos mejores decisiones.

3. Reconozca sus patrones de conducta y trabaje en ellos para no repetirlos. Cuando las personas que reciben consejería comienzan diciendo cosas como: "Tengo una tendencia a involucrarme en relaciones que son _____", sabemos que van a mejorar. Tales afirmaciones indican que comienzan a asumir la responsabilidad de sus acciones, a verse a sí mismos como actores en vez de víctimas sobre las que se actúa. Entienden que esos patrones de conducta no surgen de sus corazones, sino de lo que aparentan ser.

En general, creamos los patrones en los cuales nos encontramos. Sea cual sea la situación, por lo general tenemos algo que ver en ella; ya sea por crearla o por permitir que esté presente. Desde luego, esto no ocurre en el cien por ciento de los casos, ya que hay malas personas que aparecen en el camino de las buenas personas; sin embargo, cuando existe un patrón, debemos mirar el papel que desempeñamos en él.

Cuando comenzamos a ver nuestros patrones de conducta, podemos hacer algo con ellos antes de que causen problemas serios. La Biblia dice que en ocasiones las dificultades son buenas para nosotros, pues nos pueden llevar a la sabiduría y la madurez. En otras palabras, podemos cambiar las pautas poco saludables y así, evitar los problemas que se derivan de ellas. Por desgracia, muchas personas repiten sucesos tristes una y otra vez porque no son capaces de reconocerlos y por ello, su destino es repetirlas. Sin embargo, como lo dijo Santiago, cuando enfrentemos pruebas, debemos buscar la sabiduría de Dios y perseverar en el proceso para, así, estar completos (Santiago 1:2-12). La situación difícil en el noviazgo se quedará en el pasado para nunca repetirse.

Sin embargo, para hacer esto, debemos encontrar la razón por la cual actuamos así. ¿Por qué me siento atraído a esa clase de personas? ¿Qué es lo que me lleva a eso?

Los siguientes son algunos puntos que considerar:

- Su familia original lo abandonó o maltrató y simplemente se encuentra repitiendo viejos patrones.

- Busca estar completo debido a algo de lo que carece, pero solo encuentra a personas desequilibradas con quienes pretende estarlo.

- No se siente cómodo al enfrentar la tristeza de que alguien no es lo que usted quiere y al dolor de decir adiós y dejarlo o dejarla ir.

- Tiene deseos idealistas para usted mismo, así que escoge a personas idealizadas con quienes no se siente cómodo en una relación real.

- Usted teme la cercanía o la intimidad.

- Su vida espiritual no está integrada, así que usted escoge a personas cuyas vidas espirituales tampoco lo están.

- Hay partes no determinadas en su personalidad que solo hacen posibles ciertos tipos de relaciones.

- Usted es incapaz de establecer límites con personas y acciones que no son buenos para usted.

¿Se identifica con alguno de los puntos anteriores? Es importante reconocer los patrones de conducta que realiza para resolverlos.

Hace poco me encontraba dirigiendo otro seminario, cuando una mujer me hizo una pregunta:

—Tengo una tendencia a escoger hombres a quienes tengo que cuidar. Mi prometido se está desplomando en su trabajo y quiero enfrentarlo, pero no sé si es apropiado ¿sería una gruñona por hacer eso, o me estaría comportando como su madre?

—¿A qué se refiere con "desplomarse"? —pregunté.

—Está iniciando su propio negocio, pero se queda en casa a jugar videojuegos —dijo—. No va a ningún lado.

—¿Se encuentra en el negocio de los videojuegos? —pregunté, pensando que en verdad podría estar trabajando sin que ella lo entendiera.

—No —dijo vagamente—. Es un negocio diferente.

Yo quería saber si este era un patrón en su vida o tan solo una conducta que ocurría en ese momento, así que le pregunté algo que con frecuencia sirve para identificar los patrones financieros de una persona:

—¿Cuál es la apariencia de su estado de cuenta? —pregunté.

Para responder encontré algo de resistencia, cuando ella me dijo que el suyo tampoco era perfecto, pero insistí.

—¿Qué tan imperfecto es el estado de cuenta de él?

La mujer de describió una imagen muy poco halagadora de cómo había manejado sus finanzas en el pasado. Entonces, le pregunté:

—¿Qué clase de empresa va a iniciar?

—Un negocio de servicios financiaros —dijo.

Me quedé boquiabierto, esta era una mujer inteligente y competente, a punto de hacer un compromiso de por vida con un hombre cuya vida financiera era un desastre pero que creía estar en posición de decir a otros cómo manejar la suya. Y con todo y eso, ella todavía se preguntaba si debía confrontarlo al respecto. Después, prosiguió, diciendo que cuando quiso abordar el asunto, él se enfadó y se colocó a la defensiva.

En respuesta, le dije:

—Creo que la cuestión es acerca de usted. Esto es acerca de lo que usted quiere para su vida. Yo le diría algo así a él: "Joe, te amo y espero que estemos juntos, pero hay algo que es cierto para mí, el hombre con quién me case, será alguien con quien pueda hablar sobre los problemas sin que se ponga a la defensiva. Será alguien que realmente sepa manejar su dinero, que sepa esperar, alcanzar metas y ser responsable. Será honesto y alguien de quien se pueda depender. Ese es el hombre con quien me casaré. Espero que esa persona seas tú. No sé si así será porque en este momento no lo es, pero tú eres quién lo decide. Si te conviertes en esa persona, entonces podremos estar juntos y eso es lo que yo deseo, pero esa es la descripción del hombre con quien me casaré. Hazme saber lo que piensas."

Y, le dije que me daba la impresión de que ella era alguien que tenía dificultades para depender de otras personas y quizás siempre estuvo en el papel de ser fuerte y cuidar de los demás. Le sugerí que encontrara un grupo de apoyo donde pudiera aprender a ser débil y a depender de otros, para que, entonces, no se sintiera atraída por personas dependientes que no pudieran apoyarla a ella. Su patrón era negar sus propias debilidades y encontrarlas en otras personas que fueran desequilibradas en la dirección contraria. Para cambiar este patrón, ella debía aprender cómo ser una persona más equilibrada, tanto fuerte como débil.

4. Salga con personas basándose en valores no negociables. No conozco a nadie que entre a propósito en una mala relación, pero he conocido a varias personas cuya falta de propósito los hace terminar en malas relaciones.

Menos probable sará que termine en una relación perjudicial, si antes de comenzarla tiene una idea clara de los valores que desea que rijan su vida, de la clase de personas y situaciones que quiere evitar, así como las que desea cultivar.

Al pensar en las cosas que desea evitar, recuerde lo que dijo David en el Salmo 101. Ahí, dice: aborrecer a quienes exhiban las siguientes características:

- **Vileza:** personas que no valen la pena o son destructivas.
- **Infidelidad:** un negligente, quien se aleja de la fe.
- **Perversidad:** alguien cuyos puntos de vista son falsos o distorsionados.
- **Difamación:** una persona que habla mal de otros.
- **Maldad:** alguien que provoca calamidad o angustia.
- **Altanería:** individuos arrogantes que se elevan sobre otras personas.
- **Engaño:** una persona llena de traición y engaño.
- **Mentira:** individuos desleales o falsos.

¿Qué otras características pondría en su propia lista?

Parecería que estas fallas de carácter son obvias, pero las personas pueden ser muy sutiles en lo referente a sus "lados oscuros", así que tenga un conjunto de valores que guíen sus decisiones. Esos valores deben actuar como un sistema de alarma cuando alguien con quien salga los viole. Si eso ocurre, diga: "Uno de mis valores es la honestidad, lo que ocurrió el otro día no fue honesto y no puedo continuar hasta que resolvamos este asunto". Después, asegúrese de continuar: si los valores de la otra persona no son acordes a los suyos, apártese.

Además de las fallas de carácter que quiera evitar, piense en lo que sí quiere y en los valores que desee cultivar. Piense en lo que es importante para usted: su crecimiento espiritual, su salud, su desarrollo personal, si tiene pureza sexual, independencia, responsabilidad, etc.

Usted elige con quién salir. Su participación en una relación de noviazgo es cien por ciento voluntaria. Nadie puede escoger por usted a esa persona. No podemos elegir a nuestras familias, o determinar muchos de los demás sucesos que ocurren en la vida, pero sí podemos elegir con quién salir. Nosotros somos los únicos responsables de con quién salimos, así que si usted está a cargo, ejerza ese derecho y esté a cargo de lo que es importante para usted.

5. Amplíe el rango de sus gustos. He hablado con solteros quienes me han dicho que rara vez salen, o que nunca han conocido a una persona con quien quisieran salir. Con frecuencia, encuentro que estas personas tienen una lista excesivamente grande de requisitos para que alguien les interese. ¡Hablé con una mujer cuya lista contenía cosas que ni siquiera se pueden encontrar juntas en la misma persona! Por ejemplo, quería alguien extremadamente bien organizada y creativa, así que le dije que nunca he conocido a una persona creativa que sea extremadamente bien organizada. Estos son rasgos algo contradictorios y sería muy inusual encontrarlos en la misma persona; sin embargo, estaba en su lista. Aunque ella era una mujer creativa y también muy atractiva, no había tenido una cita en más de un año.

Le sugerí que, por un tiempo, saliera con cualquiera que no fuera peligroso. Desde luego, debía tomar todas las precauciones normales tales como solo ir con él a lugares públicos, hasta que conociera mejor a alguien y así pudiera probar. La idea era que ella estuviera abierta a encontrar a alguien que estuviera, fuera de su lista de requisitos. Esta era una tarea específica para una mujer que había sido muy limitada en sus gustos.

Cuando le dije lo que quería hacer, me miró como si estuviera bromeando. Le aseguré que no bromeaba y que quería que saliera con personas que no estuvieran ni siquiera algo cerca de su pequeña burbuja. Al principio se mostró renuente pero aceptó intentarlo.

Al comenzar a salir con personas con quienes nunca hubiera salido, se dio cuenta de que mucho de lo que había considerado importante, en realidad no lo era. Además, encontró que había cualidades que nunca pensó poner en su lista. Lo que necesitaba en un hombre era fuerza de carácter, fuerza espiritual y profundidad emocional, no bíceps grandes. Al conocer y salir con hombres que no eran su tipo, se abrió en muchas maneras, tanto en lo personal como en lo interpersonal. Algunos años después, esta joven mujer se casó con un hombre de una profesión que nunca habría colocado en su lista; sin embargo, era muy feliz.

Usted debe estar abierto para salir con personas a quienes por lo regular no pondría en su lista. Salga para aprender, para divertirse, para tener interacciones significativas con otros seres humanos. Mire cada situación como una oportunidad de conocer a una persona y averiguar más acerca de usted mismo.

6. Sea usted mismo desde el principio. En las primeras citas la mayoría de las personas tratan de verse bien o de impresionar a alguien dando nuestra mejor cara. No hay nada de malo en eso, y al comenzar a conocer mejor a alguien, tenemos más confianza para permitirnos ser vistos tal como somos.

Sin embargo, es diferente dar una cara que no es la nuestra. No ser uno mismo puede ser peligroso; sin embargo, muchas personas lo hacen cuando salen. Por ejemplo, algunas mujeres a las cuales les aburren los deportes, actúan como si les encantaran, cuando los hombres con quienes salen son ávidos fanáticos de ellos.

Mejor sea usted mismo, en vez de adaptarse a lo que cree que le gustará a la otra persona. Si a usted no le gusta un tipo particular de música, dígalo; si no está de acuerdo con sus puntos de vista, dé los suyos; si tiene ciertos sentimientos acerca de un área de la vida, exprésalos. No tiene que ser molesto y dar sus opiniones para todo o hacer todo a su modo todo el tiempo, solo sea consistente con quien es usted. Hacerlo de otro modo es acarrear problemas. Está bien hacer cosas que le gustan al otro individuo y a usted no; es esencial comprometerse y sacrificarse, no hablamos de ser egoístas; sin embargo, no debe mentir acerca de cómo se siente ni actuar como alguien que no es.

Pues, ¿si funcionara? ¿Qué ocurre si la persona decide aceptarlo a usted —o más bien a la persona que creyó que era usted? Usted comenzaría a darse cuenta de que esta persona no lo conoce o no sabe como satisfacer sus necesidades y comenzaría a sentirse insatisfecho. Lo más posible es que usted comenzara a expresarlo y entonces la otra persona se dará cuenta de que usted no es la persona que él o ella pensó que era, y que la relación se construyó sobre arena movediza. Lo mínimo que podría ocurrir sería un conflicto difícil, en especial si comenzó a ser honesto hasta después del compromiso o matrimonio; pero tal vez sería peor: un rompimiento desagradable —o divorcio— y un quebrantamiento de corazón.

Lo que es más, usted podría atraer a alguien obsesionado por el control. Por lo común, las personas controladoras se sienten atraídas hacia personas que ellas pueden dominar y convertir en lo que quieran. Las personas obsesionadas por controlar, no pueden apreciar o aceptar los deseos o gustos de otras personas si son diferentes a los suyos.

Además, fingir ser alguien que usted no es, descarta la posibilidad de una intimidad real. Las diferencias son emocionantes y son parte de lo que es una verdadera relación. La atracción no solo proviene de lo que tienen en común o de las áreas en las que ya se encuentran relacionados, sino también de las diferencias. Las diferencias crean espacio entre las personas, en donde el anhelo y el deseo pueden desarrollarse. Hay un deseo de unirse y de disfrutar de lo que usted no posee; es ser ampliado por el otro.

Así que, cuando salga, sea usted mismo, sea quien es y dé al otro individuo la libertad para hacer lo mismo.

7. No tolere el mal comportamiento y establezca límites. Muchas personas toleran una gran cantidad de faltas de respeto en los noviazgos y se preguntan por qué se encuentran en una relación problemática. Recuerde: obtendrá lo que tolere. Usted siempre debe decir cómo le gusta ser tratado, decir lo que funciona con usted y lo que no. No sugerimos que se convierta en una persona inflexible que no pueda soportar nada; la Biblia dice que es una honra pasar por alto una ofensa (Proverbios 19:11). Así que no sufra por cosas pequeñas o cuando alguien llegue tarde; sin embargo, si esa persona tiene un patrón de conducta irrespetuosa, no lo tolere.

Si usted identifica patrones con los que no se sienta cómodo, trate con ellos lo antes posible. Si la persona con quien sale detiene el comportamiento negativo, usted gana. Si a él o a ella le desagradan las confrontaciones y se va, usted también gana. Ambos resultados son buenos para usted, no puede perder.

8. Tome su tiempo. Usted no permitiría que un extraño entrara en su casa sin la identificación adecuada, pero muchos permiten a casi totales extraños entrar a sus corazones, mentes, almas y cuerpos. Tome tiempo para asegurarse de que conoce bien a alguien antes de entrar a una relación seria de noviazgo. Si la otra persona tiene algún problema con eso de tomarse tiempo, véalo como una señal de advertencia. ¿Cuál es la prisa? ¿Acaso él o ella no pueden disfrutar el conocerlo como amigo al principio? Si este es el problema, podría señalar una necesidad de controlar o de ser dependiente. Conozca a esta persona en situaciones diferentes, conozca a sus amigos, sus valores, su familia, su fe; todo lo que pueda saber respecto a alguien. Usted debe estar seguro de que no solo se encuentra satisfaciendo a sus hormonas o a sus fantasías cuando abra la puerta de su corazón a una relación seria con alguien.

Además, si entra demasiado rápido a una nueva relación, podría sentirse tentado a descuidar su propia vida. En ocasiones, muchas personas dejan de hacer todo lo que les importaba antes de la relación. Abandonan sus intereses, sus aficiones y viven para su pareja. Si usted hace esto, significa que tiene algunas dependencias propias y que se está perdiendo en esta relación. Tome su tiempo y conserve su vida en el proceso, la necesitará después.

9. Manténgase conectado. Ya, hablamos acerca de asegurarnos de tener satisfechas nuestras necesidades antes de entrar a la escena de las citas. Este consejo es tan importante después de salir de alguien como lo era antes. La oveja que vaga lejos del rebaño es aquella a la que matan los lobos.

Su propio grupo de apoyo, sus amigos, y en ocasiones su familia, son las personas que más lo aman y lo conocen mejor. También son las personas más objetivas en relación con las personas con quienes sale. A veces, alguien puede estar perdidamente enamorado de una persona tan solo para que al presentarla a sus amigos, estos digan: "¿En qué estás pensando?" Sus amigos pueden ver cosas que usted no puede ya que no se encuentran involucrados sentimentalmente.

Hace poco, conocí a una mujer que pensaba haber encontrado al "indicado", hasta que le contó a su grupo de apoyo que él deseaba que ella se sometiera a cirugía plástica antes de entrar a algo más serio. Gritaron en protesta y la ayudaron a ver que este hombre era alguien que nunca estaría satisfecho. Por haber estado tan encantada con Él, fue incapaz de verlo por su sí misma. Gracias a Dios por la comunidad.

No se aísle, integre al individuo con quien salga a su comunidad de amigos; permita que ellos sean su familia espiritual y dependa de ellos para recibir opiniones. Al mantenerse conectado con una comunidad, asegurará que sus necesidades más profundas se satisfagan, obtendrá apoyo y tendrá ante quién hacerse responsable, y desde esa sólida base podrá tomar mejores decisiones.

10. Sea activo. Hablo con muchos solteros con vidas amorosas inactivas. Los hombres preguntan: "¿Dónde están las mujeres buenas?" Y las mujeres preguntan: "¿Dónde están los hombres buenos?" Me parece hablar con ambos, pero ellos no hablan entre sí. ¿A qué se debe?

Una razón es que en nuestro mundo altamente urbanizado que no tiene una base comunitaria, algunos de los métodos antiguos y probados para conocer personas han dejado de existir. Las personas tienen prisa y tienen muy poco sentido de la comunidad. Además, los solteros a menudo frecuentan lugares —como su iglesia— en donde se encuentran con las mismas personas una y otra vez.

Por ejemplo, muchas mujeres me dicen que las desilusionan sus vidas amorosas y cuando les pregunto a cuántos hombres nuevos conocen a la semana, me miran como si estuviera loco.

—Entonces, cuénteme acerca de su vida en general —les digo.

—Bien, voy al trabajo y trabajo con las mismas personas todos los días; luego salgo y voy a casa para cenar con mi compañera de cuarto o con un amigo, luego voy a dormir. Y hago lo mismo el día siguiente. Y el fin de semana voy a la iglesia.

—¿A cuántos hombres nuevos conoce cada semana, con quienes tenga una interacción suficiente como para que estén interesados en pedirle que salgan, y quienes tengan la información suficiente acerca de usted como para hacerlo? —pregunto.

La respuesta desalentadora que con frecuencia obtengo es:

—Ninguno en realidad.

Así que, ¿cómo esperan estas personas conocer a alguien diferente? No importa si son hombres o mujeres.

¿Tomaría este mismo enfoque si estuviera buscando un empleo? No lo creo, usted estaría activo intentando resolver el problema. Leería los anuncios, contrataría un buscador de vacantes, asistiría a una feria de empleo, a entrevistas y cosas similares. Saldría al mundo real y estaría activo buscando lo que quiere.

Algunos enseñan que cuando se trata de noviazgos, simplemente hay que esperar y que Dios traerá a la persona indicada. Comenzamos este capítulo citando Mateo 6, el cual dice que Dios proveerá en cuanto lo busquemos a Él, tal y como cuida de las aves y las alimenta todos los días. Lo dijimos porque es lo que nosotros creemos.

Es verdad que Dios da de comer a las aves; sin embargo, las aves salen de sus nidos todos los días y vuelan para buscar alimento. En otras palabras, Dios provee, pero también quiere que hagamos nuestra parte en salir y estar en el mundo real. Tal y como las aves vuelan buscando comida, disfrutando la vista y conociendo a otras aves, nosotros debemos estar "afuera" en todas las áreas de la vida si queremos tener una relación. Ya sea que busquemos un empleo, una iglesia o una vida amorosa, actúe.

Las siguientes son algunas formas con las que puede comenzar a conocer más personas.

- **Trabaje en conjunto con amigos y familiares.** Haga saber a sus amigos y a otras personas, a quienes estén en posición de conocer solteros adecuados, que usted desea que lo ayuden a buscar. Los amigos que funcionan como casamenteros son un recurso que se ha usado por mucho tiempo y que aún funciona. Sin embargo, con frecuencia deben saber que usted necesita que lo hagan.

- **Busque lo que disfruta.** Tome clases para aprender ese deporte que siempre quiso aprender o esa habilidad con la cuál ha soñado. Las posibilidades de que conozca nuevas personas al ser activo en la vida serán mejores que si se queda sentado en casa mirando el televisor. Esto lo hará sentirse más completo y realizado. Haga cosas que le sean de interés y tendrá mayores posibilidades de conocer personas que compartan sus intereses.

- **Únase a otras personas con la misma necesidad.** Quizás usted conozca otros solteros frustrados a quiénes les gustaría solucionar ese problema. Dos mujeres que conozco organizaron un grupo social de solteros en dos iglesias que realizaba reuniones todos los meses. Las personas llevaban amigos, que llevaban a otros amigos, y muchas cosas buenas ocurrían como resultado. No sea una víctima, haga algo por su situación.

- **Use su don de hospitalidad.** Si usted es bueno para recibir invitados en su casa, haga algunas reuniones. Será divertido, y si sus amigos invitan a otros amigos, todos ustedes conocerán personas nuevas.

- **Intente algo estructurado.** Me parece curioso que algunas personas nunca considerarían unirse a un servicio de citas. Al tener los adultos los horarios que tienen en la actualidad, en ocasiones es muy difícil conocer personas con quienes salir. Sus vidas laborales evitan que eso suceda, así que un servicio de citas que tenga un buen proceso de selección y que haga preguntas acerca de la fe y los valores puede ser un recurso excelente.

Finalmente, sea activo al buscar lo que quiere y pida a Dios que lo ayude. Plante algunas semillas y podrá encontrar una cosecha.

11. Mírese al espejo. Si usted está tomando acciones para conocer nuevas personas y nadie muestra ningún interés en usted, pregúntese el porqué. Quizás haya algo en su conducta, en su personalidad, o la impresión que da a los demás, de lo que no se dé cuenta y que presente un obstáculo.

Me acuerdo de haber hablado con una mujer que se preguntaba por qué nadie la invitaba a salir. Yo sabía la respuesta: ella no parecía ser abierta en ningún modo. Aunque deseaba tener una cita, ningún hombre se la hubiera pedido, ella daba la impresión de ser muy cerrada. Cuando se lo dije, se sorprendió por completo, pero sintió que tenía algo en qué trabajar.

Así que pregúntese: "¿Qué estoy haciendo para ser alguien a quien otras personas se sentirían atraídas? ¿Qué necesito aprender acerca de mí que me mantiene detenido?" Busque amigos que sean honestos con usted y pregúnteles sus opiniones, quizás haya un problema real que pueda corregir. Y encontrará que sucederán cosas buenas.

12. Manténgase puro. En nuestra cultura, la idea de mantenerse sexualmente puros parece un valor pasado de moda. Muchos solteros piensan que está bien tener relaciones sexuales si ambas personas lo quieren, en especial en una relación de noviazgo; sin embargo, las relaciones sexuales fuera del matrimonio pueden provocar mucha infelicidad y pueden causar que pierda muchas cosas buenas.

En primer lugar, si hay relaciones sexuales, no se puede saber la verdadera razón por la cual la persona con quien sale lo hace y viceversa. El sexo puede ser tan satisfactorio, en especial cuando no hay compromiso, que ninguno de los dos sabe si en verdad le gustaría estar a largo plazo con el otro. Lo que es más, no le gustaría ser usado, incluso si siente que se preocupa por la persona con quién sale.

Segundo, si usted tiene relaciones sexuales, se priva de la posibilidad de saber quién sería esa persona si tuviera que esperar la satisfacción y en verdad construir una relación. El sexo puede ser un estorbo para las personas que deben aprender cómo relacionarse en un nivel significativo; el nivel que hará duradera esa relación.

Tercero, el sexo puede mantenerlo alejado a usted o a su pareja. Si el corazón no se encuentra comprometido en un cien por ciento, y por el contrario, el cuerpo lo está, entonces habrá dividido su corazón, alma y cuerpo. Cuando esto ocurra, se dará cuenta de que no puede llevar de nuevo su corazón a las relaciones sexuales o viceversa. Las personas que han realizado esta clase de división, a menudo tienen dificultades para hacer que el amor y el sexo funcionen juntos. Además, podría estar ocultando otros problemas en su interior que el sexo subsane.

No emprenda su vida amorosa siendo promiscuo, ni siquiera en una relación seria, pues no tendrá ninguna idea de lo que en realidad ocurre y no sabrá qué parte desempeña el sexo en hacer que todo funcione. Ya que después, ante toda la presión del compromiso, los conflictos, los hijos y situaciones similares, podría darse cuenta de que desde el principio ese fue un cimiento débil.

Por estas y otras razones, Dios nos ha dicho que tratemos a las relaciones sexuales como algo sagrado y que las limitemos a la relación matrimonial, para mejorarla; a la vez, ayudará a que esté seguro de estar en una relación real con una persona que tenga un compromiso mayor, no solo con su cuerpo. Trátense con respeto y eso les dará grandes recompensas (1 Tesalonicenses 4:3, 8).

◆ ¡Permanezca en Dios y diviértase!

Dios es quien abrirá un camino, así que hable diariamente con Él. Ore por su vida amorosa y pregúntele lo que quiere que usted haga. Más que nada, tenga una intensa vida espiritual. Si se siente realizado en lo espiritual, no determinará su valor o sus sentimientos con base en su vida romántica. En cambio, determinará su valor a partir de su conexión espiritual con Dios y de la comunidad de personas que lo aman y se preocupan por usted.

Cuando permanece en Dios, es menos posible que se sienta atraído por alguien que no comparta su fe, lo cual es buscar problemas. Si terminan en una relación seria, irán por siempre en direcciones distintas. Sea sabio y salga con personas que busquen a Dios. Sea una de ellas.

Las citas son un asunto serio, pero deben ser divertidas, no lo olvide. Use este medio para saber más acerca de quién es usted y en quién se quiere convertir. Aprenda de sus experiencias, persevere en Dios y disfrútelo a Él y a la vida que le ha dado; si lo hace, no se preocupará de no tener citas, ¡se divertirá mucho viviendo!

Primero busque a Dios. Actúe con fe, en comunidad y con sabiduría; ¡y diviértase!

10

EL MATRIMONIO Y LAS RELACIONES

El matrimonio es la relación más significativa que llegaremos a tener. Es un símbolo de la relación que Dios tiene con nosotros (Efesios 5:25-33) y es lo más cerca que llegaremos de ser "uno" con otra persona. Por esto, los buenos matrimonios pueden ser el cielo en la tierra.

¿Cuál es la clave para un buen matrimonio?

A menudo, pregunto (John) a las parejas con matrimonios buenos y duraderos "¿Cómo lo hacen?". Ellos se voltean a ver con timidez y me hablan de miles de cosas, tales como el amor, el respeto, Dios, el tiempo que pasan juntos, o los intereses compartidos. Los expertos también tienen una opinión, afirman que la clave proviene desde el desarrollo en la infancia, hasta la intimidad y el compromiso.

Mas, permítame hacer mi propia contribución a la lista. Creo que el secreto de un buen matrimonio es este: estar en el matrimonio. Estar totalmente involucrado, con todo su ser, en edificar y sostener la unión. Una pareja casada debe amarse de la misma manera en que debemos amar a Dios: con todo nuestro corazón, alma, mente y fuerza (Marcos 12:30). Las personas que en verdad se encuentran en el matrimonio, las que unen todas las partes de su ser a sus parejas, tanto las partes buenas como las malas, tanto estando enojadas, como siendo cariñosas, tanto las partes débiles como las fuertes, tienen la mejor base para una relación de por vida.

No hablo de estar comprometido con el matrimonio, pues estar en él es más que estar comprometido. El compromiso está relacionado con aceptar y cumplir un pacto con el cónyuge, y esa es una parte buena y necesaria en el matrimonio; sin embargo, algunos matrimonios tienen un alto compromiso pero poco contacto. El pacto se mantiene, pero los corazones en realidad no se encuentran unidos en los niveles más profundos. Con frecuencia, estas parejas tienen relaciones estables y duraderas, pero en ocasiones uno o ambos individuos se sienten vacíos en su interior. El problema opuesto también existe, hay personas cuyos corazones se encuentran genuinamente cercanos, pero su compromiso es débil. A estas parejas les va bien en los buenos momentos, pero tienen resultados pobres cuando hay complicaciones. Estar en el matrimonio significa un compromiso y un vínculo profundos en cada unión de nuestro ser y de nuestra vida.

Todos nosotros anhelamos un buen matrimonio; sin embargo, en muchas personas, esto no ocurre. Su matrimonio es una lucha y una decepción profunda, las esperanzas y sueños que han abrigado por años pueden estar dormidos o en riesgo, con pocas posibilidades de ser restaurados. Este es un lugar muy doloroso en el cual estar.

Muchas veces las dificultades matrimoniales presionan a las personas a mirar más allá de ellas mismas y de sus propias respuestas, por primera vez en sus vidas, pues han encontrado un problema más grande que ellos mismos. Al no tener otro lugar al cual ir, buscaron a Alguien más fuerte que ellos; y Él no los decepcionó.

En el matrimonio, como en todas las áreas de la vida, Dios abrirá un camino, en especial al ayudarnos a saber qué hacer cuando no sepamos qué hacer. Dios colocó Su sello personal en su matrimonio, Él los reunió. En una forma poderosa y sobrenatural, Dios también está en su matrimonio. Permítale obrar Su camino y Su voluntad en éste, por el cual se preocupa profundamente: "Por tanto, lo que Dios juntó, no lo separe el hombre" (Marcos 10:9).

Con esto en mente, demos una mirada más profunda a lo que es un buen matrimonio.

◆ Tenga una estructura que refleje los propósitos de Dios

Muchas personas, relaciones y organizaciones tienen una estructura subyacente de valores o creencias importantes que ejerce influencia sobre la manera en que ordenan sus acciones. Por ejemplo, una pandilla puede valorar la lealtad por encima de todo o un negocio puede decir que el cliente siempre tiene la razón. Todos los matrimonios operan también bajo un sistema de valores y los buenos matrimonios tienen valores que reflejan los designios y propósitos de Dios.

Nos gustaría animarlo a sentarse con su cónyuge para discutir la clase de valores, sobre los cuales quiere construir su matrimonio. Piense en ellos con detenimiento y hasta escríbalos, para poder consultarlos cuando necesite claridad y fundamentos.

A continuación, se listan algunos de los valores que creemos reflejan los propósitos de Dios para el matrimonio.

1. Nuestro matrimonio tiene a Dios en el centro. Algunas personas piensan que hacer de Dios el centro significa hacerlo feliz. Aunque es algo bueno agradarle, no es todo lo que queremos decir en este punto. Hacer a Dios el centro de su matrimonio significa invitarlo a su relación y acudir a Él en busca de guías o indicaciones sobre su matrimonio. Después de todo, Dios es el Autor de la institución del matrimonio y el Creador de nuestras almas. El los conoce mejor de lo que ustedes se conocen. Él sabe lo que es mejor para ustedes como individuos y como pareja. Él ha abierto un camino para ustedes, comprometan su matrimonio y sus vidas a su guía y cuidado: "Y nos mandó Jehová que cumplamos todos estos estatutos, y que temamos a Jehová nuestro Dios, para que nos vaya bien todos los días, y para que nos conserve la vida, como hasta hoy" (Deuteronomio 6:24).

2. Nuestro matrimonio es la relación más importante. Mantenga su unión en la mayor estima y haga de su cónyuge la mayor prioridad. Los buenos matrimonios son costosos, de formas grandes y pequeñas. Requieren de morir a uno mismo por la persona a quien más amamos. Invierta su tiempo y energía en su pareja y trabaje aún más duro en la relación cuando haya complicaciones. Recuerde: mientras más invierta, más tenderá a crecer su inversión: "Porque donde esté vuestro tesoro, allí estará también vuestro corazón" (Mateo 6:21).

3. Estamos comprometidos a la verdad sin concesiones en nuestro matrimonio. Un matrimonio es tan fuerte como lo es la honestidad que sus miembros llevan a él. La verdad acerca a la persona a la relación, para bien o para mal; en cambio, la deshonestidad y el engaño alejan de la relación. Insistan en la verdad y requiéranla el uno del otro. "No mintáis los unos a los otros, habiéndoos despojado del viejo hombre con sus hechos" (Colosenses 3:9).

4. Creceremos como personas en nuestro matrimonio. De acuerdo con el plan de Dios, el matrimonio nos brinda un contexto en el cual madurar y crecer. Expone nuestro egoísmo, inmadurez y dolor, además de hacernos responsables de lidiar con eso. Busque de forma activa su propio desarrollo personal y espiritual, trabaje continuamente en la relación con su pareja.

Y tenga en mente que su cónyuge no existe para hacerlo feliz. Esa es una idea inmadura que puede provocar la ruina. Sí su pareja lo ayudará a crecer, pero en ocasiones, Él o ella lo hará sentirse descontento, como cuando le señale que está siendo irresponsable o hiriente. Las personas comprometidas a crecer tienen mayores posibilidades de recibir felicidad, como un subproducto o como ganancia. Jesús habló acerca de la bienaventuranza (literalmente "felicidad") de quienes buscan la justicia de Dios: "Bienaventurados los que tienen hambre y sed de justicia, porque ellos serán saciados" (Mateo 5:6).

5. Viviremos nuestro matrimonio en comunión. Un matrimonio próspero pero aislado es algo que no puede existir. Decida vivir su matrimonio en la gracia y escrutinio de una comunión saludable. El matrimonio nunca fue diseñado para ser un organismo autosuficiente, en el que cada cónyuge satisficiera todas las necesidades del otro. Tampoco es eso lo que enseña la Biblia. En cambio, nos instruye a estar conectados con Dios y con la Iglesia, con un grupo que abarque y supla al matrimonio. Las parejas que tienen buenos matrimonios, buscan y encuentran personas que puedan amarlos, mostrarles compasión, ser directos y honestos con ellos, y también ser vulnerables ante ellos en sus propias vidas. "Porque este es el mensaje que habéis oído desde el principio: Que nos amemos unos a otros" (1 Juan 3:11).

Sin embargo, tener una estructura fuerte solo es una parte de lo que se requiere para tener un buen matrimonio. Quienes busquen tener un matrimonio saludable también necesitan saber qué personaje en el matrimonio debe encontrarse en el centro.

◆ Respete el yo, tú y nosotros

Todas las parejas se han encontrado con los tres personajes principales en la representación del matrimonio: yo, tú y nosotros. Las parejas en los buenos matrimonios están conscientes de la importancia de los tres y saben cuándo cada uno necesita estar al frente en el matrimonio.

El matrimonio creó una sola carne, no una sola alma (Génesis 2:24), y las parejas que viven en un buen matrimonio tienen un respeto saludable hacia el "yo" y el "tú". Valoran las perspectivas y diferencias individuales, además de entender que cada persona lleva dones, talentos, áreas fuertes y debilidades a la unión. Hay un lugar legítimo en el matrimonio para las diferentes necesidades e intereses de cada miembro, y la relación válida las necesidades e intereses de ambos. La identidad de ninguna de las dos personas engulle a la otra.

Una parte hermosa de un buen matrimonio es cuando un cónyuge puede rendir algo suyo por el bienestar del otro. Esta clase de amor es muy elevada. El "yo" se somete al "tú" por causa del profundo cuidado que le tiene. Por ejemplo, un esposo puede trabajar en comunicarse y escuchar mejor, simplemente porque su esposa necesita eso de él: "Maridos, amad a vuestras mujeres, así como Cristo amó a la iglesia, y se entregó a sí mismo por ella" (Efesios 5:25).

Al mismo tiempo, estas parejas son capaces de rendir el "yo" por el "nosotros". Ese es simplemente el costo de uno de los mayores regalos que Dios nos ha dado. Cada persona hace a un lado sus deseos, sueños, metas y comodidad por el bien de la relación. Por ejemplo, una esposa podría aplazar sus metas de terminar una carrera hasta que sus hijos crezcan, o un esposo podría declinar un ascenso en otro estado por el bien de su matrimonio y su familia.

Sin embargo, rendir el "yo" por el "tú" o el "nosotros" no significa ser sumiso o seguir todo lo que la otra persona quiera, es una posición muy activa e intencionada. En ocasiones deberá mostrarse firme en su "yo" en servicio del "nosotros". Usted puede ser muy directo y honesto acerca de la forma en que se siente acerca de un problema en el matrimonio, no por razones egoístas sino porque usted ama su cónyuge y desea que él o ella crezcan. Por ejemplo, una esposa puede necesitar confrontar la indisposición emocional y distanciamiento de su esposo. Mientras que a él podría parecerle que ella solo se preocupa por ella, en realidad lo que hace es alertarlo acerca de un "asesino de matrimonios" que ambos deben abordar y contra el cual ambos deben trabajar. En este caso, su esposa se preocupa por el "nosotros".

Otra cualidad de un buen matrimonio es la cercanía.

◆ Adquiera cercanía

El matrimonio une a dos personas en una forma misteriosa y maravillosa. Los matrimonios de Dios acercan aún más a esos individuos, en maneras cada vez más profundas con las que nunca soñaron. Al principio, de tal manera, que el hecho central en sus vidas sea estar al lado de su cónyuge. Con el pasar de los años, al conocerse cada vez más, se vuelven más unidos y apegados. Tal es la naturaleza de la cercanía.

La cercanía en un matrimonio se relaciona con la habilidad de la pareja para darse todo el uno al otro. Se exponen desnudos y sin avergonzarse (Génesis 2:25). Esta clase de vulnerabilidad es uno de los mayores riesgos que podemos tomar. Cuando usted permite que su pareja sienta sus necesidades y carencias, le da a él o a ella la libertad de rechazar esas partes de su ser; sin embargo, en los buenos matrimonios, por lo general las partes más débiles se vuelven las más apreciadas y también las más privadas. Cada uno entiende y protege la fragilidad del corazón del otro.

En el matrimonio, la cercanía también requiere de dependencia. Ambos deben estar dispuestos a necesitarse, ambos deben depender de la presencia, compasión y cuidado que el otro les brinde, para obtener la fuerza para seguir el rumbo de Dios. Este nivel profundo de intimidad proviene del reconocimiento de las carencias de las dos partes, y de llevarlas al otro para recibir amor y comodidad.

Otra señal de la cercanía es la empatía. La empatía es la habilidad de hacer a un lado por un momento su propia perspectiva y punto de vista con el fin de asumir la de su cónyuge. Esto significa que un esposo se colocará en los "zapatos" emocionales de su esposa para ver lo que sentiría si fuera ella. Por su parte, ella se colocará en los zapatos de su esposo para ver lo que él siente. Sin empatía, ninguno de todos nosotros crecería, pues nadie puede crecer sin sentirse entendido. Esta fue una de las razones por las cuales Dios tomó forma humana; para enfrentar las pruebas de la experiencia humana. "Pues en cuanto él mismo padeció siendo tentado, es poderoso para socorrer a los que son tentados" (Hebreos 2:18).

En ocasiones, las personas se resisten a sentir empatía por su pareja pues temen que ello signifique aprobar algo que su cónyuge haga, con lo cual no estén de acuerdo; sin embargo, la aprobación y la empatía no son lo mismo. Usted puede ser comprensivo y sensible con su esposa mientras que, claramente, no verá las cosas del mismo modo.

Sin embargo, la cercanía no es suficiente para que un matrimonio marche bien. La responsabilidad brinda la protección y estructura lo necesario para que la cercanía prospere.

◆ Sea responsable

La palabra *responsable* no suena muy romántica, ¿o si? Claramente, no es la primera palabra que usa una mujer para describir a un hombre que le gusta. Pero en el transcurso de la vida, un sentido de la responsabilidad es fundamental para un matrimonio saludable. A menos que ambas personas sean responsables, la pareja no puede crecer en cercanía.

Cuando decimos que en los matrimonios cercanos ambas personas son responsables, queremos decir que los dos tienen un alto sentido de responsabilidad por ellos mismos y por el matrimonio. Cada uno asume los papeles y las cargas de la relación, así como los de sus vidas individuales; cada uno hace lo que debe hacer y ninguno culpa al otro por las cosas que no se hacen. De hecho, cada uno hace más de lo que necesita hacer.

Siempre me entristece ver a una pareja que intenta hacer funcionar su matrimonio en una base de cincuenta y cincuenta por ciento, ya que es inevitable que habrá días en los cuales uno de ellos solamente pondrá cuarenta por ciento del esfuerzo. Entonces, como una persona no mantuvo su parte del trato, las cuentas no se pagan, los problemas no se confiesan ni se resuelven, las tareas no se hacen y los temperamentos estallan. Las cosas no deben ser de este modo, y no lo serán si la ley no gobierna la relación (Mateo 5:41). En los buenos matrimonios, ambos miembros están dispuestos a caminar la milla extra por amor, para servir al otro.

Lo que hemos mencionado no es decir que estas parejas sean codependientes; no los son. Mientras que se sacrifican al cuidar del matrimonio y de sus cónyuges, los esposos y esposas saben cuándo se han acabado sus recursos, cuándo dejar que su pareja asuma la responsabilidad sobre algún problema o cuándo confrontarlo. Mantienen separados el amor y los límites. Cada uno puede decir "no" al otro, sin desconectar su amor y apego: "Y considerémonos unos a otros para estimularnos al amor y a las buenas obras" (Hebreos 10:24).

Las parejas saludables aceptan la libertad del otro, aun la libertad de ser egoístas o hirientes. Entienden que no es posible hacerse cargo de una vida que no es la suya, pues tal es la esencia de la esclavitud. Pueden no siempre estar de acuerdo con la conducta del otro y hasta pueden tomar una actitud en contra de su destructividad, pero se niegan a limitar la libertad del otro. Estas parejas sabias entienden que, si no tienen la libertad de hacer lo incorrecto, no pueden hacer lo correcto de todo corazón. Esta es una de las lecciones de la parábola del hijo pródigo (Lucas 15:11-32). Las parejas saludables permiten las diferencias y no hacen que el otro miembro sea el villano por tener libertad. Protegen esa libertad en nombre de amor.

Por último, las parejas que tienen buenos matrimonios se hacen amigos de la realidad.

◆ Hágase amigo de la realidad

En los matrimonios fuertes, los cónyuges no tienden a pretender ser alguien que no son; no hay engaño. Cada uno conoce las faltas y las fallas del otro y le ofrecen aceptación y perdón. El amor y el matrimonio pueden crecer cuando han hecho amistad con la realidad de lo que su pareja es.

La naturaleza misma del matrimonio hace forzosa esa realidad. Cuando un marido y una esposa fusionan dos vidas en una, ya no pueden esconderse el uno del otro. La verdad emerge conforme el tiempo pasa. Recuerdo un día, cuando mi esposa Barbi, me hablaba de un acontecimiento en la escuela de mis hijos que ocurrió mientras estuve de viaje. En verdad estaba muy cansado por el trayecto y no tenía la mayor disposición de recibir información nueva. Logré articular alguna expresión ocasional para que ella pensara que estaba interesado; sin embargo, no estaba poniendo atención a lo que me decía y algunas horas después, le pregunté: "¿Entonces, cómo resultó el asunto de la escuela?" ¡Y soy psicólogo, que sabe cómo escuchar y poner atención a los demás!

La persona a quien más ama es a quien más puede lastimar. En el matrimonio nuestras imperfecciones notan aparentes con rapidez; pero en un matrimonio saludable, ambos esposos pueden relajarse con seguridad. Como pareja, saben cómo resolver problemas, cómo dejar ir lo que no es real, cómo perdonar, aceptar y mantenerse siendo cariñosos y afectuosos entre sí. Esta última parte es importante, pues se relaciona con perdón y aceptación genuinos. Cuando los cónyuges perdonan y aceptan algo, no lo hacen en algún tipo de resignación depresiva que diga: "Así es ella, nunca cambiará; así que supongo que tendré que vivir con ello". Es mucho más que eso; es aceptar la realidad. Cuando eso ocurre, a menudo es cuando en verdad comienza el matrimonio.

Cuando aceptamos y perdonamos, nos libramos de depender de nuestra pareja para estar felices y satisfechos. Somos libres para amar a nuestro cónyuge sin exigir que Él o ella sean de una manera específica con la cual estemos satisfechos. El amor no busca lo suyo (1 Corintios 13:5). Cuando pueden aceptar las fallas del otro, pueden tomarse el tiempo de entender las raíces, las heridas y los pecados de cada uno sin reaccionar. También hay más probabilidades de ver las necesidades propias de aceptación y la necesidad profunda que ambos tienen de la gracia y ayuda de Dios. "Antes sed benignos unos con otros, misericordiosos, perdonándoos unos a otros, como Dios también os perdonó a vosotros en Cristo" (Efesios 4:32). Cuando podemos aceptar y perdonar, permitimos que nuestra pareja evite la ira de la ley (Romanos 4:15), ofreciendo a cambio una manera de experimentar la gracia, la cual sostiene el crecimiento.

◆ Busque el camino de sanidad de Dios

Quizás, al leer este capítulo ha pensado, *¡Mi matrimonio no es así en lo absoluto! Ha sido la mayor decepción de mi vida.* Quizás usted deseó un matrimonio basado en amor, en valores y con propósitos mutuos; pero hasta ahora, no lo ha tenido. Podría ser que su lucha fuera interna; digamos, una desconexión emocional entre usted y su cónyuge; o podría involucrar una crisis, como una aventura o un abuso.

Parte de lo que hace a los problemas maritales diferentes de otros como el miedo, el sobrepeso, la adicción o la depresión, es que un buen matrimonio necesita de dos personas. Si ambos en verdad desean estar en el matrimonio con todo su ser, un matrimonio decepcionante puede convertirse en un buen matrimonio o hasta en uno estupendo. Sin embargo, es frecuente que una persona se haya desconectado de la relación de alguna manera. Esto puede ser desalentador e implica un obstáculo genuino para la sanidad que Dios desea para el matrimonio.

Sea cual sea su situación, Dios no lo ha dejado solo, Él le ha abierto un camino. Si usted busca sanidad para su matrimonio, haga del siguiente pasaje su oración a Dios y su pacto con Él: "Enséñame, oh Jehová, tu camino; caminaré yo en tu verdad; afirma mi corazón para que tema tu nombre" (Salmos 86:11).

El camino de sanidad de Dios incluye los siguientes pasos:

1. Comience con Dios. Si su cónyuge ha elegido desconectarse de su matrimonio, ya sea en lo emocional, en lo físico o simplemente en el aspecto del crecimiento, entienda que el camino de Dios no incluye el cambiar a su pareja, a menos que él o ella lo desee; sin embargo, Dios no alejará Su mano de su vida. La libertad de su cónyuge no diluye el poder y la voluntad de Dios para ayudarlo. Sígalo a Él y a sus caminos sin importar lo que su pareja elija hacer. El camino de Dios para nosotros es siempre para convertirnos en las personas más saludables, cariñosas, santas y justas que podamos ser; esa es nuestra parte. Esta elección permite a Dios usarnos para redención: "Mas buscad primeramente el reino de Dios y su justicia, y todas estas cosas os serán añadidas" (Mateo 6:33).

2. Identifique el problema subyacente. Sea cual sea la lucha que exista en su matrimonio, como peleas, vacuidad o la dinámica de padre-hijo, tome el tiempo y la energía para mirar más allá de la superficie hacia lo que en verdad ocurre. Aunque los eventos internos deben tratarse, en especial si son peligrosos (ruina financiera, infidelidad, daño físico y cosas por el estilo), en algún momento necesitará llegar a lo que realmente provoca el problema, para así poder tratar con la fuente. Algunos problemas maritales tienen que ver con el control, unos con la irresponsabilidad, otros con el dolor y las debilidades que podrían no ser la culpa de nadie. Algunos problemas se deben a la falta de confianza, y hay muchos más. Refiérase a los capítulos de este libro que hablan acerca de la sabiduría (capítulo 3) y de aceptar los problemas (capítulo 6) como guías. Consulte a personas con experiencia que puedan ayudarlo a ver con mayor objetividad estos problemas. Evite lidiar solo con los síntomas, pues con el tiempo el problema volverá a emerger en alguna otra forma. Por ejemplo, si su esposo está involucrado en pornografía por la internet, la solución no es instalar un programa en la computadora que la bloquee, su esposo necesita a Alguien dentro de su corazón y su mente, Alguien que lo ayude a enfrentarse a él mismo, y a sus pecados, que sane sus heridas, que le diga quién es él y que clase de hombre quiere ser. Tal intervención le proporcionará ayuda y esperanza para un cambio real; el programa de computadora no lo hará.

Con frecuencia escucho a parejas que mantienen matrimonios conflictivos, que "juegan a las diferencias"; creen ser tan diferentes el uno del otro que no puede haber amor o afinidad. En realidad; nada podría estar más lejos de la realidad, de hecho, las diferencias añaden profundidad, interés, sabor y desarrollo a un matrimonio. Las parejas que son clones el uno del otro, por lo general no tienen matrimonios emocionantes y satisfactorios.

Mis padres son un excelente ejemplo de cómo las diferencias pueden añadir cosas buenas a un matrimonio; ellos son diferentes en muchas maneras. A él le gusta estar solo, mientras que ella es la persona más sociable que ha vivido; él es casual y ella es seria; a él le gusta el jazz y a ella la ópera; y la lista podría seguir y seguir. Sin embargo, después de cincuenta y cinco años, siguen estando locos el uno por el otro; y el hecho de que obtienen gozo y placer de las peculiaridades y percepciones diferentes del otro tiene mucho que ver. Él disfruta al ver cómo ella socializa, ella disfruta con la profundidad y percepción que él tiene de la vida.

El único tipo de diferencia por el cual hay que preocuparse es la de los valores básicos: Dios, amor, honestidad y crecimiento, por ejemplo. Estos valores dictan el rumbo de la vida. Cuando las personas no están de acuerdo en ellos, necesitan tratar esas diferencias como un problema; pero en cosas como estilos, gustos y percepciones, las individualidades pueden añadir mucho a los años que pasen juntos.

3. Saque la viga de su propio ojo. Prácticamente, todas las batallas maritales involucran contribuciones de ambas partes. Aunque las contribuciones pueden no ser iguales, ambos cónyuges comparten el problema. Así que examine su propio corazón, o como Jesús lo enseñó, quite primero la viga de su propio ojo (Mateo 7:1-5) e investigue lo que usted podría estar aportando al problema.

En un matrimonio conflictivo, es fácil que un cónyuge sienta que su pareja lo juzga, lo condena o trata como a un niño. Sin embargo, si usted se presenta ante su pareja con humildad, delicadeza; y habiendo aceptado su parte en el problema, su actitud traerá mutualidad y gracia a la situación. Sea diligente para asegurarse de que ha enfrentado su parte de corazón.

Y es común que esto sea difícil de hacer cuando el cónyuge se encuentra resistente o fuera de control en algún área y usted intenta mantenerlo todo en orden. Sin embargo, recuerde que por lo general el "bueno" también es culpable de algunos problemas importantes. Usted podría estar evitando hablar y confrontar un asunto que necesita resolverse (Ezequiel 3:18-21), o podría tener dificultades para aceptar las consecuencias que ha establecido. Usted podría tener una actitud de superioridad espiritual, el problema del "santo casado con un pecador", el cual puede destruir con rapidez el amor. No tema mirarse en el espejo, la gracia de Dios abunda para ambos (1 Juan 3:19-20).

4. Hable la verdad con amor. Las heridas matrimoniales sanan en la medida en que la verdad se pueda obedecer, interiorizar y hablar con seguridad. La verdad es la realidad del problema en la pareja. No puede existir ninguna solución sin un intercambio y un acuerdo basado en la verdad. Sea directo, pero hable con una mente dirigida a sanar el problema, para que el amor y el crecimiento puedan aumentar entre los dos. Muestre su amor y cómo valorar los sentimientos de su pareja en cada situación; al mismo tiempo, asegúrese de que el problema se resuelve con claridad, junto con sus propios sentimientos al respecto. Saque lo que desea que ocurra ahora y en el futuro.

Su tarea es exponer la verdad, al mismo tiempo que es necesario que haga lo que pueda hacer para vivir en paz con su pareja (Romanos 12:18). Más allá de eso, no puede controlar lo que él o ella haga, eso es entre su cónyuge y Dios. Su pareja puede estar agradecida con usted, aborrecerlo (Proverbios 9:8), puede querer que usted entienda los problemas desde todas las perspectivas o sentirse herido en el corazón. Sea cual sea la reacción, trabajen por actuar con la verdad en todo lo que se encuentre en su matrimonio.

5. Utilice los recursos de Dios. Cuando una pareja enfrenta un problema en conjunto es porque, esa alianza ya ha recorrido un largo trecho para resolverlo; sin embargo, si usted se encuentra solo, la realidad de ser honesto al respecto y desear la sanidad de Dios, es un paso muy grande hacia la solución. En cualquier caso, estar consciente del problema es un principio, no un fin, ya que si una persona pudiera haber solucionado un problema al sólo intentar resolverlo con más ímpetu o tratando de comenzar de nuevo, ya lo habría logrado. Lo que sucede es que, además, lo que se necesita es la gracia, la gente, los recursos, la sabiduría y el tiempo de Dios para traer los frutos que desea para su vida.

No deje de ingresar su matrimonio enfermo al hospital. Busque con personas y lugares que traten con los conflictos a los cuales se enfrente. Si su cónyuge es adicto, vaya con su pastor, con un consejero, a Narcóticos Anónimos o a algún lugar donde haya personas que tengan experiencia con esas cuestiones. Si usted y su pareja han encontrado que se alejan cada vez más y no son capaces de cambiar el rumbo de la relación, busquen ayuda de personas experimentadas en ayudar a las parejas a descubrir las causas de su distanciamiento y que tienen habilidad para volverlas a unir. Hay pasos a seguir muy bien definidos.

Y, haga lo que haga, no caiga en la trampa de pensar que usted y su cónyuge pueden resolver sus problemas maritales sin necesidad de ayuda. Una de las funciones de la Iglesia es cuidar y hacer madurar a su gente (Efesios 4:16). Permita que otros se involucren en su matrimonio, penetren hasta su corazón y toquen sus heridas, pues es ahí donde se encuentra la restauración.

Usted tiene muchos recursos a su disposición de los cuales obtener ayuda. Se han realizado muchas investigaciones acerca de los matrimonios, por eso ahora se sabe bastante. Usted se dará cuenta de que la labor no es fácil; sin embargo, sea paciente. Dios trae fruto cuando sembramos en tierra profunda (Mateo 13:1-23). Dense el tiempo y la oportunidad para cambiar los patrones que ustedes pueden haber formado desde la niñez; vivan protegiendo sus corazones del daño (Proverbios 4:23) pero sin dejar de dar amor, apoyo y ánimo el uno al otro (1 Pedro 1:22). Usted y su cónyuge necesitan recibir perdón, amor y esperanza del otro así como honestidad, santidad y buenos límites.

◆ Vaya a él ahora

Dios es la verdad con sí mismo Él reconcilió al mundo consigo (2 Corintios 5:19). Esa reconciliación abarca las dificultades de nuestro matrimonio. Búsquelo a Él y al camino que le mostrará. Podría ser una senda difícil, pero Él caminará con usted y con su pareja. He visto a muchas parejas dar los pasos que hemos descrito, y han encontrado sanidad para sus matrimonios. A lo largo del tiempo, he visto actuar a Dios proveyendo un plan de nueva vida a matrimonios problemáticos o a punto de desintegrarse, y las vidas de las personas cambian para siempre. Vaya a Él, ahora, y diríjase hacia donde Él lo indique. Él quiere que su camino lo lleve directamente hacia Su rostro y hacia el de su cónyuge.

11

LA INTIMIDAD Y LAS RELACIONES SEXUALES

En ocasiones cuando hablo (John) con un grupo acerca del matrimonio, invierto un estereotipo para ver que estén despiertos. Digo algo como: "Ustedes las mujeres simplemente no lo entienden, todo lo que tienen en sus mentes es sexo y nosotros solo queremos que nos abracen, ¿pueden imaginar lo que es para nosotros el sentirnos como objetos?". La mayoría del tiempo las personas se miran entre si entretenidas, como si dijeran: "si claro".

El sexo es una parte significativa e importante del estar envueltos en la vida de Dios. Somos seres sexuales, y Dios planeó y creó a la sexualidad para bien. El sexo puede tener como resultado la procreación de los hijos, trae cercanía a un matrimonio y simboliza el amor de Dios hacia nosotros. Sin duda; Dios se encuentra en la alcoba y quiere hacer de esa habitación un lugar en donde el amor, la relación y su presencia se pertenezcan y estén integradas. Él puede abrir un camino para usted y su pareja con el fin de que desarrollen relaciones sexuales saludables en su matrimonio.

◆ Algo bueno

La sexualidad refleja la naturaleza y el corazón de Dios, es en verdad algo hecho por Él. El sexo se encuentra enraizado profundamente en la relación, como lo está Dios. Una vida sexual satisfactoria e íntima siempre está fundada en la base de la unión emocional y el amor entre marido y mujer. Mientas mejor sea la relación en la pareja, mayor es la posibilidad de una excelente vida sexual. Cuando los ojos de un esposo se encuentran con los de su esposa durante la intimidad de esos momentos, miran su alma, siegan la cosecha de todos los años que han pasado conociéndose y celebrando el amor que ha florecido, crecido y se ha enraizado. Prometen y anticipan un futuro de aún más amor, sorpresas y nuevos horizontes en su unión, el sexo refleja y hace crecer al amor. Ambos no se pertenecen así mismo, sino el uno al otro: "Mi amado es mío, y yo suya" (Cantares 2:16).

Así como Dios es un misterio, también el sexo; pues no podemos entenderlo. Aunque sabemos bastante acerca de su mecánica, no podemos vislumbrar todos los aspectos de la profundidad de la atracción entre los sexos. Hay tantas cosas que toman parte; desde el sutil contacto visual que puede comunicar mundos, el proceso gradual ascendente de envolvimiento, hasta el acto sexual en sí, con toda su ternura, pasión y energía. Su forma no se puede predecir: romántico y dulce; agresivo y poderoso; recreativo y atlético; discreta o abiertamente gracioso; o tan profundo y vulnerable que puede llevar a las lágrimas a una pareja.

El que dos se conviertan en uno es un misterio. La unión sexual simboliza el hecho de que dos personas, a pesar de ser individuos y almas distintas, han fundido sus vidas para crear una entidad nueva y única en el matrimonio. Las Escrituras lo expresan de este modo: "Por tanto, dejará el hombre a su padre y a su madre, y se unirá a su mujer, y serán una sola carne" (Génesis 2:24). El acto sexual representa esta unidad. El clímax, una de las mayores y más intensas sensaciones que podemos experimentar, involucra una pérdida temporal de identidades separadas y una fusión emocional con otra persona. Esta unión también simboliza, en el nivel más profundo, la de Cristo con su esposa, la Iglesia (Efesios 5:32).

El sexo también posee una cualidad atemporal. Las investigaciones indican que las personas pueden tener actividad sexual mucho después de lo que alguna vez se pensó. Mientras que algunas parejas que han estado casadas por poco tiempo tienen una vida sexual triste y agonizante, hay quienes han estado juntos por muchos años y que aún disfrutan de la intimidad sexual como una parte regular e importante en su matrimonio. Mucho después de los años de fertilidad, se conectan en el nivel sexual para acercarse, recrearse y celebrar el cuidado de Dios hacia ellos. La diferencia entre estas parejas tiene más relación con el carácter y las cualidades de la persona que con su edad.

El sexo une lo sagrado con lo secular.

Henry y yo siempre nos sentimos muy tristes cuando escuchamos a parejas e individuos que se han sentido forzados a llevar sus preocupaciones sexuales a alguien fuera de su iglesia porque la actitud de su propia comunidad cristiana acerca del sexo era la que se tiene ante algo sucio. La imagen de la mujer de la iglesia en una cruzada en contra de la sexualidad, que aparecía en el programa cómico Saturday Night Live, no representa lo que la Biblia enseña respecto al tema. Dios, que es el autor del sexo, habla al respecto en términos positivos y gráficos: "Sea bendito tu manantial, y alégrate con la mujer de tu juventud, como cierva amada y graciosa gacela. Sus caricias te satisfagan en todo tiempo, y en su amor recréate siempre" (Proverbios 5:18-19).

A través de las edades, otras religiones han incluido al sexo dentro de su adoración. Aunque no entendían el plan completo de Dios, parecían tener alguna noción de que había una cualidad en el sexo nos lleva fuera de nuestra existencia rutinaria. El sexo nos hace sentir y experimentar algo mayor que nosotros mismos; y, en su mejor forma, en un matrimonio profundamente enraizado y vinculado, nos da por algunos momentos, la impresión de que podamos vislumbrar un poco del rostro de Dios.

◆ Cuerpo y alma

El sexo no puede describirse en términos físicos ni emocionales. Es sensual, anatómico, espiritual, une todas las facetas de la vida y los expertos lo describen como *psicofisológico*, es decir, de naturaleza tanto fisiológica como psicológica. El sexo involucra a nuestro cerebro y funciones neuronales tanto como a nuestras emociones y pasiones. La sexualidad nos brinda una imagen maravillosa de cómo Dios integra el cuerpo y el alma, lo físico y lo emocional. Tanto los aspectos físicos como las partes de nuestro ser que no lo son, anhelan estar unidos a Dios (Salmos 63:1). Él está involucrado con todo nuestro ser. Es verdad lo que dijo David: "Formidables, maravillosas son tus obras" (Salmos 139:14).

Los investigadores de esta área han aprendido esta realidad espiritual desde décadas pasadas. Han encontrado que rara vez los problemas sexuales se encuentran aislados en una sola parte de la vida de una persona; con frecuencia tienen un componente fisiológico, y otro emocional o relacional. Por ejemplo, la arteriosclerosis y la diabetes pueden causar impotencia, y en ocasiones la eyaculación prematura se propicia por los antidepresivos. También es cierto que si una esposa cree que su marido solo se siente atraído a ella en lo sexual, puede perder interés en las relaciones sexuales porque se siente como un objeto. Las parejas pueden ser bastante activas y saludables, pero si sufren de discordia en su relación, su vida sexual puede ser inexistente.

En otras palabras, por lo general aquello que subyace a la relación sexual —el corazón de la persona o la esencia del matrimonio— es el verdadero problema. Usted puede tener un certificado de salud perfecta y conocer todas las técnicas sexuales que deba conocer y aún así tener problemas sexuales. El sexo no puede desconectarse de nuestras almas, si hay heridas o problemas en ella, por lo general se manifestarán en el área sexual.

Además, Dios nos hizo seres sexuales, aparte del acto sexual en sí. Ser sexuales es mucho más que el acto. El campo de la sexualidad es una de las muchas maneras en que nos experimentamos a nosotros mismos y a los demás. Tal y como notamos las personalidades, estilos, carreras y situaciones familiares de las personas, también los percibimos en lo sexual: lo atractivos o poco atractivos que son, si son extrovertidos o introvertidos y otras áreas de la sexualidad. Necesitamos mantener nuestro lado sexual conectado a Dios, a nuestros valores y a nuestra comunidad de apoyo para recibir dirección de Él para lidiar con las realidades de la tentación y la concupiscencia sexual, pues "la concupiscencia, después que ha concebido, da a luz el pecado" (Santiago 1:15). Sin embargo, ya sea que nuestra sexualidad esté integrada a nuestra alma o esté fuera de control, sigue siendo parte de nosotros.

Esta conexión espiritual entre cuerpo y alma forma el contexto del acto sexual. Técnicamente, el orgasmo es el resultado final del acto sexual; se aprecia mejor como parte de un todo que incluye ternura, comunicación, placer corporal no sexual y cercanía. Por esto, algunas experiencias sexuales no culminarán en el orgasmo sino simplemente en la excitación y en la intimidad (¡esposos, pongan atención en esto!) En sí, un orgasmo es un suceso no muy importante, ya que el orgasmo sin relación, cercanía, comunicación y amor no es una experiencia verdaderamente significativa entre marido y mujer. El sexo no se trata del orgasmo, sino de dos que se vuelven uno. Es el deseo de Dios que usted experimente el gozo que rodea este misterio.

◆ ¿Qué puede salir mal?

Como lo hemos dicho a través de este libro, Dios puede abrir un camino para usted, aun en esta área. Este es un buen momento para presentar las diferentes categorías de los problemas y disfunciones sexuales que las personas pueden enfrentar.

Primero, están los problemas de deseo, que significa que una persona tiene poco apetito por una relación sexual. Por ejemplo, una mujer que cree que el sexo es bueno, hasta lo realiza, pero no experimenta un deseo interno hacia él. Este problema ocurre en grados variables de severidad y en períodos variables de tiempo. Existen personas que nunca han sentido ningún deseo sexual, otros experimentan una libido disminuida luego de una pérdida, o de un problema personal o médico; mientras que otros, a pesar de ser capaces de tener apetitos sexuales en general, por alguna razón no sienten deseo por su pareja.

La segunda categoría de dificultades comprende la excitación. Dios nos hizo de tal modo que nuestros cuerpos se preparan para el sexo de manera fisiológica. La vagina de la mujer comienza a lubricar y sus genitales comienzan a hincharse, el pene del hombre se erecta. Cuando existen trastornos de excitación, estos elementos de funcionamiento sexual no ocurren como deberían. La falta de lubricación en una mujer puede hacer muy doloroso el coito; la falta de una erección adecuada en el hombre, también llamada impotencia, hace imposible la penetración.

Tercero, son los problemas de orgasmo. Puede ocurrir que una mujer no lo experimente o que le tome mucho tiempo llegar al clímax. Un hombre puede tener el mismo problema o, a la inversa, sufrir de eyaculación prematura, una condición en la que llega al clímax con mucha rapidez.

Estos términos no son precisos, hay un espectro muy amplio de lo que es normal, saludable y satisfactorio para una persona y una pareja, en términos de la frecuencia con que desean el sexo, con lo que pueden excitarse y lo que tardan en llegar al orgasmo. Es muy importante encontrar lo que hace a la pareja feliz o infeliz y por qué.

Pero tenemos muy buenas noticias para las parejas que desean trabajar en estos problemas y dirigirse a mejorar todos los aspectos de su relación, tanto fisiológicos, como emocionales, relacionales y sexuales: Usted puede obtener ayuda para mejorar su relación por parte de un profesional competente.

Las adicciones sexuales son una señal cada vez más visible de un matrimonio en problemas, (técnicamente no es una adicción verdadera sino una dependencia). En estas situaciones, el cónyuge (con más frecuencia es el esposo), pasa mucho tiempo en la pornografía, en líneas directas con contenido sexual, en clubes de desnudistas o prostitución. Esta es una situación dolorosa, donde la esposa debe soportar el dolor de ser traicionada y engañada por aquél con quien hizo un pacto de por vida. La adicción sexual no es un problema pequeño y la pareja requerirá de la ayuda de alguien con experiencia en estas cuestiones.

El hombre puede intentar justificar su problema culpando a su esposa por la falta de respuesta o de atractivo sexual, pero en realidad el problema no es de ella ni tampoco tiene que ver con el sexo. Por lo general tiene que ver con una parte de él que se encuentra desconectada de la vida y de la relación. En ocasiones, es un deseo de consuelo y aprobación que se ha hecho sexual. En otros casos, es un deseo de poder, de controlar y de ser él quien elija; en algunos otros, el hombre tiene un conflicto entre su yo real e ideal que no puede reconciliar; también podría sentirse enojado y rebelde en contra de la naturaleza controladora que percibe de las mujeres que lo rodean.

En estos casos, la esposa no solo tiene que darse cuenta de que el problema es de su esposo y no suyo, sino que también necesita buscar ayuda externa e insistir en que él la obtenga. Tal asistencia está disponible y funciona, pero el esposo debe estar de acuerdo, ella necesita usar cualquier recurso y a cualquier persona disponible para presionarlo a que busque ayuda.

Además, hay otros problemas sexuales que pueden perturbar en gran manera la conexión marital, tal como problemas de género. Aunque no los trataremos en este libro, las personas que los enfrentan también tienen esperanzas y deben buscar, tanto en lo personal como en pareja, a profesionales capacitados que tengan experiencia en el campo.

Ahora que hemos expuesto el centro espiritual de la sexualidad y resumido algunos de los problemas sexuales del matrimonio, volvamos nuestra atención hacia lo que se requiere para tener una vida sexual saludable y cómo las parejas con dificultades en esa área pueden reavivar la pasión sexual.

◆ Amor: la base

Una vida sexual saludable comienza con el amor. El amor une a dos personas y permite que el sexo florezca. El amor abarca al sexo, pero es mayor que él. El amor puede crear el deseo de sexo, pero cuando su pasión se ha terminado, el amor permanece, continúa y está presente en la pareja, manteniéndolos cerca uno del otro y del Creador mismo del amor.

Una gran parte del amor sexual consiste en conocer. La Biblia se refiere a la relación sexual de Adán y Eva con una palabra en hebreo que significa "conocer" (Génesis 4:1), y ésta indica un entendimiento personal y conocimiento de la otra persona. El amor sexual conoce a su cónyuge en lo personal y en lo íntimo, esto significa que debe conocer y cuidar de los sentimientos, miedos, secretos, heridas y sueños de su pareja; y, a la vez, su pareja debe conocer y cuidar de los suyos.

La vulnerabilidad del sexo aumenta esa base de conocimiento, mientras marido y mujer se revelan lo más profundo de sus almas a través del amor sexual. Por su naturaleza, expuesta y reveladora, el sexo requiere de esa clase de apertura. En la relación sexual dos personas muestran la intimidad de sus cuerpos, así como la de sus corazones y sentimientos.

El amor involucra a toda la persona: corazón, alma, mente y fuerzas (Marcos 12:30-31). Tanto el amor como el sexo requieren de un vínculo emocional entre dos personas, ambos deben estar presentes y dispuestos con sus emociones. Cuando dos personas se pueden apegar en sus corazones, una vida sexual saludable emergerá y se desarrollará; sin embargo, cuando una pareja carece de esta clase de intimidad, su vida sexual se atrofiará pues no puede alimentarse de la unión emocional. Esto puede ocurrir de muchas maneras. A veces uno de los dos evita dar amor por estar enfadado o por un deseo de castigar al otro; en otras, uno no es capaz de recibir el amor de su pareja; y en algunas otras más, un cónyuge tiene una incapacidad emocional. Los corazones de ambos deben estar dispuestos a vincularse emocionalmente; si tal no es el caso, a pesar de que las relaciones sexuales pueden ocurrir, en la mayoría de las ocasiones no tendrán suficiente combustible para arder.

También es cierto que el amor y una sexualidad saludable no pueden existir sin confianza. Ya que el sexo es un símbolo de exposición y vulnerabilidad personal, una vida sexual saludable necesita que las parejas desarrollen una gran cantidad de confianza entre sí, la confianza de que el cónyuge no usará lo que sabe para dañar a su pareja. Cuando las personas confían una de otra, se sienten libres para continuar explorando niveles cada vez más profundos. De hecho, una de las palabras hebreas para confianza también significa "descuido", en otras palabras, cuando confiamos en alguien nos descuidamos de él o ella. No sentimos ansiedad ni miedo, ni tenemos cuidado de lo que decimos y sentimos, somos libres de ser nosotros mismos con la otra persona, porque podemos confiar en que no nos hará mal.

Por otro lado, la confianza perdida creará problemas sexuales. Esta ruptura ni siquiera tiene que ocurrir en el escenario sexual, tal como un amorío o infidelidad emocional, pero puede ser devastadoras para una relación. Una pérdida de confianza puede estar relacionada con una cuestión financiera, tal como no ser confiable con el dinero; o una de compromiso, como prometer algo y no cumplirlo. La falta de confianza puede disminuir mucho el deseo de tener relaciones sexuales con un cónyuge; el déficit de seguridad emocional se traduce en un detrimento de la seguridad sexual. También, puede afectar la habilidad de la mujer para alcanzar el orgasmo, pues un clímax sexual requiere de una buena cantidad de disposición a perder el control. Si una esposa teme "descuidarse" de su esposo en algún área, no podría ser capaz de perder su propio control por causa de su miedo, y ninguna técnica en el mundo podrá curarla; solamente con el remedio de Dios: primero, arrepentimiento; después tomar su propia responsabilidad; y así volver a reconstruir la confianza.

El amor también cambia nuestra atención. Cambia nuestra perspectiva del énfasis en el "yo" a uno en el "nosotros". Esto es, en el amor, el todo sí es en verdad mayor que las suma de sus partes. No busca lo suyo (1 Corintios 13:5), busca la relación. Es por ello que las parejas no piensan en edificar sus vidas juntos, sino que hablan y sueñan con construir una vida juntos. Hay una atención continua en cómo somos "nosotros" y en la preocupación por el bienestar de la pareja. El amor es la mayor cura para el egocentrismo y el narcisismo.

El identificarnos como "nosotros" significa mucho en lo sexual. Significa que su cónyuge lo desea, lo sigue y quiere estar más cerca de usted. En otras palabras, cuando usted se identifica como "nosotros" en vez de como "yo", se sentirá más rico y tendrá más de su pareja; además, significa que usted desea conocer más y más profundamente a su pareja e invertir su vida en conocer quiénes son ustedes como pareja. Este es suelo fértil, de donde brota una gran vida sexual.

Yo tengo un amigo que descubrió que hablar con su esposa acerca de "nuestra vida juntos" o de "lo que queremos" es un gran afrodisíaco. No está manipulándola, pues en verdad cree lo que le dice, y su esposa está consciente de que usa frases como esta en vez de de referirse a "tú" y "yo" cuando discuten sus metas, sus deseos y sus esfuerzos conjuntos. Desde luego, cuando habla de sí como personas separadas, tampoco difumina sus identidades. Su esposa es una persona que habla mucho de "nosotros" y le da gran valor a ser parte de un equipo con él mientras exploran sus vidas y avanzan en el mundo. Como resultado, ella se enciende en lo sexual. Mi amigo se dio cuenta de que cuando habla en términos de "tú" y "yo", simplemente no obtiene los mismos resultados; ¡así que ahora con más gusto se refiere a "nosotros"!

Las parejas que no se ven a sí mismas como "nosotros" pueden tener dificultades sexuales. Cuando una persona siente que sus propios intereses y necesidades no reciben atención o que la otra persona invierte poco en la unión y tiene un interés desmesurado en vivir como si fueran dos solteros bajo el mismo techo, se puede ver impedido tanto el deseo como la excitación. Esto puede causar impotencia en algunos hombres. Cuando las parejas renuevan su colaboración emocional, estos problemas comienzan a resolverse.

◆ Responsabilidad: comparta la colaboración sexual

En los matrimonios saludables, ambas personas asumen de corazón la responsabilidad de hacer todo que deben hacer. Ambos asumen responsabilidad por sí mismos como individuos y como parte del matrimonio. Jesús dijo algo similar acerca de la forma en que debemos vivir. "Y decía a todos: Si alguno quiere venir en pos de mí, niéguese a sí mismo, tome su cruz cada día, y sígame. Porque todo el que quiera salvar su vida, la perderá; y todo el que pierda su vida por causa de mí, éste la salvará" (Lucas 9:23-24). En otras palabras, todos necesitamos tomar nuestra propia carga con el fin de salvar nuestras vidas. Como veremos, ambas partes asumen la responsabilidad en el matrimonio, esto crea un contexto para tener una sexualidad saludable. La responsabilidad debe ser compartida, e implica autocontrol y autonomía.

1. Responsabilidad compartida. La responsabilidad es un afrodisíaco para una persona saludable. Por ejemplo, cuando una esposa experimenta que su esposo es quien dice ser, que se puede depender en él y que lleva la carga que le corresponde, ella siente libertad. La libera de la labor de estar sola con todas las cargas que están sobre ella, pues tiene alguien con quien compartirlas. A su vez, ella no tiene que asumir toda la responsabilidad por su vida y por los problemas de su pareja, pues él está realizando ese trabajo. Ella no necesita preocuparse de que él no haga lo que debe hacer; tampoco se preocupa de tener que fastidiarlo para que haga lo que debe hacer.

Ella también se siente libre para ser más sexual, pues parte de una buena vida sexual es tener la habilidad de abandonarse. Al ser ella libre, se siente más joven, más ligera y tiene más energía emocional para lograr un vínculo sexual. El sexo tiene un espacio para existir en su mente y en su imaginación.

Sin embargo, cuando una esposa no se siente libre, cuando debe soportar las cargas de su esposo así como las propias, su habilidad para experimentar el deseo, la excitación y el orgasmo puede verse impedida. Sin la libertad de las responsabilidades compartidas, el sexo es un lujo demasiado costoso.

Además, cuando una esposa debe llevar la carga de su esposo, comienza a sentirse como si estuviera casada con un niño; alguien de quien debe cuidar y a quien debe resolverle los problemas, alguien que necesita que ella apague el fuego que él provoca. Por el otro lado, él comenzará a sentir como si estuviera casado con un padre, y se sentirá controlado y menospreciado. Uno de los requisitos básicos que Dios estableció para el matrimonio y para el sexo dentro del matrimonio es que es solo para adultos. Los niños no pueden casarse ni tener relaciones sexuales, no son aptos para ninguna de las dos. Así que cuando esta dinámica de padre-hijo ocurre en el matrimonio, el deseo sexual y la excitación comienzan a declinar. Esta dinámica también puede provocar que un hombre luche con la eyaculación prematura, un símbolo de sentirse tratado como un niño pequeño e inexperto.

Durante muchos años, he visto y he tratado muchos matrimonios afectados con este mecanismo, por lo cual sé que puede cambiar, en especial cuando se establecen los límites apropiados. En ocasiones, el cambio parece arte de magia, como lo fue en el caso de Sandra y Jim. Ellos vinieron a verme porque él no tomaba la iniciativa sexual; ella tenía que hacerlo todo, y aun así había ocasiones en las que él no mostraba interés. Esta era una fuente de mucho dolor y frustración en Sandra. Mientras hablábamos, nos dimos cuenta de que en todo su matrimonio Jim nunca discrepaba con Sandra en nada, aunque no estuviera de acuerdo con sus opiniones acerca del dinero, los niños o el trabajo, él se sometía sin decir nada incluso cuando tenía un punto de vista diferente o estaba enfadado con ella. Encontramos que Jim tenía mucho miedo de perder el amor de Sandra y por eso no lo ponía en riesgo haciéndole frente, como cualquier cónyuge lo haría. En otras palabras, Jim temía asumir la responsabilidad de sus sentimientos adultos y de sus diferencias con Sandra. Él la trataba como si fuera su madre, a quien no podía decepcionar. Esta actitud infantil hacia ella tuvo como resultado una disminución en el deseo sexual que tenía hacia ella; recuerde, los niños no tienen relaciones sexuales con sus padres.

Además, había una segunda dinámica en su matrimonio. El no tener mucho interés sexual también era una forma en la que Jim podía ejercer algo de poder; si no podía decir "no" en otras áreas de su vida, sí podía hacerlo en la cama. Cuando Sandra entendió esto, le dijo a Jim: "Entiendo que estés en desacuerdo y que te enfades conmigo, por eso, ahora quiero ser tu esposa, no pienso volver a actuar como tu madre". Ante esa reacción, Jim comenzó a hacerse cargo de Sandra y ambos comenzaron a negociar las diferencias como debe hacerlo una pareja, con amor, honestidad y respeto. Jim comenzó a tener fuertes deseos sexuales hacia Sandra y las cosas comenzaron a mejorar entre ellos. Después me informó, con una tímida sonrisa, que su vida amorosa había mejorado de manera radical.

Los matrimonios saludables son un pacto mutuo entre dos personas, quienes ceden con gusto ciertas comodidades y libertades con el fin de servir a la unión. Así que, cuando una pareja no tiene un sentido compartido de la responsabilidad, la relación se desequilibra, y con frecuencia provoca insatisfacción y problemas sexuales. No solo podemos verlo en matrimonios con una dinámica de padre-hijo, sino también en matrimonios donde una persona intenta controlar a la otra. Un miembro controlador se resiste a que haya libertad, a que su cónyuge pueda elegir; no toma en cuenta las preferencias y las opiniones del otro, y cuando el que está dominado dice: "no", el cónyuge controlador se retrae o se enfada.

Esto también puede causar disfunciones sexuales, ya que hay una gran diferencia de poder entre las dos personas y no son iguales para elegir y tomar decisiones. Como el cónyuge controlado no experimenta libertad, el amor no puede florecer, pues el amor proviene de la libertad. Esta falta de libertad produce miedo: miedo a perder el amor, miedo a las represalias, miedo al enojo de su pareja. La Biblia enseña que el miedo y el amor no pueden coexistir: "En el amor no hay temor, sino que el perfecto amor echa fuera el temor; porque el temor lleva en sí castigo. De donde el que teme, no ha sido perfeccionado en el amor" (1 Juan 4:18).

Cuando no somos perfeccionados en el amor, la expresión sexual del amor también se encuentra atada por el miedo. También ocurre un retraimiento sexual, es decir; deseo disminuido, poca excitación o incapacidad para alcanzar el orgasmo. La sexualidad comienza a emerger de nuevo solo cuando la pareja ha vuelto a establecer una relación de poder mutuo en la que ninguno controle al otro.

2. Responsabilidad significa autonomía. Por definición, la responsabilidad crea un espacio entre dos personas; crea autonomía. Cuando dos personas asumen la responsabilidad de sus vidas, se definen a sí mismos como individuos. Es como si afirmaran: "Te amo, pero no soy tú; tú tienes tus sentimientos, valores y opiniones y yo tengo los míos; unámoslos y hagamos algo mejor mientras interactúan". La autonomía es darse cuenta de que, mientras que los dos miembros del matrimonio son una sola carne, siguen siendo dos espíritus, cada una de los cuales deberá rendir un día, cuentas por sí mismo ante Dios (2 Corintios 5:10).

La autonomía ayuda a cada uno a apoyar al otro en su crecimiento.Uno de ellos tiene una fortaleza de la cual el otro puede aprender, uno puede tener opiniones o perspectivas que el otro necesite escuchar. Desde luego que esto puede causar conflictos, pero no todos los conflictos son malos (Proverbios 27:17). Como dice un dicho; "Si nunca están en desacuerdo, uno de los dos está de sobra". Además, la autonomía crea el anhelo necesario para la sexualidad. Para que se desarrollen buenas relaciones sexuales, deben existir dos personas claras, distintas y bien definidas en la fórmula. Al haber espacio entre las dos personas, el deseo y el anhelo tienen espacio para crecer y ambos se desean. Sin embargo, cuando existe muy poca autonomía, o cuando uno de los cónyuges no se encuentra bien definido o es muy dependiente, es mucho más difícil sentir anhelo. La experiencia es más que estar cubierto por las necesidades o por la presencia de alguien; el deseo sexual requiere de una persona que se encuentre "allá", de quien nos podamos separar o hacia quien podamos acercarnos. Existe libertad y no apego excesivo. Como dice el título de una canción: "¿Cómo puedo extrañarte si no te vas?"

Esto no significa que la autonomía sea aislamiento, distancia y abandono. Aunque los cónyuges son autónomos, aún comparten sus corazones, vidas y amores; sin embargo, a pesar de que se aman el uno al otro, no son el otro. Hay una gran diferencia.

3. Responsabilidad significa dominio propio. El dominio propio, un fruto de la obra del Espíritu en nuestras vidas (Gálatas 5:32), se relaciona con actitudes como decidir que nuestros valores dicten nuestro comportamiento y nuestras actitudes, en vez de permitir que nuestros impulsos, instintos y apetitos los controlen. Las personas sin dominio propio tienden a estar fuera de control o se dejan controlar por algo distinto a ellos. Las personas con dominio, toman sus decisiones basados en lo que diga tanto su corazón, como su alma y su mente, una vez que las tres áreas llegan a una conclusión respecto a algo.

El dominio propio tiene mucho que ver con la sexualidad, ya que los impulsos sexuales se encuentran, en esencia, orientados al ahora. Como un niño pequeño, requieren satisfacción y resolución inmediata. Los impulsos sexuales no tienen nada que ver con las emociones, el tiempo o los deseos de la otra persona. Sin embargo, los amantes maduros pueden domar sus impulsos sexuales para servir a la relación y no solo a ellos. Así que, si usted tiene dominio propio, usted seguramente permite que el amor y el valor que tiene por su cónyuge (no sus pasiones) controlen sus deseos sexuales. "Que cada uno de vosotros sepa tener su propia esposa en santidad y honor" (1 Tesalonicenses 4:4). Por ejemplo, las mujeres necesitan tiempo para llegar de la excitación al orgasmo, y un esposo con poco dominio propio puede tener su orgasmo con demasiada rapidez como para permitir que su esposa también alcance el clímax. En otras situaciones, una falta de dominio propio puede hacer que un hombre se masturbe en vez de tener relacione sexuales con su esposa, pues ello requiere un menor esfuerzo y ninguna consideración de los sentimientos y la situación de ella. En ambos casos no se sirve ni a la esposa ni al matrimonio.

◆ Aceptación: admita la realidad

La aceptación tiene que ver con el ser capaces de relacionarnos con cariño y sin juicio, a todo, en nuestra pareja; es admitir la realidad tanto de sus áreas fuertes como de sus debilidades, de sus dones y de sus imperfecciones. No significa que apruebe todo lo que hace su cónyuge, sino que esté dispuesto a relacionarse con todo lo de él (o de ella) sin condenación, incluso con las partes que no apruebe o con las que no esté de acuerdo. Dios nos ofrece, en Cristo, esta clase de aceptación (Romanos 15:7).

La sexualidad requiere de que seamos abiertos y nos expongamos con todas nuestras imperfecciones y cicatrices. La aceptación crea un ambiente en el cual usted y su pareja están conscientes de lo que el otro carece, sin permitir que esas imperfecciones detengan el flujo de amor y gratitud del uno al otro. Está tan enamorado del carácter y el alma de su pareja que aceptar el cuerpo es algo pequeño. Sin embargo, si usted no transmite aceptación o si su pareja no se siente aceptable, sin importar lo que usted diga o haga, entonces su cónyuge tenderá a esconderse en lo emocional y, en ocasiones, en lo físico. Por ejemplo, una falta de aceptación puede provocar que una esposa no se sienta cómoda usando vestimentas provocativas o que desee hacer el amor en la oscuridad total. La falta de aceptación también puede disminuir el deseo, la excitación y la satisfacción. La aceptación nos abre, la falta de ella cierra nuestros corazones.

Los esposos que no se sienten aceptados por sus esposas pueden presentar ansiedad por el desempeño sexual, y so puede ocasionar problemas como la impotencia y la eyaculación precoz; sin embargo, cuando los cónyuges trabajan en aceptarse sin hacer juicios, pueden comenzar a resolver esta clase de problemas en su relación.

El siguiente es un ejemplo de lo que puede ocurrir. Conozco a una pareja en que la esposa, después de tener dos hijos, perdió la forma; no era obesa, pero no se veía ni se sentía como ella lo deseaba. Se sentía muy poco atractiva y era una de esas personas que tienden a la auto-crítica. Su esposo no fue de mucha ayuda al decirle constantemente que se volviera a poner en forma. Los comentarios de su esposo se unieron a su propia condenación y comenzó a sentirse amada de forma condicional, bajo la ley de la perfección y la culpa; como resultado, comenzó a perder el deseo sexual.

Cuando descubrieron lo que ocurría, su esposo corrió a su lado y le dijo: "Siento mucho haberte hecho sentir peor sobre tu cuerpo, quiero que sepas que sin importar lo que pase, te amo y te deseo solo a ti, dime si vuelvo a hacerlo, porque no quiero que sientas eso." Su aceptación y gracia la ayudaron a sentirse más amada, y con el tiempo, más activa en el ámbito sexual. De hecho, regresó a una buena dieta y a un programa de ejercicios. Todo les resultó bien después, pero es importante notar que estos acontecimiento solo ocurrieron después de que ella experimentó la aceptación de su esposo.

Uno de los mayores regalos del matrimonio es el del sexo. Si usted experimenta dificultades en esta área tan maravillosa de la vida, no se resigne al problema, Dios abrirá un camino a través de su crecimiento en Él, de su matrimonio y de Sus recursos. Pregunte a Dios por el siguiente paso.

12

LAS PERSONAS PERJUDICIALES Y LOS CONFLICTOS

En una ocasión, daba un seminario (Henry) cuando una mujer me preguntó:

—¿Cómo se trata a las personas que critican?

Su pregunta me causó algo de sorpresa, y mientras pensaba en todo lo que podía dar como respuesta, una pregunta me vino a la mente, así que le dije:

—¿Por qué querría usted hacer eso?

—¿Hacer qué? —dijo.

—¿Por qué querría tratar con personas criticonas?

—¿A qué se refiere con "por qué"? ¡Porque hay que hacerlo!

—¿Por qué hay que hacerlo? —continué.

Obviamente, yo sabía que todos nos encontramos con personas difíciles y que en ocasiones debemos tratar con ellas, sin embargo la manera en que lo preguntó me hizo pensar que buscaba una estrategia que planeaba usar mucho.

Me miró y dijo de una forma siniestra:

—¡Porque están en todos lados!

No pude evitar reírme, sonaba como si hablara de los pájaros de la película de Alfred Hitchcock con ese nombre, o de los cadáveres en la película La noche de los muertos vivientes. Las personas criticonas no están en todas partes; y si en verdad ella las encontraba dondequiera, entonces su experiencia no era normal. Pensé que ella tenía algo que ver en la razón por la cual los criticones continuaban apareciendo en su vida.

Al interrogarla, me habló de personas así en su trabajo, en su iglesia, en su familia y en su círculo de amigos. Por la forma en que me lo dijo, tenía razón, los encontraba en todas partes a donde iba; claramente, algo ocurría. Mientras hablábamos, pude distinguir un patrón, parecía que sin importar la situación en la cual se encontrara, por alguna razón, esta mujer se topaba con una de las personas más difíciles de complacer del grupo y terminaba con una relación cercana a esa persona. Ella las atraía como un imán; las atraía a ella y luego pasaba su tiempo intentando vivir de acuerdo a las expectativas que ella tenía.

Le expliqué la forma más sencilla que conocía para lidiar con las personas hirientes o dañinas.

—Sea honesta con ellas —dije—. Podría no volver a escuchar de ellas.

Bueno, y ahora hablemos nosotros. ¿Usted se siente como esta mujer, que no se puede escapar de las personas difíciles? ¿Siente que están "en todas partes"? ¿Le parece que mi respuesta tan optimista es verdadera, que todo lo que debe usted hacer es ser honesto y que lo dejarán en paz?

La mayoría del tiempo, la verdad se encuentra en medio de los extremos.

Todos nos hemos encontrado en situaciones con personas difíciles. En algún grado, sabemos que no somos capaces de lidiar con ellas; tal vez tenemos parte activa al atraer y fomentar el conflicto. A todos nos serviría la ayuda de Dios, que Él abriera un camino para que respondamos a las personas hirientes o abusivas, para inducirlas a cambiar, para que sean indulgentes con los demás, a la vez que tomamos una firme posición con ellas.

Varias situaciones hay en la vida en las cuales necesitamos que Dios abra un camino, pero pocas pueden ser tan problemáticas como aquellas en las que estamos involucrados con personas difíciles. ¿Alguna vez se ha preguntado por qué eso es verdad? Hay una razón espiritual profunda para ello, una razón que también puede abrir la puerta al entendimiento de por qué es tan importante evitar y tratar con las personas dañinas en nuestras vidas.

◆ Un aspecto espiritual

En el transcurso de los años, he hablado con muchas personas que lidiaban con individuos difíciles. Algunos luchaban con un dilema interno: querían levantarse y resolver el problema, pero una parte de ellos les decía: "Si hicieras lo que Dios quiere que hagas, perdonarías más y juzgarías menos, serías paciente y amarías incondicionalmente a esa persona". Creer esto los colocaban en una gran ansiedad, querían ser amorosos, pero al mismo tiempo no querían soportar el dolor o el abuso al que se enfrentaban. ¿Podrían ser espirituales, amorosos e indulgentes y a la vez no ser pisoteados? ¿Estaba bien siquiera ser así?

Si estos pensamientos reflejan los suyos, por favor escuche la verdad: Dios nunca quiere ver a nadie ser oprimido por otra persona; de hecho, siempre está del lado del oprimido. Eso no significa que no quiera que perdonemos a la gente dañina, pues en efecto desea, que lo hagamos tantas veces como sea necesario (Mateo 18:21-22). Sin embargo el perdón y el amor no tienen nada que ver con el tener que abordar y detener el dolor que otros nos provoquen. Usted puede perdonar lo que ya ha ocurrido y a la vez decir "no" al daño futuro.

El grado en el cual Dios puede abrir un camino para nosotros, con frecuencia depende de la posición que tomemos ante lo que puede destruir el camino que Él hace. Tomar una posición firme en contra de las personas hirientes y de sus acciones, y en contra de lo que se oponga a la vida que usted cree que Dios desea, es una de las acciones espirituales más positivas que puede realizar. Esto es lo que Él hace y es lo que Él nos dice que hagamos.

Dios nos dio Su vida y así creó una forma en la cual demos esa misma vida a otros. Debemos heredar a otras personas Su vida y Sus caminos de amor, responsabilidad, libertad, creatividad y redención. Tal ha sido Su plan desde el principio, que una vida engendre otra vida. "Vida a la vida" parece ser el tema de la Biblia. Cuando Dios otorga a alguien la habilidad de amar y ayudar a otras personas, dice que Su amor y Su gracia es heredada.Como nos lo dice Pedro: "Cada uno según el don que ha recibido, minístrelo a los otros, como buenos administradores de la multiforme gracia de Dios. Si alguno habla, hable conforme a las palabras de Dios" (1 Pedro 4:10-11). Una de las principales formas en las cuales Dios nos da lo que necesitamos, es a través de otras personas. Como lo dijimos en el Capítulo 2. Lo repetimos aquí para recordarle el poder de las relaciones. Recuerde, una relación tiene el poder de edificar y de ser una vía para las bondades de Dios hacia nosotros; pero también tiene el poder de derribarnos y de evitar que experimentemos la vida que Dios quiere para nosotros. Esa es la profunda razón espiritual del porqué las relaciones pueden ser tan difíciles.

◆ Cómo tratar con las relaciones dañinas

La Biblia nos advierte constantemente que evitemos a las personas dañinas o por lo menos su comportamiento nocivo. Dios quiere que tengamos cuidado de mantenernos lejos de las personas que pueden destruir la vida que Él desea crear para nosotros. Veamos la manera en que el Rey David lo expresó:

> No pondré delante de mis ojos cosa injusta. Aborrezco la obra de los que se desvían; ninguno de ellos se acercará a mí. Corazón perverso se apartará de mí; no conoceré al malvado. Al que solapadamente infama a su prójimo, yo lo destruiré; no sufriré al de ojos altaneros y de corazón vanidoso. Mis ojos pondré en los fieles de la tierra, para que estén conmigo; el que ande en el camino de la perfección, éste me servirá. No habitará dentro de mi casa el que hace fraude; el que habla mentiras no se afirmará delante de mis ojos.
>
> Salmos 101:3-7

David amaba a Dios y a los demás con todo su corazón, y Dios le abrió un camino en muchas ocasiones; sin embargo este siervo fiel y amoroso de Dios evitaba a cierta clase de personas o de actitudes; trataba de que no se acercaran a él (v. 3). El apóstol Pablo dijo lo mismo cuando nos instó a evitar a cierto tipo de gente que podría corrompernos (1 Corintios 15:33). Esta advertencia fue tan fuerte que nos dijo que ni siquiera comamos con personas hipócritas, que dicen ser espirituales pero que lo niegan con su comportamiento (1 Corintios 5:11). Jesús nos dijo que no diéramos lo santo a los perros ni echáramos nuestras perlas a los cerdos (Mateo 7:6). Es claro que la Biblia ve las relaciones con los demás como capaces no solo de hacer un gran bien de producir sino un gran daño si se entra en ellas con poca sabiduría. El mensaje primordial de las Escrituras es este: *Ama profundamente; pero sé cuidadoso.* Salomón lo dijo de este modo: "El justo sirve de guía a su prójimo; mas el camino de los impíos les hace errar" (Proverbios 12:26). También dijo: "El que anda con sabios, sabio será; mas el que se junta con necios será quebrantado" (Proverbios 13:30). La mayoría de las personas avanzarían más en el camino del crecimiento si realizaran alguno de los siguientes puntos clave:

- Evitar por completo a las personas dañinas.
- Tomar una posición fuerte y sincera en contra de las acciones nocivas en una relación dañina.
- Separarse de las personas con patrones destructivos, personas no dispuestas a cambiar después de muchos esfuerzos.
- Buscar a personas que pudieran darles cosas buenas y la fuerza para realizar las tres acciones arriba mencionadas.

Las relaciones poseen poder; poder para hacer el bien o poder para hacer el mal. *Una de las acciones más espirituales que pueden hacerse es combatir los efectos perjudiciales al evitarlos o confrontarlos.* Dios ha pasado algunos miles de años haciendo esto mismo. La historia de las Escrituras es la historia de cómo Dios trata con las personas dañinas que lo herían a Él y a otras personas. Él se enfrenta y trabaja con ello, pero al final, establece una barrera y le da fin; lo hace al dejar que las personas dañinas sean ellas mismas, pero sin Él. Él se separa y les permite seguir su camino, no los controla ni los forza a cambiar, simplemente se niega a ser parte de su oscuridad.

Cuando pensamos en lo anterior es muy parecido a lo que le dije a la mujer que me preguntó cómo lidiar con las personas criticonas. No le dije que intentara ganárselos ni cambiarlos en alguna forma, simplemente le dije que hiciera lo que Dios hace, lo que Jesús hizo y lo que nosotros también debemos hacer. Cuando le dije: "Solo sea honesta con ellos y podría no volver a escuchar de ellos", le describí el proceso de vivir nuestros valores y dejar que la persona se enfrente a usted y a la luz que usted emite. Su mejor defensa en contra del daño de las personas nocivas es ser como David y tener valores claros sobre los cuales usted viva con los demás. Si así lo hace, ocurrirá una de tres cosas:

1. Las personas que son buenas para usted respetarán sus valores y usted disfrutará de buenas relaciones con ellas.

2. Al tomar una posición en amor, pero en contra de los efectos y acciones perjudiciales, algunas personas cambiarán su conducta por la influencia que usted ejerza sobre ellas; y, después, disfrutará de buenas relaciones con estos individuos.

3. Algunas personas dañinas se mantendrán en la negación y se alejarán de la luz que usted vive, a pesar de la confrontación amorosa que usted hizo ante su comportamiento, en casos extremos su relación con ellos podría terminar.

Esta es la manera de actuar que Dios diseñó para todos nosotros cuando nos enfrentamos a personas nocivas. Cuando sigamos Su camino, no solo disfrutaremos muchas buenas relaciones, sino que también trataremos con las difíciles. Esto no significa que la única opción es alejarnos de la gente difícil o perjudicial, ya que primero debemos trabajar con ellos con amor para lograr un cambio. No los regañe ni los ignore, ni intente controlar su conducta nociva, simplemente niéguese a participar de la oscuridad. Como una persona cariñosa y honesta llena de luz, viva esa luz al vivir en buenos valores y al hacer frente con amabilidad a la oscuridad. Enfrente el problema y exija que la persona dañina lo haga también. Si ese individuo es sabio, se arrepentirá y cambiará, y la relación será buena de nuevo. Usted puede perdonarlo, y luego ambos podrán avanzar.

Jesús nos dio el mismo modelo para tratar con los problemas en las relaciones interpersonales. Y también nos dio la clave para determinar con qué clase de persona lidiamos, cuando dijo: "Mirad por vosotros mismos. Si tu hermano pecare contra ti, repréndele; y si se arrepintiere, perdónale. Y si siete veces al día pecare contra ti, y siete veces al día volviere a ti, diciendo: Me arrepiento; perdónale" (Lucas 17:3-4). Cuando alguien nos lastima, debemos enfrentarlo al problema. Y si esa persona se arrepiente vez tras vez, debemos perdonarlo (o perdonarla). Sin embargo, este versículo también nos da un principio importante para determinar si nos relacionamos, o no con alguien que puede cambiar su comportamiento nocivo, o no. Las personas que son seguras para nosotros tienen la habilidad de ver dónde se han equivocado, de disculparse y de cambiar de dirección. Arrepentirse significa cambiar de forma de pensar, ver lo dañino del comportamiento y hacer un esfuerzo por cambiar, incluso cuando ese esfuerzo no sea perfecto. Si la persona en verdad puede ver el daño que su conducta produce y hace un esfuerzo visible por cambiar, la relación puede avanzar con resultados positivos.

El arrepentimiento y el perdón son esenciales para una buena relación. Todos necesitamos perdonar y ser perdonados para tener relaciones; sin embargo, el perdón lleva a la reconciliación solo cuando quien es perdonado admite su error y cambia de dirección. Así que esté dispuesto a perdonar, pero se reconcilie con alguien que no esté dispuesto a cambiar su comportamiento destructivo. Si usted en verdad está siendo lastimado, tome una posición. Si la persona ve el problema y se arrepiente, usted habrá resuelto la situación. ¿Cómo? Lo hizo al vivir usted mismo sus valores. Como lo dice Proverbios 11:6 "La justicia de los rectos los librará". Al hacerlo, usted se habrá librado.

◆ La manera sencilla (sin discusiones)

Al tratar con gente difícil, esté preparado para encontrar mucha resistencia, discusiones, justificaciones, excusas, ataques y cosas similares. Simplemente, aprenda a aceptar esta conducta como parte del terreno y no intente arreglarla, ese no es su trabajo; y mientras menos se quede atrapado persiguiendo algo que no puede alcanzar, más claro será todo par usted. Así es como debe ser una confrontación:

- Alguien lo ofende.
- Usted va con esa persona y le dice cómo lo lastimó su comportamiento, usando argumentos que no juzguen,

que estén basados en los hechos y que expresen sus emociones, valores y deseos. Por ejemplo:

—Joe, ayer me dijiste que vendrías a cenar a las 7:00, preparé la cena y te esperé. Cuando no apareciste y llamaste a las 9:00 diciendo que no podrías llegar, me sentí herida. Valoro que se respete mi tiempo, así que por favor no vuelvas a hacer eso.

—Pero, Susie, los chicos vinieron y salimos por unos tragos, simplemente perdí la noción del tiempo. No seas tan dura, no es tan importante.

—En este momento, Joe, no hablamos acerca de las razones de tu comportamiento. Me interesa saber que me escuchas. ¿Entiendes lo hiriente que es dejarme esperándote y que no quiero que me trates así de nuevo?"

- Si la persona acepta su conducta hiriente o irrespetuosa y se disculpa, puede ofrecerle perdón y continuar, ha resuelto el problema; sin embargo, si la persona se comporta a la defensiva o enfadada, no entre en una discusión. Con amabilidad, hágale saber que hablarán más sobre la situación cuando él o ella haya tenido algo de tiempo para pensar al respecto y ver lo importante que es para usted. Mantenga su postura. Si una persona no puede aceptar la responsabilidad de su conducta destructiva, la repetirá.

◆ En algunas ocasiones los finales no son felices

¿No sería bueno que la confrontación siempre terminara de forma positiva? ¿No sería bueno que cada vez que confrontáramos a una persona dañina, él o ella se arrepintiera y usted pudiera continuar? Claro que lo sería. De hecho, a Dios también le gustaría que eso ocurriera; sin embargo, tal no es el caso. ¿Entonces?

Si la persona no responde a la confrontación inicial, necesitamos tomar una posición más fuerte y actuar de tal manera que él o ella se enfrenten a algunas consecuencias. Las consecuencias funcionan, en ocasiones, cuando usted no permite el diálogo. Por ejemplo, si su esposa entra en discusiones cuando usted menciona un tema, y continúa haciéndolo a pesar de sus peticiones de que no lo haga, usted puede decirle: "Me encantaría hablar sobre esto, pero, como te lo he dicho, no me gustan los ataques de enojo, así que te hablaré de esto solo cuando haya un consejero presente. Haré la cita, y si quieres que hablemos al respecto, lo haremos ahí." Las consecuencias no deben ser castigos, sino simplemente algo que siga a la conducta de manera natural.

Los siguientes son algunos ejemplos de consecuencias naturales:

- "Para mi es muy valioso poder hablar con las personas y no me gusta que me griten. Estaré en la otra habitación. Búscame cuando dejes de gritar y quieras hablar."
- "Ya te he pedido que limites tu hábito de beber. Cuando no lo hagas, no me iré a casa contigo al volante, buscaré a alguien que me lleve."
- "No me asocio con las drogas, así que mientras no trates con tu problema no te veré."
- "No dormiré contigo mientras te encuentres involucrado en la pornografía. No me compartiré con nadie, ni siquiera en tu mente."
- "La honestidad es uno de los aspectos más importantes en cualquier relación, y lo que ocurrió el otro día no fue honesto. No puedo continuar como si no pasara nada. Necesitamos aclarar esto y resolverlo."
- "La amabilidad es un valor importante para mí. Lo que hiciste fue malo y me dolió. No permito que me traten así. Cuando puedas ver que lo que hiciste está mal, házmelo saber."
- "Yo quiero opiniones, no condenación. Lo que me dijiste no me sirvió, porque solo fueron menosprecios. Si puedes ser constructivo con tus críticas, estaré contento de escuchar, ¿lo entiendes?" Si la persona responde de forma afirmativa, qué bien; pero si la persona responde al contrario, dígale "Entonces, hasta que puedas decirlo de buena manera, por favor mantén para ti tus comentarios."
- "La fidelidad es muy importante en toda relación. No toleraré que me engañes. Puedes irte hasta que decidas qué hacer para corregir esto."

Además, podría necesitar a otras personas para que intervengan en el conflicto, (vea Mateo 18:15-17 para que observe una descripción gradual de solución a un conflicto desde hablar a solas con quien lo provoca, hasta una intervención, y o separación). Traemos a otros, a alguien que tiene alguna influencia en la vida de la persona, para facilitar los procesos y ayudarla a que vea el problema. Es de mucha importancia recordar que no podemos controlar la reacción de una persona ni dirigirla hacia la confrontación de la realidad. Eso es entre la persona y Dios. Todo lo que podemos hacer es confrontarlos en amor y enfrentarlos a las consecuencias de su conducta. Si esa persona no responde a la luz y el asunto es serio, la guía aún se aplica: *Manténgase en sus valores, no participar de la maldad.* Usted se debe mantener en la luz; si el otro individuo quiere permanecer en la oscuridad, que así sea, pero usted no debe participar. Usted acaso necesite separarse de esta persona hasta que él o ella enfrenten el asunto y estén dispuestos a cambiar su conducta perjudicial.

Por ejemplo, digamos que usted se encuentra en un matrimonio o en una relación significativa con una persona involucrada en el abuso de drogas. Usted ha intentado hacer que su pareja vea la luz y habiéndolo dicho y hecho todo, finalmente le dice: "No puedo hacer que cambies, debes tomar esa decisión por ti mismo; sin embargo ya no puedo estar cerca de esta clase de comportamientos, no podré estar contigo hasta que te des cuenta de tu situación."

Cuando no seguimos el diseño de Dios para tratar con las personas difíciles, complicamos la situación. Por lo general, vamos por el camino de Dios cuando actuemos en una de dos formas: dejamos de intentar lidiar con el problema o hacerlo de maneras inadecuadas, como fastidiar o juzgar al individuo; o simplemente nos vamos y evitamos a la persona; pero no sin antes confrontarlo, o confrontarla, con amor. Recuerde: el modo de Dios es traer luz y vida. Las relaciones son sagradas y no debemos separarnos de ellas con facilidad. La separación nunca ha sido lo primero que debamos hacer, a menos que haya peligro o destrucción, como en el abuso infantil o en otras situaciones muy destructivas. Primero debemos confrontar a la persona, hablar sobre su conducta nociva e intentar ayudarla a ver lo que ocurre. Sea paciente y amoroso en este proceso (Gálatas 6:1). Intentamos darle una oportunidad de cambiar. Debemos separarnos de alguien solo cuando lo hayamos confrontado en muchas ocasiones, aplicado consecuencias y hasta llevado a otros para ayudarlo.

El camino de Dios para nosotros, siempre se encuentra en que usted sea una persona de luz en vez ser una persona de oscuridad. Por eso, trabaje duro intentando resolver los problemas.

Establezca sus valores como lo hizo David y manténgase en ellos. Cuando lo haga, evitará de forma natural los patrones destructivos y asegurará un camino que evitará muchos abismos en su futuro. Necesitamos asumir una posición firme en contra de lo malo.

◆ ¿Imperfecciones o nocividad?

John y yo, hace una década escribimos un libro llamado *Límites*. Se trata de establecer límites en las relaciones con el fin de eliminar los patrones destructivos, para traer sanidad y reconciliación. Al hablar con ciertas personas que han leído el libro, nos dimos cuenta de que algunas usaron mal y de manera egoísta el objetivo de este libro, el cual es mejorar las relaciones. En cambio, estas personas intentaron usar los límites para controlar a otras personas o para dar mucha importancia a problemas pequeños. Así que entienda lo que queremos decir cuando decimos que debe evitar a las personas dañinas: *El comportamiento imperfecto no es lo mismo que el comportamiento nocivo*. Es importante aprender la diferencia entre los problemas esperables en las relaciones, pues las personas son imperfectas, y los problemas nocivos con los que se necesita trabajar o por lo menos evitar.

La Biblia nos enseña que no todas las cosas o las personas son dañinas. No hay razón para comenzar una guerra que está basada en la inmadurez o en los defectos que nos hacen ir por caminos incorrectos. Este es el momento en el cual debe crecer nuestra paciencia y resistencia. Debemos tener la habilidad para esperar hasta que las personas crezcan y maduren. Escuche el consejo de los Proverbios: "La cordura del hombre detiene su furor, y su honra es pasar por alto la ofensa" (19:11).

La sabiduría nos dice que no todos las peleas ni todos los defectos son razón para que haya una confrontación. En ocasiones no es el tiempo ni el momento apropiado para preocuparse acerca de un problema o asunto específico; en otras, el asunto no vale la pena la preocupación, pues dice más de nuestras exigencias perfeccionistas que de lo que habla de la otra persona. Todos necesitamos aprender a ser pacientes con los defectos y los errores de los demás, y debamos darnos unos a otros la oportunidad de crecer.

La clave tiende a ser el grado en el cual alguien no es quien queremos que sea. El problema es el grado en el cual esa persona es destructiva para nosotros o para sí misma. Evitar a las personas dañinas lo mantendrá en el camino que Dios ha establecido; sin embargo, si usted evita a las personas dañinas y se niega a amarlas, se saldrá del camino que Dios está abriendo para usted. Su camino siempre incluirá a personas imperfectas como usted y yo; no las juzgue ni sea demasiado exigente. Ame a los demás y sea paciente. Esa es la única manera de construir relaciones a largo plazo. Sin embargo, si el comportamiento de una persona hacia usted es en verdad destructivo y si esa persona se niega a arrepentirse y a cambiar, entonces es momento de poner límites más fuertes. Usted debe evitar lo que es destructivo para usted a toda costa.

◆ En el lugar de trabajo

En la vida existen algunos contextos donde no es prudente tener la clase de confrontaciones de las cuales hemos hablado. Por ejemplo, ser prisionero de guerra ¡o en algunas situaciones de trabajo! Siempre que enseño algo a este respecto, escucho la pregunta que se refiere al lugar de trabajo, porque con frecuencia las personas no se sienten libres de decir nada por miedo a perder sus empleos.

Realmente, a veces es bueno, pues hay una jerarquía en las necesidades de la vida. Es más importante tener ropa y comida que un jefe amable; sin embargo, eso no satisface la necesidad de ser tratados de forma humana. Si usted se encuentra en un ambiente nocivo de trabajo, los siguientes son algunos puntos que hay que considerar.

Primero, por lo general, las personas son más capaces de escuchar opiniones de lo que creemos. Es posible que usted le haga saber a alguien la forma en que sus comentarios o su comportamiento lo afectan. Sobrepóngase a su miedo, y pruebe diciendo algo que le haga ver si él o ella acepta opiniones de los demás; si así es, entonces puede ser que lo único que necesite sea valor.

Si usted cree poder hablar con el individuo, pregúntele si le gustarían algunas opiniones acerca de cómo mejorar su relación laboral. Si la respuesta es "sí", entonces dígale que ciertos comentarios o acciones lo han herido, que han hecho que le resulte difícil realizar su trabajo y le gustaría que él (o ella) dejaran de hacerlo. Eso es bastante sencillo.

Segundo, asegúrese de que no está buscando el apoyo de su jefe. Usted debe dejar ese deseo y tratar de encontrar elogiasen otra parte, de alguien más, o cambiar de empleo. Si su lugar de trabajo es dañino, debe dejar en la puerta sus necesidades de reconocimientos y permitir que sus amigos sean los que suplan esa necesidad. No intente obtener de esa persona algo que no pueda dar. Si usted necesita el empleo, haga su trabajo, y reciba su pago y olvídese del reconocimiento.

Si la situación es muy mala y hablar no soluciona nada, todavía tiene algunas opciones. Reúnase con otras personas de su oficina que tengan el mismo problema y pida una junta con el jefe. Es más difícil mantenerse en la negación cuando hablan tres personas que cuando es solo una. También podría decir a su jefe que no cree estar obteniendo una respuesta al problema y que le gustaría que otro administrador se reuniera con usted. Cada compañía tiene diferentes políticas para tratar con las quejas, pero lo más posible es que la suya tenga una; pregunte acerca de ésta política. Si su compañía no la tiene, usted tendrá que hacerse algunas preguntas difíciles:

¿Acaso está dispuesto a tomar el riesgo de tratar con el problema? Porque las personas llegan a ser castigadas por intentar resolver los problemas. No es la regla, pero ocurre. Usted debe contender con él desde una posición fuerte, no de necesidad. Si usted necesita un empleo, debe cuidar primero de su necesidad; eso significa que ya tiene otro empleo preparado o que está haciendo algo para aumentar sus destrezas y su capacidad de ser contratado. Si va a hacer olas, no lo haga desde una posición de necesidad, colóquese primero en una posición de fuerza; y tenga otras opciones, por si a caso.

Si una persona es en verdad abusiva y usted fue despedido de forma ilegal por tratar de resolver un problema, entonces necesitaría hablar con un abogado. Dios instituyó la ley para proteger a las sociedades de personas destructivas. El derecho laboral lo protege en contra de la discriminación, de acoso, de abuso, de problemas que tengan un entorno inseguro de trabajo y otros. Si las personas dañinas lo han herido, siempre puede hablar con un buen abogado. Pero, aléjese de quienes buscan cualquier motivo para demandar a sus patrones. Por lo general tienen mala reputación en la ciudad y seguramente a usted no le gustaría ser llevado por mal camino. Simplemente, busque un trato justo; así que asegúrese de que si tiene que ir por esa ruta, elija asesoría honesta.

◆ Introduzca los principios

Y ahora regresemos con Susie, la cliente que mencioné en el capítulo 2. Si usted recuerda, Dios le abrió un camino; sin embargo, cuando volvió a asociarse con algunas personas dañinas, comenzó a retroceder. Hubo trabajo para ella, pero no era el que esperaba. Tenga la impresión de que eso mismo podría aplicarse a usted también, si lucha con personas nocivas.

Un enfoque que pude haber tomado era decirle que esas interacciones la habían sobrepasado y que era momento de dar la vuelta y reorganizarse. "Déjelos atrás a ellos y a su negatividad, y comience a ir hacia delante". Ese parece ser un buen consejo, pero habría violado muchos de los principios que leímos con anterioridad en el libro. Si Susie hubiera caminado hacia delante intentando olvidar a estas personas y su influencia, sin ver el papel que ella desempeñaba al permitirles ejercer esa influencia, entonces habría fallado después, más adelante, en el camino.

Susie necesitaba en primer lugar, reconocer algunas de las cosas que permitieron que quedara atrapada en medio de esas personas. ¿Recuerda el proverbio que habla de guardar el corazón? "Sobre toda cosa guardada, guarda tu corazón; porque de él mana la vida" (Proverbios 4:23).

Susie tenía algo que ver con el hecho de que esas personas pudieron enredarla. Y si no se los hubiera dicho, la habría dejado como una víctima indefensa ante otras personas nocivas. Yo quería capacitarla, para que no volviera a permitir que las personas nocivas la alejaran del camino que Dios abría para ella.

Así que le reforcé los principios que hemos discutido aquí. Susie tuvo que usar muchos de ellos para vencer su tendencia a caer presa de las personas dañinas.

- Comenzó con Dios, pidiéndole que le mostrara en qué áreas necesitaba crecer y que le diera la fortaleza para hacerlo.
- Escogió a personas sabias para que la apoyaran y la ayudaran a recuperar el equilibrio y a deshacerse de los problemas relacionados con su deseo de aprobación de su familia y su falta de seguridad y firmeza.
- Aprendió los principios discutidos en este capítulo para hacer frente a las relaciones con patrones de conducta dañinas.
- Aprendió a mostrarse segura y firme y a confrontar con amabilidad y en forma directa.
- Trató con algunas heridas y comportamientos antiguos que venían de su familia, que la hicieron buscar su aprobación y desear su apoyo. También aprendió a no ser tan pasiva con ellos.
- Se relacionó con una estructura externa que la ayudara a mantenerse en buen camino, que incluía reuniones dos veces por semana con un grupo de apoyo.
- Se mantuvo recibiendo apoyo psicológico.
- Se miró a sí misma y enfrentó la responsabilidad que tenía al dejarse atrapar por las personas nocivas.
- Vio el último problema que tuvo como una oportunidad de aprender cómo evitar recaer.
- Se dio un tiempo para crecer.
- Llevó a Dios todas las partes de su ser que necesitaban cambiar y hacer las cosas a Su manera, aún cuando fuera difícil.

Mientras Susie continuó en su camino, encontró el valor para decirle "no" a su antiguo novio, con la ayuda de su grupo de apoyo. Uno nuevo llegó, quien parecía ser "maravilloso" y encantador, y rápidamente se enamoró de él; sin embargo, pronto comenzó a ser controlador, pero en esta ocasión, Susie no tardó mucho tiempo en reconocer los patrones de pasividad con los cuales permitía que la dominan. Ella usó sus nuevas habilidades para confrontar conductas destructivas. Su novio propició una pelea y se defendió, pero Susie se mantuvo firme. En poco tiempo, él ya no estaba. "Que apropiado", le dije.

Al principio, Susie no entendía por qué era tan apropiado, y estaba triste por la pérdida; sin embargo, comenzó a ver lo que Jesús enseñó: no debía juzgar a este hombre ni intentar averiguar cómo debatir con él. Todo lo que necesitaba hacer era vivir en la luz, y Él respondió sus preguntas. Cuando ella actuó como debía, su novio se "juzgó" indigno de la luz de la nueva vida que Dios le estaba dando a ella. Como Jesús lo expresó: "Y esta es la condenación: que la luz vino al mundo, y los hombres amaron más las tinieblas que la luz, porque sus obras eran malas" (Juan 3:19-20).

Cuando Susie vivió la luz que Jesús vivió, obtuvo el mismo resultado que Él todavía obtiene: fue rechazada; pero por una buena razón. Ella era demasiado saludable como para salir con una persona nociva. Me regocijé con ella.

Susie pasó la prueba. Crecía, y al hacerlo, poco a poco comenzó a "atraer" a buenas personas, incluyendo a buenos hombres. No estoy completamente seguro de cómo ocurre esto, solo sé que algo espiritual es lo que obra; que Dios hizo este mundo para que "la luz atraiga a la luz". Lo he visto ocurrir una y otra vez. Las personas sanas emociona y espiritualmente atraen personas igual de sanas; y nuestras partes poco saludables atraen a personas dañinas.

Susie nunca habría sido capaz de avanzar en el camino que Dios quería abrir para ella, de haberse mantenido en su patrón de soportar a las personas dañinas. Tuvo que aprender a enfrentar y a cambiar ese patrón de conducta. Y cuando lo hizo, descubrió la verdad de lo que les digo a las mujeres en el seminario: simplemente sean personas de luz, y es posible que nunca más vuelvan a escuchar de las personas dañinas.

13

LOS HIJOS Y LA PATERNIDAD

La paternidad puede forzarnos, literalmente, a alcanzar a Dios y sus caminos. Los buenos padres dan mucho de sí mismos, de tal manera que pueden educar a sus hijos para que lleguen a ser adultos responsables y cariñosos. Damos nuestro corazón, el alma, la mente y toda nuestra fuerza; no obstante, la paternidad constantemente nos enfrenta con nuestras propias deficiencias, haciéndonos reconocer que somos dependientes de Dios. Lo necesitamos para ayudarnos, para guiarnos; así como para darnos los recursos para poder hacer bien nuestro trabajo.

Yo (John), nunca olvidaré la noche en que nuestro hijo mayor, Ricky, tuvo un severo ataque de asma y tenía dificultad para respirar. Mi esposa Barbi y yo, sabíamos que teníamos que llevarlo a una sala de urgencias inmediatamente. Barbi se quedó con Benny, nuestro otro hijo, y yo me apresuré a asegurar a nuestro hijo Ricky, de tres años, a su asiento en la parte de atrás del auto, y llevarlo al hospital. Cada segundo de ese viaje de doce minutos, fue una pesadilla, porque no podía ver el rostro de mi hijo y observar si aún estaba respirando; por eso le decía a cada momento: "Ricky, si estás bien, di 'estoy bien, papá'".

Al recordar ese, tan eternamente largo viaje, lloro, pues no puedo olvidar lo aterrado que me encontraba con la idea de que pudiera perder a mi hijo. También recuerdo cuán desesperadamente oré a Dios para que conservara con salud y vida a Ricky. Esa noche, entendí verdaderamente lo que significaba depender de la ayuda de Dios.

Conforme vemos cómo Dios prepara un camino para enseñarnos la paternidad a través de las alegrías y los temores, nos enfocaremos en tres aspectos: el origen y el propósito de la paternidad, los puntos clave que usted necesita para enseñar a sus hijos, y algunos principios universales para manejar las dificultades. Comenzaremos donde todas las cosas buenas principian.

◆ El primero y último padre

La paternidad comienza con Dios, el Padre de todos nosotros. Él es el Autor y Consumador del proceso de la paternidad, el primero y último Padre. Él creó y dio origen a la raza humana. Él nos dio aliento de vida, nos llama hijos e hijas, nos protege, nos cría, nos disciplina y nos entrena. Él diseñó las cosas para poder ser siempre nuestro Padre, y nosotros sus hijos: "¿No tenemos todos un mismo Padre? ¿No nos ha creado un mismo Dios? ¿Por qué, pues, nos portamos deslealmente el uno contra el otro, profanando el pacto de nuestros padres?" (Malaquías 2:10).

Todo esto tiene un propósito: Dios nos guía como Padre, de tal manera que seamos transformados de niños a adultos. Él quiere que crezcamos en un mundo espiritual y personal; el término teológico que describe este proceso es "santificación", por medio del cual llegamos a ser adultos, no niños. Debemos crecer en nuestra salvación (1 Pedro 2:2).

Todo esto está relacionado profundamente con los padres humanos y sus hijos, porque Dios no solamente se erige a sí mismo, sino que nos usa para ayudar a completar sus propósitos. Él delega el trabajo a los padres. Nosotros los padres llevamos la carga de representar a Dios y sus caminos ante nuestros hijos. No obstante, Dios no espera que hagamos toda la tarea solos, sin su ayuda o guía. Su designio es que acudamos a Él para que nos proporcione los recursos necesarios para llevar a cabo las tareas de la paternidad; así que, si es usted padre, se encuentra parado en el lugar de Dios, representándolo ante su hijo, y dependiendo de Él para que le proporcione la guía para hacer esta labor.

Todo lo anterior fue para decir que la paternidad une las áreas espiritual y personal. El salmista dice: "Pero tú eres el que me sacó del vientre; el que me hizo estar confiado desde que estaba en los pechos de mi madre". (Salmos 22:9) ¡Qué cuadro tan tierno de los mundos espiritual y personal trabajando juntos! Como unos recién nacidos, están aprendiendo a confiar en la seguridad y el cuidado de la madre. A otro nivel, están aprendiendo a confiar también en el Padre Eterno, preparados para vivir una relación protegidos con Su seguridad y Su cuidado.

Cada vez que usted, como padre, ayuda a que sus hijos crezcan, de alguna manera los está preparando para el camino eterno con Dios mismo.

Esta es una orden superior, pero no se angustie, Dios tiene una forma para que los padres hagan bien su trabajo.

◆ De aquí para allá

Como ya lo mencionamos, el propósito de Dios es que sus hijos crezcan. Y esa es también la meta de los padres. Los buenos padres proveen un ambiente adecuado, el cual, a través del tiempo, prepara a los hijos para ingresar a un mundo adulto y para que puedan prosperar en él. Dios establece que nuestra meta es crear *adultos que funcionen independientemente,* que puedan cumplir sus tareas, deberes y responsabilidades en la vida por sí mismos, sin tener que ser dependientes de los recursos de los padres.

Los niños, por naturaleza propia, son dependientes, no pueden funcionar o sobrevivir por sí mismos. Si pudieran, no serían niños. Los niños no poseen la habilidad de manejar ni las exigencias, ni las necesidades ni los problemas. El trabajo de la paternidad es proveer de la vida amor, verdad, experiencia y otras cosas que puedan ayudar a que el niño desarrolle las habilidades que él o ella necesitarán para llegar a ser independientes de los padres. La Biblia describe el proceso de esta manera: "por tanto, dejará el hombre a su padre y a su madre, y se unirá a su mujer, y serán una sola carne" (Génesis 2:24). Ese es el último designio de Dios para la paternidad: proporcionar a los hijos todos los ingredientes necesarios que requieran para dejar su primer hogar y establecer el suyo propio.

Nadie antes dijo que ser padre sería fácil. Uno de los aspectos más difíciles de la paternidad es que el "trabajo" termina. La paternidad es un éxito cuando deja de ser paternidad.

Así que, cuando sus hijos ya no lo necesiten y estén funcionando por sí mismos, es tiempo de soltar la cuerda y cambiar los roles; en vez de ser el proveedor de los recursos que los hijos necesitan para sobrevivir, usted, confiadamente llega a ser un buen y cercano amigo de ellos. En otras palabras, el designio de Dios para usted como padre, es que se esfuerce por dejar el "trabajo" de la paternidad. Cuando sus hijos dejen su hogar, ya no deben ser dependientes de usted, ni emocional ni financieramente.

Como padres, necesitamos dejar ir a los hijos, y esto implica un reto. Verá, la paternidad es una relación de corazón; tenemos profundos sentimientos de amor hacia nuestros hijos. Mientras más tiempo y emoción invertimos en alguien, nos volvemos más cercanos a él; mientras más lo cuidamos, más queremos su amor y su presencia a cambio. Todas las otras clases de relaciones, tales como el matrimonio y la amistad, están diseñadas para crecer en el amor, sin que se vea un final.

Sin embargo, la paternidad es diferente, ya que su meta es la separación y la partida. Es la única excepción al Gran Designio de lo que es una relación. De hecho, la paternidad es la única relación que Dios diseñó, cuya meta es la terminación. Es el por qué, en un sentido, si usted es un buen padre, está programado para que se le rompa el corazón. Se pasa años amando, entrenando, negándose a sí mismo y sacrificándose por sus hijos, y, a cambio, ¡se alejan de usted! La Biblia refleja esta realidad en el pasaje de Génesis. El significado de la traducción en hebreo de la palabra "dejar", incluye la idea de "abandonar o desamparar."

Este es el costo de la paternidad. Abrazamos esta ruptura de corazón, y la tristeza, sabiendo que nuestros hijos se han clavado en nuestros corazones a través de los años. Es nuestro corazón el que les ha dado vida a sus propios corazones; sin embargo, es necesario que ellos tengan la fuerza de partir y de seguir a su verdadero Padre en los caminos que Él les ha preparado.

Algunos padres pasan un mal rato cuando sucede, ya que no quieren experimentar el dolor de que sus hijos los dejen, y es por eso que ellos, sin saberlo, se resisten a ayudar a que sus hijos crezcan, de tal manera que siempre sean dependientes y estén cerca de ellos. Algunos padres, incluso, culpan a sus hijos por dejarlos, provocándoles un sentimiento de culpa y un conflicto por dejar el nido.

Otros se separan emocionalmente para no sentir dolor, y le transmiten al hijo que él o ella los está lastimando al seguir el camino de Dios. Esperamos que usted pueda aceptar la realidad del destino y las metas de sus hijos, que sienta todo el amor y la tristeza que tiene, pero que ayude a que cada uno parta con éxito y con bien, con toda su ayuda y apoyo.

◆ Lo que su hijo necesita aprender

Ya ahora que entiende el gran cuadro de la paternidad, enfoquémonos en algunas de las lecciones que su hijo necesita aprender para madurar en la vida. Tenga en mente que su hijo necesita ayuda para aprender a lo largo de su niñez, desde la infancia hasta la adolescencia. La paternidad involucra fluir con él y tener una constante capacidad para tratar con todas estas áreas en todo momento. Para cumplirlo, necesita sabiduría, observación, oración y el apoyo de otros que lo puedan ayudar.

1. Amar y relacionarse con otros. La habilidad más importante y fundamental que su hijo necesita de su ayuda para aprender, es en cómo relacionarse con otros. Dios nos diseñó para traer un enlace emocional, un lazo, con Él y con otras personas, tal y como lo vemos en Salmos 22:9: "Pero tú eres el que me sacó del vientre; el que me hizo estar confiado desde que estaba a los pechos de mi madre".

Está relación se lleva a cabo de tres formas diferentes. La primera consiste en la tarea de conocernos exteriormente a nosotros mismos para saber cuáles son nuestras necesidades. Esto significa tomar la iniciativa de salir de nuestro aislamiento, sobreponernos a la pena que sentimos al relacionarnos, y tratar de no lastimar ni herir a alguien por algo que hacemos o decimos. Segundo: Una relación requiere de que aprendamos a recibir, a aceptar y a tomar de nuestro interior, lo que necesitamos de otros; cosas como amor, consuelo, confort, gracia o estímulo. Tercero, involucra el tener que usar lo que hemos recibido de forma tal, que nos ayude a sobrevivir y a crecer.

Al poner las tres juntas, veamos cómo se relacionan los bebés y lo que pasa conforme el niño va madurando y se convierte en adolescente. Como una muestra de este ejemplo, digamos que el bebé es una niña: cuando la bebé se siente sola, llora y se agita para de mostrarle a su mamá que necesita amor y atención. La mamá responde cargándola y sosteniéndola en sus brazos. La bebé comienza a tranquilizarse, calmándose poco a poco. Algunas veces, sus ojos "absorben" a su mamá. La bebé ha recibido lo que su mamá le ha ofrecido, Después de un rato, la bebé se agitará, se inquietará nuevamente, indicando que ya ha usado el "combustible" de amor que mamá proveyó, y está lista para empezar a gatear alrededor; o simplemente puede irse a dormir, haciendo uso del amor que interiormente la calmó, lo suficiente como para ir a descansar. De cualquier manera, la bebé ha utilizado la relación con su madre para obtener lo que ella necesitaba.

Cuando la bebé se convierte en adolescente, pasa por el mismo proceso, solo que de diferente manera. Por ejemplo, digamos que tiene un problema con su novio. Si sus otras relaciones funcionan bien, va con varias personas en busca de cariño y de relación, incluyendo a sus padres, a sus compañeros, o algún adulto en el que confíe, como un consejero juvenil. Los llama por teléfono, pregunta, habla, y es cuando recibe consejo y consuelo de otros que la ayudan. Después, como flota en el amor, la ayuda y resuelve su problema con el novio.

Los padres enseñamos a nuestros hijos cómo relacionarse o conectarse emocionalmente con los demás, cuando los ayudamos a experimentar por sí mismos, si alcanzan el amor, cosas buenas suceden. Los hijos también necesitan saber que, les suceda lo que les suceda, lo principal son las relaciones. Ayudarlos a entender la importancia de las relaciones, significa simplemente "estar ahí". Dios diseñó a sus hijos para que lo necesiten. No solamente lo necesitan para que los provea de protección, comida y ropa, sino también para que usted llene el vacío de una relación en sus corazones. Así que, cuando usted se encuentra presente, y es responsable de ellos emocionalmente, los está ayudando a que desarrollen su habilidad para conectarse o vincularse con otros en una relación. Su pequeño hijo levanta sus brazos y usted está ahí. Su hija en edad escolar, le platica interminablemente cómo fue su día en la escuela, usted escucha y contesta. Su hijo adolescente está luchando con su imagen y usted concuerda con él.

Para que sus hijos puedan aprender cómo alcanzar a otros por el resto de sus vidas, necesitan muchas, muchas experiencias de recibir su amor y su apoyo. Deben interiorizar estas experiencias positivas y después usarlas para sobrevivir y crecer. Numerosos estudios muestran que la gente que ha recibido dosis constantes de sano amor, viven más y tienen mejor vida que aquellos que han sido privados de éste. Cuando se han interiorizado en un amor sano, lo han hecho parte de su alma y después lo han volcado en algo, pueden llevarlo por el resto de sus vidas, ya sea para auto consolarse o para sentirse valiosos en tiempos de soledad, de estrés o de conflicto.

No obstante, si sus hijos se van a relacionar con otros a través de la vida, necesitan más que su amor interno. También necesitan la ayuda de usted para convertirse en expertos en la tarea de encontrar relaciones donde puedan recibir y darse emocionalmente a otros. En otras palabras, no les permita depender solamente de usted, amplíeles el mundo, incluya en su educación la relación con otras familias que son seguras. Unos amigos míos lo hicieron, y sus hijos mayores ahora pueden hacer amigos con cualquiera y todos los aman. Aman a sus padres, pero también están en el mundo, conociendo gente y yendo a distintos lugares. Cuando le pregunté a su mamá cómo había sucedido esto, ella me dijo: "Los llevaba a todas partes y los forzaba a que conocieran a todo tipo de gente." Desde que eran pequeños, ella los había expuesto con otros niños, enseñándoles, con sus propias experiencias, que la gente, además de mamá, podía ser divertida, cariñosa y servicial.

Finalmente, conforme sus hijos van madurando, necesita aprender que es más bendición dar que recibir (Hechos 20:35). El amor altruista y desinteresado, que es la forma más elevada del contacto emocional, regresa lo que ha recibido. Dios nos ama con esta clase de amor. Cuando ayudamos a nuestros hijos a que sean agradecidos por el amor que han recibido, a tomar esta responsabilidad y a aprender a dar a otros con generosidad, estarán en disposición de amar a Dios, así como a otros, de forma desinteresada. Es el mejor camino a seguir.

2. Echar al hombro las cargas de la vida. Tengo unos amigos cuyos hijos adolescentes se relacionan muy bien, se cuidan entre ellos y les gusta divertirse, pero no saben dónde está la lavadora de trastes, o cómo recoger la comida de la mesa, ya que mis amigos lo hace por ellos y no los obligan a que aprendan esa clase de tareas. Así que, mientras son gente adorable, estos niños viven con una falta de autocontrol y de responsabilidad.

El amor necesita estructura y forma. Tal y como el corazón necesita un esqueleto; el amor requiere de otro ingrediente; necesita apropiarse de la habilidad de tomar sobre nuestros propios hombros, las responsabilidades, las cargas y los problemas de la vida, "porque cada uno llevará su propia carga" (Gálatas 6:5).

Nos puede parecer raro el pensar que un niño, especialmente uno pequeño, aprenda sobre el apropiarse de la responsabilidad. Los niños, ciertamente son demasiado jóvenes, inexpertos y frágiles para tomar toda la responsabilidad de su vida. No obstante, pueden aprender a hacerlo gradualmente. Poco a poco, conforme sus hijos van madurando, puede pedirles que tengan más y más responsabilidad, de tal manera que, para cuando estén listos para dejar el hogar, ellos, no usted, estarán apropiándose de su comportamiento, de su vida, de sus metas y hasta de sus problemas. El joven adulto que ha aprendido cómo llevar a cuestas las cargas de la vida, está listo para asumir las responsabilidades que se presentan con la carrera y el matrimonio.

Los niños empiezan a tomar posesión aun desde pequeños. Los bebés aprenden cómo emitir señales a su mamá cuando se sienten solos, una experiencia que forma el enlace entre sus vínculos afectivos y el sentido de poseer. Las mamás necesitan esas señales de llanto, sollozo, estremecimiento, para saber cómo atender las necesidades de sus bebés. Ellas saben cuál llanto es por hambre, cuál para cargarlos o para cambiar pañales. En cierta forma, para aprender los lazos de retroalimentación, los niños aprenden a hacer señales a sus madres para pedir lo que necesitan, y, una vez que se sienten satisfechos con los resultados. Los niños experimentan que como "poseen" sus propias señales, pueden tener control de cómo sus necesidades son satisfechas. A través de la prueba y el error, pueden aprender cómo tratar a sus amigos, y tomar la responsabilidad de su comportamiento y actitudes. Los niños en edad escolar, ya pueden ser responsables de tener la tarea hecha, cumplir con sus labores y, de profundizar en sus amistades. Los adolescentes pueden comenzar a tomar posesión de sus intereses externos, de sus valores espirituales, su sexualidad y sus sueños profesionales.

Los padres necesitan transmitirles intencionalmente el sentido de apropiarse de. Mientras sus hijos tengan todo al alcance por la relación que tienen con usted, estarán muy contentos de dejar que usted lleve a cuestas la carga de responsabilizarse por ellos, resolviéndoles sus problemas, y enfrentando las consecuencias de sus acciones. El niño que está separado de su mamá en el supermercado, la buscará frenéticamente, pero, ¿cuántos adolescentes se ofrecen para pagar la cuenta cuando van a comer fuera con mamá y papá? No muchos, ¿verdad? Sin embargo, usted puede enseñar a sus hijos a que se apropien de sus vidas. La Biblia se refiere a esto como un proceso de entrenamiento: "Instruye al niño en su camino, y aún cuando fuere viejo no se apartará de él" (Proverbios 22:6).

Para entrenar exitosamente a sus hijos para que se hagan responsables, necesita darles cuatro cosas: amor, reglas, elecciones y consecuencias. Necesitan de su amor y su cuidado para que sean capaces de tolerar el dolor de aprender la responsabilidad. Necesitan reglas, reglas de la casa, reglas de conducta y reglas sociales, de tal manera que sepan lo que está bien y lo que está mal. Necesitan de libertad para que ellos mismos elijan si obedecen o desobedecen sus reglas. Y necesitan consecuencias para aprender que sus elecciones tienen un efecto en sus vidas.

Esta es una pequeña historia acerca de algo pequeño, pero sirve para ilustrar este punto. Mi esposa y yo pensamos que la gente debe de decir "por favor" cuando piden algo, y nosotros entrenamos a nuestros hijos a hacerlo así. Primero nos aseguramos de que supieran que los amamos y de que estábamos de su lado. Segundo, les dijimos que queríamos que dijeran "por favor" porque así demostraban cuidado y respeto por la otra persona. También les dijimos que si no lo decían, no importa lo que pidieran, no estaría disponible por cierto tiempo, un minuto o unos cuantos minutos, ya fuera una hamburguesa o el teléfono. Tercero, les dimos la libertad de no decir "por favor", no los regañábamos. Cuarto, cuando olvidaban la palabra, no obtenían lo que deseaban, hasta que se venciera el período de tiempo, incluso cuando después dijeran "por favor" veinte veces. Hicimos lo mejor que pudimos para ser consistentes, y ahora nuestros hijos rara vez olvidan decir "por favor".

Y recuerde que, al ayudar a sus hijos a aprender cómo ser responsables, lo importante no es solo escuchar nuestras instrucciones, sino también experimentar las consecuencias de no atender a las instrucciones.

3. Adaptarse a la realidad. La tercera habilidad importante a desarrollar en su hijo es cómo vivir en un lugar llamado realidad. La realidad es el mundo como verdaderamente es; es lo que existe, lo que existe y está aquí. Mientras mejor lo aprendan sus hijos, mejor equipados estarán para enfrentarse con la vida cuando sean adultos.

Al principio, antes de que Adán y Eva fallaran, la realidad no tenía culpas ni huellas, todo era perfecto. No había pecados, dolores o heridas. Las cosas han cambiado claramente. Vivimos en un mundo donde la gente se hiere mutuamente, fallan, y sufren de imperfecciones y pérdidas, y este mundo es la realidad en la cual nacieron sus hijos. Los niños no pueden manejar las exigencias de la realidad, ya que son por naturaleza perfeccionistas e idealistas. Muchos niños desean ser perfectos y, a menos que sus padres les enseñen con el ejemplo que es normal fallar y que todos cometen errores, ellos se castigan a sí mismos severamente cuando se equivocan; o simplemente se rinden, renuentes a arriesgarse a fallar de nuevo. Los hijos pueden también esperar la perfección de usted, de sus amigos, de Dios, o del mundo, y cuando otros les fallan o los decepcionan o los lastiman, se pueden enojar o volverse discutidores, protestando porque las cosas no son justas. Algunos niños aprenden responsabilizar sus actos a factores externos, o a culpar de todas las cosas malas a la gente que los rodea, para no tener que tratar con la realidad de sus propias limitaciones.

Le apuesto a que usted conoce a algunos adultos que responden al fracaso y a la decepción así. No solo son desdichados, sino que también hacen desdichados a lo que los rodean. Como padre, usted juega un rol importante al asegurarse de que su hijo no llegue a ser un adulto infeliz.

Dios nos ha provisto una forma para resolver el conflicto de vivir en un mundo caído. Su solución es: sentir luto, perdón, y aceptación. Si puede ayudar a sus hijos a que aprendan a llorar una pérdida, a perdonar y a aceptar, serán capaces de adaptarse a todo lo que pudiese venir en su camino por la vida. En pocas palabras, esto es lo que cada una de ellas significa:

- *Luto* es una emoción de tristeza. Si los hijos aprenden a sentir la pérdida y el valor de algo que quieren pero que no pueden tener, finalmente sus emociones procesarán la pérdida y podrán seguir adelante.
- *Perdón* es un término legal que significa cancelar una deuda. Significa dejar de ejercer nuestro derecho de castigar a otro. Cuando recibimos perdón, estamos recibiendo la libertad de nuestras propias deudas. Cuando los niños experimentan el perdón, aprenden a ser libres de la condenación y también aprenden a renunciar a la venganza por amor.
- *Aceptación* es la habilidad de tratar con la realidad, tanto en el corazón como en la mente. Cuando aceptamos las cosas como son, dejamos de pelear por lo que no puede ser y llegamos a estar conformes con lo que es. Los hijos que aprenden a aceptar la vida, aprenden a vivir dentro de sus parámetros, en vez de luchar por ser alguien quien no son o exigir que alguien sea lo que no es.

Recientemente, mi esposa y yo decidimos hacer que cortaran un gran árbol que había en nuestro patio trasero, era demasiado grande, pero las raíces estaban arruinando el patio. En la mañana en que los hombres vinieron a hacer el trabajo, despertamos a nuestros hijos temprano para que observaran a las personas que usarían las sierras de cadena para cortar el árbol. Para nuestra sorpresa, uno de nuestros hijos estaba horrorizado. Él amaba ese árbol, pues había estado ahí durante toda su vida, y le recordaba muchos momentos felices. Se enojó y se sintió herido y molesto por el hecho de perderlo. Para él, mamá y papá eran malos por cortar el árbol. Nos dijo: "Ni siquiera me preguntaron lo que pensaba acerca de cortar el árbol." Él había pensado que nunca se desharía de él. Hablamos de este problema en varias ocasiones durante los siguientes días. Conforme le hablábamos, iban llegando sentimientos de empatía, comprensión y de aceptación de la realidad.

Le preguntábamos:

—¿Cómo te va con el asunto del árbol?

Y él nos contestaba:

—Aún estoy enojado con ustedes dos.

Nosotros le decíamos:

—Entendemos, debe ser realmente difícil tener un gran árbol y de repente perderlo así. Debes estar realmente enojado por eso, y probablemente extrañas mucho el árbol.

Gradualmente, llegó a estar triste en lugar de estar enojado. Se dio cuenta de que mamá y papá no necesitaban el perdón (al menos en este asunto), y aceptó la pérdida del árbol. Finalmente, comenzó a divertirse en el espacio extra que ahora había en el patio.

Es necesario que usted haga de la aceptación de la realidad una parte de la paternidad. Conforme lo haga, capacitará a sus hijos a tratar con las realidades de hoy, para ser libres de llegar a ser mejores personas mañana.

◆ ¿Qué debo hacer si...?

Como todo padre sabe, a veces, los problemas pueden ser sinónimo de paternidad. Aun y cuando usted esté aplicando los principios de este capítulo, sus hijos pueden tener dificultades, o pueden causar alguna dificultad, y no está seguro de cómo dirigirlos.

Debemos agradecer que usted esté ahí para ayudar a sus hijos a través de esta situación. Es mucho mejor para los hijos experimentar estos retos con usted que por sí mismos o con gente que no tiene interés de ayudarlos. ¿Qué mejor lugar para desplegar la rebelión, las equivocaciones, el egoísmo y el ser impulsivo que el hogar? En ocasiones como estas, los hijos necesitan mucho amor, seguridad, estructura, sabiduría y paciencia. Dios le ha dado a usted la autoridad y los recursos para ayudar a sus hijos a crecer y a resolver los problemas.

Desde el día en que nace un hijo, hasta el día en que él o ella deja el hogar, pueden presentarse un número de diferentes problemas: desobediencia, comportamiento fuera de control, malas actitudes, peleas entre amigos, problemas en la escuela, bajo rendimiento, flojera, poca motivación, depresión, actividad sexual, y ser abusivos, por nombrar unos cuantos. Incluso, si tuviera espacio en este capítulo para tratar todos esto problemas, estaríamos omitiendo mucho más. Es sabio aprender lo más que pueda acerca de los problemas específicos de su hijo, pero hemos descubierto que hay varios principios universales que pueden ayudarlo a tratar con muchos de los problemas que los hijos enfrentan. De hecho, al mismo tiempo que usted entiende y aplica estos principios, puede resolver varios problemas específicos. Por ejemplo, considere a un niño que no puede sentarse derecho, que es demasiado parlanchín en la escuela y es agresivo. En muchos casos estos tres problemas se resolverán si él comienza a experimentar las consecuencias apropiadas. El experimentar las consecuencias lo motivará a desarrollar gradualmente el autocontrol y la auto-represión.

He aquí algunos principios que lo ayudarán a ser el padre que su hijo necesita que usted sea.

1. Oriéntese hacia el futuro. Cuando su hijo lo desobedece o tiene problemas en alguna área, puede llegar a convertirse en una crisis, pequeña o tan grande que haga pedazos su hogar y que le robe el sueño. Cuando eso sucede, es fácil deslizarse hacia la mentalidad de que la crisis está por resolverse.

Mientras que resolver el conflicto es ciertamente importante, tanto más en situaciones peligrosas o que amenacen la vida, no es el cuadro completo El cómo maneje usted el asunto carga una buena parte del peso de su principal objetivo como padre, el cual es, como establecimos al principio del capítulo, producir un adulto independiente y funcional. Pregúntese a sí mismo:¿Qué puedo hacer con este problema que pueda ayudar a formar a una mejor persona en unos cuantos años? Esta perspectiva también lo ayudará a dejar de hacer algo que es totalmente inútil para resolver solo los síntomas y no el problema. Cuando simplemente resolvemos los síntomas externos, podemos asegurarnos de que el problema interno se manifestará por sí mismo nuevamente de la misma o de otra forma.

Por ejemplo, unos amigos míos tenían una hija adolescente, quien era reservada y le gustaba quedarse en casa. Convivía muy bien con sus amigos cuando estaba con ellos en la escuela, pero no tomaba la iniciativa de llamarlos o visitarlos, se quedaba en casa, leyendo o platicando con mamá y papá. Era una chica linda en muchos otros aspectos: amistosa, obediente, responsable y tenía una vida espiritual saludable. A sus padres les gustaba que estuviera con ellos, tanto que estaban tentados a no empujarla a que saliera más con sus amigos. Cuando finalmente lo hicieron, ella se molestó y estuvo varios días hosca y resentida. No obstante, ellos creían, y yo estoy de acuerdo, en que, si ella no hubiera aprendido como se le tendió la mano mientras se encontraba en casa, se hubiera retardado en su habilidad para relacionarse posteriormente (más tarde) con el mundo exterior. Así que insistieron en que les llamara y se reuniera con sus amigos. Esto para nada era, divertido para sus padres, ya que cada vez que hacían que ella por fin lo hiciera, la amorosa y complaciente hija se enojaba y se separaba de ellos. No obstante, con la mente orientada hacia el futuro, continuaron con su labor. Poco a poco, su hija, por sí misma, comenzó a interesarse en sus amigos y empezó a tomar la iniciativa ella misma completamente. Hoy en día ella lo está haciendo bien, sin embargo, ha permitido que papá y mamá hayan cedido el futuro por un presente más pacífico, y dudo que ese haya sido el caso.

2. Distinguir entre no poder y no querer. Si su hijo está experimentando dificultad con algo, le ayudará a distinguir si eso sucede porque su hijo no puede o porque no quiere. Digamos que su hijo, estudiante de primaria, se está desempeñando pobremente en la escuela. ¿Es porque carece de la habilidad, o porque no pone atención, o porque no hace la tarea, o porque algo más está sucediendo? Algunas veces somos débiles y necesitamos apoyo (Hebreos 12:12); y otras, veces somos testarudos y tontos (Proverbios 22:15). Como padre, usted necesita conocer la diferencia.

Cuando los niños no tienen la capacidad de hacer algo, todo el ánimo y la disciplina del mundo no dará resultados. En lugar de eso, ellos necesitan que usted trabaje con ellos en desarrollar las habilidades que carecen. Por ejemplo, posiblemente usted se dé cuenta de que su hijo está luchando con la escuela porque está deprimido. Él necesita ver a un especialista en niños o alguien que esté bien entrenado para tratar la depresión en adolescentes. Hasta que la depresión no se solucione, es poco probable que su desempeño en la escuela mejore; de hecho, otras cosas pueden estar siendo afectadas negativamente de igual forma.

Sin embargo, la rebeldía y la necedad también corren en el corazón del muchacho. Todos nacemos con el deseo de ser Dios. Como padre usted desea que su hijo descienda de l trono y tome su lugar con el resto de la humanidad, donde estamos diseñados a estar. Regresemos a nuestro ejemplo Digamos que usted habla con los maestros de su hijo y se entera de que pocas veces entrega sus tareas y no ha presentado un examen que no hizo por haber faltado a clases ese día por enfermedad. Usted se da cuenta de que su hijo se esta resistiendo al dominio propio y a la diligencia que requiere para desempeñarse. Él necesita que usted se acerque a él con amor, confrontación, instrucción y consecuencias. Usted puede decir: "Bobby, necesito hablar contigo acerca de tus problemas con las tareas. Estoy de tu lado, y no quiero castigarte por esto; sin embargo, estoy preocupada y necesitamos hacer algo para que lleves a cabo las cosas. Así que mamá y yo estamos pensando en hacer un trato contigo en el que no puedes jugar con amigos, ver la televisión, usar la computadora o hacer ninguna otra cosa sino estudiar. Una vez que nos muestres que has terminado tu trabajo puedes tener tiempo libre. También, necesitamos ver mejores notas, nada menos que "A" o "B" en tus informes de notas [si esa es su capacidad como estudiante]. Si no trabajas o no mejoras tus notas, te vamos a sacar del equipo de béisbol hasta que llegue el siguiente informe. Espero que esto te sirva, y nosotros te vamos a ayudar de todas las formas que podamos".

Para aplicar este principio, usted necesita conocer a su hijo. Una manera para determinar la diferencia es observar los patrones. ¿Su hijo tiene un historial de intentos de buen corazón para obedecer y tomar responsabilidades y el problema de conducta es una excepción? ¿O su hijo demuestra resistencia y rebeldía en muchas áreas de su vida? Utilice la sabiduría, la dirección de Dios y el consejo de otros para ayudar en esta situación.

3. Mantenga el amor y los límites unidos. Un factor de mucha importancia para resolver problemas con niños tiene que ver con nuestra propia influencia como padres. Recuerde que usted es el representante de Dios para su hijo, no para ser perfecto, pero sí para hacer un trabajo lo suficientemente bueno para darle a su hijo lo que ella necesita para crecer. Una de las mejores cosas que usted puede hacer como padre es mantener el amor y los límites unidos, lo que podríamos llamar integración. Así como Dios es al mismo tiempo amoroso y santo (Salmos 86:15), los padres necesitan estar conectados emocionalmente y ser estrictos al mismo tiempo. Este tipo de ambiente en el hogar ayuda a que los niños se sientan lo suficientemente seguros como para poder experimentar sus emociones, ver sus debilidades, confesar sus faltas, decir la verdad, recibir las consecuencias y el amor, y crecer.

Puede ser útil para usted que vigile su propio desempeño en esta área. Usted puede estar profundamente conectado con su hijo, pero tener problemas con las fronteras y los límites. O usted puede luchar con poder tolerar el odio y la ira de su hijo contra las reglas. Si es así, usted puede querer poner atención a su propia falta de estructura o a su temor de tratar con emociones negativas. Si usted descubre cualquiera de ambas, es una señal de que usted necesita crecer y obtener ayuda en esas áreas, posiblemente a través de un estudio sano o un grupo de crecimiento en la iglesia. Otros padres pueden hacer un buen trabajo al proveer límites y estructura pero tener dificultades en ser amoroso y compasivo. Posiblemente necesiten ver si las conexiones o las dependencias emocionales les causan ansiedad, y tratar con eso. Por ejemplo, tengo un amigo quien, mientras era responsable y disciplinado, le era difícil tener cercanía emocional con los demás. Él no podía identificar el problema claramente hasta que notó que sus hijos recurrían a mamá y no a él, porque no sentían ningún tipo de calor de su parte. Despertó a esa realidad, y se involucró con un grupo de crecimiento en su iglesia. Comenzó a observar sus temores a la cercanía y trabajó en abrir su corazón y sus vulnerabilidades con otros. Comenzó a crecer en esta área, y sus hijos comenzaron a recurrir a él también. Algunas veces los padres están divididos entre sí. Uno es el "amoroso" y el otro es el "estricto". Esto puede causar problemas en su relación entre ellos y con sus hijos. Los niños experimentarán dos mundos: el mundo del permiso y el de la condenación. Ninguno de los dos logra formar un adulto saludable. Sin embargo, si ambos padres doblan sus rodillas ante Dios andan en Sus caminos y se someten a las fuerzas uno del otro, ambos llegarán a ser amorosos y santos, y el hijo será quien coseche los beneficios.

◆ **Usted no está solo**

En conclusión, sepa que usted no tiene que hacer todo esto solo; porque no está solo. Dios siempre está presente con usted. Él le ha dado su Espíritu y su Palabra. Él siempre dirige a los padres que se encuentran hasta el límite de sus fuerzas, y no solamente hacia él, sino también hacia su gente. Acuda a Dios y a Sus recursos; permítale que le enseñe cómo ser padre de la misma manera en que Él lo hace con sus hijos.

14

EL MIEDO Y LA ANSIEDAD

"No se preocupe, estará bien, no hay nada que temer, ¡solo hágalo! Ya sabe qué hacer." Dijo mi instructor con mucha confianza.

Por alguna razón, su intento de calmarme no me ayudó mucho. Sentía un malestar en el estómago que se extendía con rapidez por el resto de mi cuerpo. Recuerdo haber pensado que me alegraba el hecho de que él era un instructor de paracaidismo y no un psicólogo especializado en el miedo, porque su prescripción no fue muy útil, así que le hubieran revocado su licencia.

En ese momento, estaba a punto de subir a un avión que ascendería a 3800 metros desde donde haría un salto, solo, teniendo que jalar mi propio cordón en una caída libre de 2250 metros. Cuando el instructor dijo que yo ya sabía qué hacer, se refería al pequeño curso que tomé esa mañana en las instalaciones, el cual consistía en enseñarnos cómo contar, cómo halar el cordón y cómo soltar el paracaídas en caso de que se enredara, se rompiera o no se abriera por alguna razón. También estudiamos un video de una hora en el cual un abogado citaba la jurisprudencia y razones contractuales por las cuales la compañía no era responsable de nuestras muertes, ya que nosotros (las personas de la clase) habíamos firmado voluntariamente para morir. Lo que yo sí sabía hacer, era estar preparado para esperar que sucedieran cosas malas cuando saltara del avión.

Al ascender, me sorprendió lo alto que nos encontrábamos. A los 750 metros, un quinto de la altitud que debíamos alcanzar, el instructor nos dijo que miráramos por la ventana para ver el área de aterrizaje. Cuando lo hice, cualquier parte de mi ser que no tuviera miedo se unió al resto, estábamos tan alto que no podía creer que aún hubiera más aire por encima de nosotros; debajo, la tierra parecía un mosaico, ¿qué estaba haciendo?

Cuando llegamos a los 3800 metros, miré hacia fuera y no pude reconocer nada en el suelo, todo parecía un océano de color. Hice una oración, me coloqué en manos de Dios, estuve seguro que de todas formas iba a morir y caminé hacia la puerta. Antes de poder llegar, otro instructor llegó a la puerta y se lanzó. Y desapareció, se esfumó. No podía creer que yo estaba a punto de hacer lo mismo.

No tenía más remedio, así que miré por la puerta y tomé la decisión de salir, mirando fijamente a mi instructor, olvidé todo lo que podía salir mal, conté hasta tres y salté.

Lo primero de lo cual estuve consciente fue de la fuerza del viento. A una velocidad de descenso de 192 kilómetros por hora, el viento es tan fuerte y tan estridente que atrapa la atención. Ni siquiera tuve la sensación de caer, simplemente intentaba volar. Los instructores me enseñaron que perder el ángulo con uno de los brazos, piernas, torso o cabeza puede provocar un giro y la pérdida del control, quedando atrapado en un montón de cables y cuerdas con un paracaídas convertido en una manta, así que solo intentaba volar. Luego, después de descender 2,200 metros, tiré del cordón.

Inmediatamente, sentí algo de movimiento y después una sacudida, miré hacia arriba para ver el desastre enredado que debía parecer mi paracaídas, me alisté para soltarlo e intentar abrir el de reserva; en cambio, ocurrió un milagro, el paracaídas se veía perfecto, como en una fotografía; no podía creerlo, quizá viviría.

Entonces, ajusté el paracaídas, tomé las cuerdas de dirección y comencé a mirar alrededor. Me encontraba flotando en el silencio más sorprendente que jamás he experimentado, podía ver montañas, lagos y el cielo. Nunca había sentido, fuera de una experiencia espiritual, la combinación de libertad, entrega y serenidad que tuve en ese momento. No quería que terminara, me sentí como debe sentirse un ave, elevándome en el viento, disfrutando la creación de Dios sin ninguna preocupación en el mundo. Ni siquiera tenía miedo del aterrizaje, de los cables eléctricos, de los árboles, de romperme una pierna, ni de ninguna de las demás cosas que nos advirtieron los instructores. Sabía que todo estaba bien. Simplemente descendía flotando; agradecí a Dios por su creación y disfruté cada minuto de ello. El paseo hasta abajo duró cerca de siete u ocho minutos, ¡y estaba listo para hacerlo de nuevo! Si no hubiera enfrentado mi miedo, no habría tenido esa increíble experiencia, que me enseñó que puedo hacer algo a lo cual tenía miedo. Aprendí que podemos atravesar entre el miedo y llegar hasta el otro lado y encontrar más de la vida. Esta experiencia también me recordó que solo decirle a la gente "no tengas miedo, estarás bien" no hace que el miedo se vaya. Hasta no afrontar las causas del miedo, éste permanecerá.

Por desgracia, el miedo es inevitable, todos tendremos que enfrentarnos a él; pero felizmente, Dios sabe más de lo que sabía mi instructor. Él creó nuestra mente, alma y espíritu. Él sabe por qué tememos y cómo librarnos del temor; más aún, también conoce el futuro. Cuando dice: "No se turbe vuestro corazón" (Juan 14:1) o "No temáis" (Mateo 10:31), Él sabe en realidad que el paracaídas se abrirá y que Él lo ayudará a superar las dificultades. Usted puede confiar en Él.

A continuación, veamos algunas de las causas del miedo y los recursos que Dios nos ha dado para abrirnos un camino a través de él. Aunque no lo crea, sin importar lo temeroso que se sienta en este momento, cuando menos lo sospeche podría encontrarse flotando por encima de todo, disfrutando de la vista desde un nuevo lugar, después de que Dios abra un camino.

◆ La alarma que suena

El miedo es nuestra respuesta emocional al peligro, nos advierte que algo peligroso ocurre o está a punto de ocurrir, y cuando esa señal se activa, todo nuestro organismo llama a sus recursos. Nuestra presión sanguínea se eleva, sudamos y hasta podemos sentirnos adormecidos, el corazón comienza a palpitar, sentimos un nudo en el estómago y los músculos se encogen o se tensan.

Nuestra mente y nuestras emociones siguen al cuerpo. En ocasiones, comenzamos a pensar de forma irracional, pensamos en todo lo que puede resultar mal y los experimentamos como si hubiera sucedido; nos obsesionamos, nos preocupamos, más nos damos cuenta de que no podemos salir del miedo con solo pensar; de hecho, si el miedo es lo suficientemente fuerte, nuestra habilidad de pensar puede verse impedida; podemos tener una sensación de pánico, aprensión o ansiedad; el pensamiento de "y si…" puede crear oleadas de terror que nos recorren como un tornado:

> Escucha, oh Dios, mi oración, y no te escondas de mi súplica. Está atento, y respóndeme; clamo en mi oración, y me conmuevo, a causa de la voz del enemigo, por la opresión del impío; porque sobre mí echaron iniquidad, y con furor me persiguen. Mi corazón está dolorido dentro de mí, y terrores de muerte sobre mí han caído. Temor y temblor vinieron sobre mí, y terror me ha cubierto. Y dije: ¡Quién me diese alas como de paloma! Volaría yo, y descansaría. Ciertamente huiría lejos; moraría en el desierto.
>
> Salmos 55:1-7

¿Le suena familiar? Si así es, significa que usted es humano. Dios nos creó de una manera que nos permite responder al miedo cuando éste se presenta. Desde luego, cuando nos debilita, el miedo no es útil; sin embargo, eso no debía ser así. Dios creó el miedo como algo bueno, *el miedo es bueno cuando nos motiva a alejarnos del peligro o a disipar la fuente del mismo.* Por ejemplo, si usted se encontrara en el medio oeste de los Estados Unidos y al mirar por la ventana viera una nube en forma de embudo que se dirige hacia usted, no diría "Oh, que interesante". Esa no sería una reacción cuerda. Una reacción cuerda sería temer que si no llega al sótano muy pronto, morirá. El miedo nos motiva a alejarnos del peligro.

En general, el miedo es bueno, existe por una razón: para alertarnos del peligro. Sin embargo, también puede ser un problema.

◆ ¿Cuándo es malo el miedo?

Aunque el miedo puede salvar nuestras vidas y hasta mejorar nuestro desempeño en la dosis adecuada, también puede hacer exactamente lo opuesto de lo que se supone que debería hacer. En vez de hacernos funcionar mejor, puede evitar que funcionemos en lo absoluto, puede costarnos la vida si entramos en pánico durante una situación peligrosa y no podemos pensar o tomar decisiones. *El miedo puede mantenernos atados a vivir cada vez menos, el precio es la vida que no vivimos por causa de él.* Por ejemplo, un hombre con miedo al rechazo pierde una vida de amor porque no puede arriesgarse a las relaciones. Una mujer que tema fallar pierde una vida de logros al no poner en práctica una habilidad o talento.

El miedo puede volverse un problema tanto como una solución. La clave es que entendamos la diferencia entre nuestros miedos saludables, los que nos resguardan del peligro y nuestros miedos poco saludables, los cuales evitan que experimentemos mucho de lo que Dios tiene para nosotros.

Veamos algunas situaciones en las cuales el miedo nos es un obstáculo para nosotros.

1. Algo malo ocurre en realidad, pero el miedo es abrumador. Digamos que se encuentra en medio de algo que en verdad es atemorizador; sus recursos internos están sobrecargados, lo cual lo coloca en un estado de miedo constante. El ejemplo más reciente al respecto es lo que ocurrió el 11 de septiembre del 2001. Cuando un grupo terrorista atacó con éxito el World Trade Center y el pentágono, todos sintieron miedo. Por primera vez en nuestra historia, los estadounidenses no estábamos seguros en nuestra propia tierra. Las personas no sabían si era seguro subir a un avión o abrir una carta, la vida en sí se convirtió en un riesgo.

Si usted sintió tanto miedo que le fue difícil funcionar, entonces no estuvo solo. Muchas personas tuvieron problemas para seguir con sus vidas cotidianas, no eran capaces de hacerlo porque todo lo que ocurría exigía demasiado de sus recursos tanto internos como externos. Todos somos diferentes en nuestra habilidad para superar las malas experiencias. Las personas que cuidan y se relacionan mucho con otras personas, que tienen una vida muy organizada, un sistema de apoyo y un buen adiestramiento en resistencia son capaces de adaptarse mejor que quienes no lo tienen.

Si los eventos reales parecen afectarle más que a otras personas, los principios de este libro pueden ayudarle a aprender cómo reforzar sus recursos internos y externos. Al final de este capítulo ofreceremos algunas sugerencias para hacerlo.

2. Se siente solo en el universo, sin Dios. Fuimos hechos para vivir en esta tierra con un Padre Celestial que se preocupa por nosotros, nos ama y promete guiarnos, estar con nosotros y mostrarnos lo que necesitamos saber. Algunas personas no conocen a su Padre Celestial, o no saben que Él está dispuesto para ellos todos los días y que sus vidas están en Sus manos.

Si usted se siente solo —sin Dios— en el universo, la vida y el futuro pueden parecer abrumadores, pues no estamos hechos para vivir por nosotros mismos, la vida es demasiado grande. Usted no fue diseñado para vivir sin ayuda, dirección y provisión. Dios anhela dárselo.

3. Usted se siente solo, apartado de las personas. El amor y la unión nos hacen sentir seguros. Dios nos hizo para que permitiéramos a otras personas entrar en nuestro corazón y permitirles "vivir dentro" de nosotros. Cuando sabemos que los demás nos aman y nos sentimos vinculados profundamente con ellos en nuestras almas, nos sentimos seguros. Todos los eventos de la vida, todo lo que experimentamos, se filtra a través del amor que hemos retenido en nuestro interior que nos dice: "No te preocupes, todo estará bien".

Si usted se siente solo en el mundo, ya sea que usted tenga o no personas con quienes relacionarse, será intimidante en algún grado, se sentirá como se siente un niño pequeño: solo e indefenso. Esta soledad es atemorizante, siempre acechando y lista para hacerse sentir. Si usted se encuentra en esta situación, no tiene que ocurrir algo muy malo para sentirse lleno de temor, ya que usted camina con él muy de cerca. Mucho en la vida puede atemorizarnos si pasamos solos por ello.

4. Usted ha experimentado falta de aceptación. Todos nosotros tenemos fallas, pecados y emociones negativas. Si hemos tenido mucha aceptación y si Dios y los demás nos han amado, perdonado y aceptado nuestras imperfecciones, entonces no tememos al fracaso, a la imperfección o a otras "cosas malas" en nosotros. La aceptación y el perdón hacen posible que vivamos en nosotros mismos, que no tengamos miedo a ser "descubiertos".

No tememos lo que no conocemos porque somos lo suficientemente seguros para aprender; y aún si fallamos, lo colocamos en la perspectiva correcta y avanzamos sin derrotarnos.

Sin embargo, si no hemos conocido la aceptación y el perdón, podemos sentir que debemos ser perfectos para ser amados o para estar seguros. Las personas que sienten que sus fallas, pecados o emociones negativas los hacen inaceptables viven con mucho miedo, ya sea a fallar o a ser "descubiertos".

Para ilustrar el tema, les mencionaré que yo tenía una amiga que tenía ataques de pánico cada vez que recibía invitados. Limpiaba obsesivamente por horas antes de que llegaran para que no encontraran ninguna imperfección en su casa, pues pensar que algo estuviera fuera del orden la aterrorizaba. Ella experimentó muchas críticas, rechazo y juicios en su vida y por eso vivía con miedo. Sin embargo, cuando comenzó a relacionarse con personas buenas que la aceptaban tal y como era y eran reflejo del amor de Dios hacia ella, comenzó a entender lo que es vivir en gracia. Como lo dice el apóstol Juan: "En el amor no hay temor, sino que el perfecto amor echa fuera el temor; porque el temor lleva en sí castigo. De donde el que teme, no ha sido perfeccionado en el amor" (1 Juan 4:18).

Gran parte del miedo proviene de no haber sido perfeccionados en el amor, lo cual en realidad significa estar completos. Si usted no ha tenido una experiencia de amor que lo haga sentirse completo, tendrá miedo de ser juzgado. El amor y la aceptación curan el miedo.

5. Usted carga con el pasado. Hace algunos años, desarrollé una hernia que requería cirugía. Sabía que el procedimiento era usual, pero al pensar en ir al hospital, comencé a tener fuertes reacciones de miedo. Me dije que mi miedo no tenía sentido, pero no sirvió de mucho, el miedo permaneció. Conforme se acercaba el momento de la operación, comencé a recordar cuando de niño me encontré en el hospital (vea el prólogo), y entonces entendí mi reacción, mi cuerpo "recordaba" cosas que me marcaron de niño y que no había terminado de resolver. Sentía todo el miedo de un niño pequeño y no el de un adulto que se sometería a una operación común. Al hablar de ello, sentir algunas emociones fuertes y recibir apoyo, mi miedo a ser hospitalizado desapareció. He vuelto a estar en un hospital después y no he vuelto a sentir ese miedo.

¿Por qué sentía miedo sobre cosas que ocurrieron años antes? Nuestra mente y espíritu registran todo lo que nos ocurre, para que tengamos acceso a nuestra vida eterna en algún nivel. Lo que ocurre con el miedo es muy específico. Si una persona pasa por más miedo o trauma del que puede procesar en ese momento, el miedo se guarda en el cerebro sin ser procesado, se almacena en un lugar diferente a las partes de nuestro cerebro que procesan el paso del tiempo y el entendimiento. La parte del cerebro que siente el miedo no es la parte que sabe que día es, así que como adultos podemos tener el mismo grado de miedo que sentimos cuando éramos niños.

Por eso es que, por ejemplo, las personas que sufrieron abuso cuando niños a menudo "reviven" esos sentimientos. Los eventos actuales activan sentimientos del pasado. Si usted siente mucho miedo, puede ser por un trauma, evento o relación pasado que necesita ser atendido.

6. Usted se siente impotente. No fuimos creados para ser omnipotentes o para tener poder sobre otras personas o circunstancias, o sobre la vida. De hecho, quienes desean controlarlo todo sufren muchos problemas, y nos referimos a ellos como "fanáticos del control". Siempre están disgustados por no poder hacer que todo vaya como ellos lo quieren.

En el otro extremo están quienes sienten que no tienen el control que Dios deseó que todos tuviéramos. Tienen muy poco o ningún sentido de poder personal y, como consecuencia, permiten que las personas y las circunstancias los controlen. Sienten que tienen muy poco poder de elección y permiten que otros tomen decisiones por ellos.

¡Qué manera tan atemorizante de vivir! Para sentirnos seguros, necesitamos ser capaces de levantarnos y decir lo que queremos, lo que no queremos, lo que haremos y lo que no haremos. Necesitamos ser capaces de expresar aquello con lo cual estamos de acuerdo y con lo que no estamos, en qué participaremos y en qué no, ser capaces de decir lo que permitiremos que nos pase y lo que no. Si no tenemos la libertad de decirlo, entonces la vida se vuelve una empresa intimidante.

7. Hay voces en su mente que lo critican. Muchas personas viven con una "voz" interna que los critica; una voz que siempre les dice cosas atemorizantes, críticas o negativas que les hacen tener miedo.

Las personas que sufren de ataques de pánico a menudo tienen una voz en su interior que interpreta los eventos o las sensaciones en formas catastróficas. Al principio, pueden sentir una cantidad normal de ansiedad respecto a algo, quizás hasta de un evento real, pero luego piensan: Oh, no, me siento fuera de control, me va a dar un infarto, me voy a volver loco, voy a actuar como un idiota. Esta interpretación los hace sentir más miedo, e interpretan como algo horrible ese miedo; y el ciclo continúa.

Parte del tratamiento inicial para los ataques de pánico es hacer que las personas acepten su miedo sin interpretarlo de manera negativa y catastrófica. Parte del tratamiento para la ansiedad en general es hacer que las personas estén atentas a sus voces interiores y a las maneras en las cuales interpretan eventos, sensaciones, pensamientos y similares. Por lo general, lo que encuentran, los sorprende; cuando en verdad comienzan a oír, escuchan cosas como:

- ¿Ves?, eres un perdedor, nadie te va a querer si fallas en esto.
- Si este negocio no funciona, tu carrera va a terminar y nunca vas a conseguir otro empleo.
- Nunca te perdonarán por esto.
- ¿Sentiste eso? Estás perdiendo el control, te vas a volver loco, tendrán que encerrarte y todos lo sabrán, estás fuera de control.
- Esto es lo peor que pudiste haber hecho, eres una escoria.
- Si esto ocurre, será terrible, espantoso, horrible y tu vida se acabará.
- Si esta persona te rechaza, será prueba de que no vales la pena y de que nadie nunca va a quererte.

Si usted escucha constantemente esta clase de mensajes en su mente, es probable que haya hecho interna la crueldad de alguien que le dijo esta clase de cosas en el pasado, y quizás aún las diga. Podemos llevar a nuestro interior la maldad así como interiorizamos el amor.

8. Evita hacer lo que teme. Si le temo a volar y por ello evito hacerlo, puedo sentirme mejor en el comienzo, pero también haré que me sea más difícil superar mi miedo. El acto mismo de evitar algo lo hace más complicado en la mente. Al no tener que enfrentar lo que tememos, nos sentimos más seguros, pero con ello incentivamos este acto y alimentamos nuestro miedo en el proceso; en cambio, cuando enfrentamos nuestro miedo, incluso en pequeños incrementos, el miedo disminuye. La exposición al miedo disminuye su poder.

9. Usted ha aprendido a temer a algo en particular. Si usted sufrió una herida o fue atemorizado de una manera específica, temerá a esa actividad en el futuro. Hace poco traté a un hombre que sufrió un accidente automovilístico y desarrolló un miedo a conducir. En su mente, el trauma estaba asociado con subir a un auto, y se volvió muy temeroso.

Las víctimas de abuso sexual aprenden que el sexo es peligroso como resultado de haber sido sometidos y abusados; asocian el sexo con la violación, la pérdida de control, el dolor y muchas otras realidades temibles. Por ello, a menudo presentan fuertes reacciones de miedo ante las relaciones sexuales o el contacto sexual. Las personas también pueden aprender a temer a la intimidad si han sido heridos, traicionados, abandonados o rechazados por personas en quienes confiaban.

Por lo general, tales miedos se resuelven al hablar acerca del trauma, obtener una sensación de control y gradualmente regresar a la actividad que se teme. La mente debe aprender poco a poco que la actividad que fue peligrosa puede volver a ser segura. En ocasiones, esto requiere de una cantidad enorme de trabajo y cada persona debe ser paciente consigo misma, en especial si el trauma fue grave. También debe evitar volver a traumatizarse al intentar hacer demasiado antes de estar lista.

10. Usted carece de ciertas habilidades. Tenemos miedo cuando no sabemos qué hacer.

En una ocasión, me encontraba en un barco con un grupo de personas que disfrutaban del agua. Se estaban divirtiendo mucho;

sin embargo, noté que una mujer del grupo no estaba tomando parte, y pensé que debía animarla.

—¿Por qué no entra? Todos se están divirtiendo —dije.

—No quiero, gracias.

—Vamos, no está tan fría, no tardará nada en acostumbrarse. Se están divirtiendo mucho, vamos, iré con usted —le dije para animarla, estaba seguro de que las temperaturas del pacífico eran lo que la desalentaba, pero sabía que el frío desaparecía pronto (¡mientras llegaba el adormecimiento!).

—No, en verdad —dijo—. No quiero.

Cuando lo dijo, pude notar que estaba un poco agitada.

—¿Está segura? —pregunté de nuevo—. En verdad, no está tan fría.

Me lanzó una mirada glacial mucho más fría de lo que pudo haber estado el agua.

—No sé nadar —dijo—. ¿Ahora lo entiende?

Yo estaba muy equivocado, esa es una gran diferencia.

Usted puede encontrarse en situaciones en las cuales se le pida o deba hacer cosas que nunca aprendió a hacer; por ejemplo, si usted debe hacerse cargo de sus propias finanzas por primera vez y nunca ha aprendido las habilidades necesarias para hacerlo, la posibilidad puede ser atemorizante; hasta hacer amigos puede ser una tarea que infunda temor si no se nos ha enseñado cómo hacerlo.

Si usted tiene miedo por causa de una incapacidad, entonces usted es muy normal. Vea su tarea no solo como algo que le ayudará a adquirir valor, sino también como algo que le sirva para esforzarse con diligencia para obtener las destrezas necesarias para enfrentarla con confianza. Recuerde, hay muy pocas cosas "naturales" en la vida, todos debemos aprender a hacer lo que debemos hacer.

◆ Relacione las respuestas con las causas

Uno de mis proverbios favoritos es Proverbios 18:13, que dice: "Al que responde palabra antes de oír, le es fatuidad y oprobio". No hay muchos lugares donde este proverbio parezca tan cierto como cuando se tratan los miedos de las personas. Necesitamos entender la causa antes de poder prescribir la cura. Si usted puede identificar la causa específica de su miedo, entonces podrá avanzar mucho hacia encontrar la cura para ese problema; de esta forma se puede conquistar el miedo.

Las siguientes son algunas prescripciones basadas en la causa del miedo:

1. Tema a Dios y detenga la locura. Mientras más profunda sea su relación con Dios, más conocerá y entenderá la vida desde Su perspectiva, temerá más a Dios y menos a las circunstancias.

Sin embargo, tal y como en cualquier otra relación, su relación con Dios requiere de tiempo y trabajo. Estudie la Biblia, aprenda lo que dice acerca del miedo y demás cosas. Como lo dijo David, conocer y seguir las palabras de Dios nos hace fuertes para enfrentar todo lo que la vida nos presente, nos trae salvación, valor, esperanza, libertad, fuerza y deleite:

> Venga a mí tu misericordia, oh Jehová; tu salvación, conforme a tu dicho. Y daré por respuesta a mi avergonzador, que en tu palabra he confiado. No quites de mi boca en ningún tiempo la palabra de verdad, porque en tus juicios espero. Guardaré tu ley siempre, para siempre y eternamente. Y andaré en libertad, porque busqué tus mandamientos. Hablaré de tus testimonios delante de los reyes, y no me avergonzaré; y me regocijaré en tus mandamientos, los cuales he amado. Alzaré asimismo mis manos a tus mandamientos que amé, y meditaré en tus estatutos.
>
> Salmos 119:41-48

El cimentar su vida en Dios y en Su palabra lo ayudará a saber que nada puede venir en contra de usted que Él no pueda ver, entender y ayudarlo a superar. Todo le pertenece a Dios y Él siempre lo controla todo. Recuerde las historias con las cuales comenzamos el libro y las situaciones terribles en las cuales las personas descubrieron que Dios podía abrir un camino. Al entender a Dios y a la vida que usted puede tener con Él, sus miedos disminuirán. Haga un compromiso de pasar una cantidad determinada de tiempo todos los días para orar por sus preocupaciones, por otras personas y para, sencillamente, hablar con Dios.

Después vaya más lejos, hable con Él durante el día, en todo momento, hable con Él en situaciones difíciles, aprenda que todos los instantes de la vida son una oportunidad para estar unido con Él; y así, se volverá cada vez más fuerte. Entonces, cuando ocurran sucesos malos, sabrá que Él ya está con usted. Pensará como un hombre con quien almorcé el día de hoy, que hace poco sufrió el fracaso en un trato de negocios con el cual contaba mucho. Él me dijo: "Está bien, obviamente Dios tenía en mente algo distinto". Este hombre entendía que no estaba solo en el universo; y a través de su relación con Dios y de todo lo que había aprendido, no temía a las malas noticias.

Él vivía este versículo: "No tendrá temor de malas noticias; su corazón está firme, confiado en Jehová. Asegurado está su corazón; no temerá, hasta que vea en sus enemigos su deseo" (Salmos 112:7-8). Usted también puede tener esta confianza; al estar fundado en una relación con Dios.

2. Relaciónese profundamente. Recuerde, usted fue hecho para las relaciones. Si usted enfrenta temores, necesita de otras personas. El apoyo y el amor alejan el temor. Hasta sus hormonas de tensión responderán ante la presencia de una persona segura que esté con usted al enfrentar el miedo. Si usted se encuentra luchando con temores profundos, también necesitará de apoyo específico. No solo dependa de sus amigos o de las relaciones en su iglesia o comunidad, busque un grupo específico de apoyo, un grupo de terapia o un consejero que lo ayude a tratar sus temores.

3. Aumente los recursos para superar lo malo. Si usted se encuentra en un momento difícil, puede sentirse abrumado por el miedo ya que sus recursos están sobrecargados. Si este es el caso, ¡auméntelos! Esto significa encontrar un apoyo constante y un tiempo establecido para procesar lo que ocurre; no solo hable en momentos al azar cuando se encuentre con personas a quienes conozca. También, aumente sus recursos al indagar la información que necesita para tratar con su crisis. Lea, escuche cintas, asista a clases, acuda a los servicios de entre semana en su iglesia, únase a un grupo de estudio de la Biblia. Si usted se siente abrumado, entonces necesita más de lo que tiene, sea lo que sea que tenga. Algunas personas llegan a necesitar tomarse algo de tiempo para ingresar en una clínica. Solo recuerde que hasta que llegue a tener lo suficiente, la fórmula es: "solo un poco más hasta que sea suficiente".

4. Supere el aislamiento. Si el sentirse solo ha provocado que se sienta temeroso y que le cueste acercarse a las personas, necesitará enfrentar su miedo a abrirse. Comience permitiendo que otros lo conozcan; arriésguese —en vez de evitar— a confiar su corazón a los demás. Usted necesita el amor de ellos dentro de usted, no sólo su presencia externa. Las reuniones y los grupos de apoyo no lo ayudarán si usted no permite que su corazón, el lugar donde se encuentra su miedo, sea tocado. Refiérase a los capítulos anteriores en donde discutimos este tema y comience a aprender cómo confiar y permitir entrar a otras personas a su corazón.

5. Cree un orden en su vida. El orden y el miedo no pueden coexistir en el mismo espacio. Mientras mayor sea el orden en su vida, en mayor medida amainarán sus temores. Conozco a una mujer que se encuentra en un momento de transición. Ella tiene establecido hacer una llamada de treinta minutos todas las mañanas a las 7:30 con otras mujeres que luchan en la misma área. Lo han hecho por algunos meses y los resultados han sido importantes.

Estas son algunas maneras de crear un orden:

- Programe horas regulares de reunión para recibir apoyo.
- Programe llamadas de apoyo en horas específicas.
- Mantenga actividades espirituales habituales.
- Mantenga horas regulares de trabajo.
- Aprenda los principios y conocimientos que añadan algo a su situación.
- Lleve un registro escrito.
- Balancee su horario con tiempos de solución activa de los problemas así como tiempos para cuidar de usted mismo y recibir apoyo.
- Memorice versículos bíblicos que hablen sobre el miedo, la fe, la esperanza y la fidelidad de Dios.

• Estructure un tiempo para tomar riesgos en intervalos regulares, durante los cuales se proponga tareas que le sirvan para conquistar sus miedos.

6. Reciba aceptación. La única manera en la cual comenzará a encontrar gracia y aceptación en su interior es comenzar a dejarse conocer por lo que realmente es, tanto lo bueno como lo malo. Al confesar las faltas los unos a los otros y encontrar aceptación y perdón, será sanado (Santiago 5:16). Encuentre un lugar donde personas imperfectas acepten y conozcan a otras personas imperfectas. Los grupos de recuperación son buenos lugares para comenzar, esto ayuda para superar muchos tipos de miedos.

7. Resuelva el pasado. Si se encuentra volviendo a experimentar antiguas heridas y está en un grupo de apoyo o recibiendo asesoría, entonces se encuentra en un lugar seguro en donde lidiar con ellas. Conforme aprenda a abrirse acerca de su dolor, discutir la experiencia por la cual pasó y compartir sus sentimientos y temores, su cerebro comenzará a dejar la experiencia en el pasado, a donde pertenece.

Si lo que está reviviendo es un trauma específico, le sugerimos que busque a un profesional que conozca cómo tratarlo, además de un buen grupo de apoyo para personas que han pasado a través de lo mismo que usted. Encontrará mucha sanidad tan solo con estar cerca de otras personas que entiendan lo que le ha pasado y eso le ayudará también a que el miedo desaparezca.

8. Pida a Dios que lo ayude a obtener un sentido de poder personal. Dios quiere que todos nosotros tengamos dominio propio o poder sobre nosotros mismos. Coloque el ser honesto y directo como meta principal, aprenda a colocar buenos límites, aprenda a decir "no" y a defenderse. Deje de permitir que otras personas lo controlen, es muy posible que eso tenga algo que ver con su miedo. Si usted no puede hacerlo por su propia cuenta, únase a un grupo que pueda ayudarlo.

Desde que escribimos Límites muchas personas nos han dicho que establecer límites ha curado sus temores. En ocasiones, la tarea de aprender e implementar nuevos límites de dominio propio puede ser desalentadora; sin embargo, sabemos que puede hacerse, pues todos los días hay personas como usted y yo que lo hacen.

Al tratar con sus miedos al rechazo, abandono, o lo que sea que propicie su falta de límites, usted puede desarrollar un mejor sentido de dominio propio, pues, el efecto que produce en contra del miedo puede ser enorme. Los límites son algo de lo mejor que se puede hacer para tratar su miedo, así que tome ese primer paso, aún si eso requiere de un consejero o un grupo. Muy bien podría ser esa la manera de salir de muchos de sus miedos.

Usted debe aprender a:

- Decir "no" cuando lo necesite.
- Tomar sus propias decisiones en vez de adaptarse siempre a lo que otras personas elijan para usted.
- Que otros no lo manipulen o lo controlen.
- Expresar sus propias opiniones y valores.
- Ser más honesto en sus relaciones acerca de lo que le gusta y no le gusta.

Además de otros límites personales que necesite.

9. Encuentre modelos. Pase tiempo con personas que hagan aquello a lo que usted teme, y aprenda de ellos. Si usted tiene miedo a las confrontaciones, pida a alguien que sea bueno en ellas que le muestre cómo hacerlo. Si usted teme hacer llamadas de ventas, busque a alguien que le enseñe a hacerlo. Mucho del miedo proviene de pensar que lo que tememos es en verdad imposible. Cuando vemos a otros enfrentar con éxito su miedo, eso puede ayudarnos a disminuir el miedo; en especial si esas personas lo comparten y están dispuestas a hablar con usted acerca de su propio proceso para combatirlo.

10. Considere normal algo de miedo. Una de las principales causas de la intensificación del miedo es tener "miedo al miedo". El miedo aumenta cuando decimos cosas como "no debería sentir miedo" o "este miedo es terrible, no puedo soportarlo". Todos tenemos algo de miedo, y es normal, haga algo de espacio para él en su mente; recuerde, ser valiente no es no tener miedo, sino avanzar con todo y miedo. Tengo un amigo en los negocios que dice: "Si no hay un momento en cada día en el que no sienta un miedo total por lo que intento hacer suceder, entonces sé que no estoy dando mi máximo." Aprenda a pensar de este modo, los sentimientos no lo lastimarán, pero verlos como más poderosos de lo que son puede hacerlo.

Tal vez hablarle así, puede parecer como un simple "no tenga miedo", pero en realidad estamos diciendo lo contrario. Decimos que una de las mejores cosas que puede hacer es permitirse tener miedo sin luchar contra de él. Decimos que usted debe aceptar su miedo y permitirle existir. Aprenda que el miedo no lo destruirá y que simplemente puede dejarlo ser. En general, ese proceso es muy poderoso y se dará cuenta de que no luchará tanto en contra del miedo. Cuando lucha contra el miedo, este aumenta acéptelo y permítale existir, trátelo como algo normal.

11. Deshágase de las voces y encuentre voces nuevas de Dios y de otras personas. Como lo hemos dicho, parte del miedo proviene del diálogo interno, así que, cuando escuche esas voces, dígales que guarden silencio. Como Pablo lo dijo: "Llevando cautivo todo pensamiento a la obediencia a Cristo" (2 Corintios 10:5). Aprenda a hacer lo que Jesús hizo y cite las Escrituras ante ellas. Cuando sus voces internas digan "lo vas a echar a perder". Responda: "Antes, en todas estas cosas somos más que vencedores por medio de aquel que nos amó. Por lo cual estoy seguro de que ni la muerte, ni la vida, ni ángeles, ni principados, ni potestades, ni lo presente, ni lo por venir, ni lo alto, ni lo profundo, ni ninguna otra cosa creada nos podrá separar del amor de Dios, que es en Cristo Jesús Señor nuestro" (Romanos 8:37-39). Cuando se sienta asustado por el futuro y las voces predigan que será algo terrible, diga "no tengo nada que temer". Recuerde esta promesa de Dios: "Fíate de Jehová de todo tu corazón, y no te apoyes en tu propia prudencia. Reconócelo en todos tus caminos, y él enderezará tus veredas" (Proverbios 3:5-6).

Cuando David tuvo miedo, recordó la provisión y la protección de Dios. Haga un estudio Bíblico acerca del miedo y encuentre sus versículos favoritos para citarlos cuando se sienta lleno de miedo. Haga tres cosas; primero, memorice los versículos que hablan a su miedo al recordarle la protección, la guía, la fuerza, la provisión o lo que sea que necesite; segundo, escríbalos y llévelos con usted, tercero, léalos cada vez que tenga miedo.

Usted necesita averiguar de donde provienen esas voces negativas y renunciar a ellas; están traspasando terreno santo. Échelas de usted, recuerde, algo debe tomar ese lugar, así que asegúrese de tener buenas relaciones de apoyo y de llevar a su interior las voces de aceptación para que puedan reemplazar las críticas. ¿Cómo puede estar seguro de estar llevando a su interior las nuevas voces? ¿Qué control tiene usted sobre ellas? Esto requiere de un esfuerzo de su parte. Usted puede lograrlo al volverse más vulnerable con personas seguras y al desarrollar su confianza en ellas. Conforme baje la guardia con personas buenas que crean en usted, su confianza en ellas le dará más poder a sus voces que a las voces negativas que brotan en su mente.

Después ocúpese en dejar ir aquello que lo ata a las voces que lo juzgan; suéltelas, déjelas ir.

12. Levántese, poco a poco. Superamos el temor al enfrentarlo de manera gradual. Al dar pequeños pasos y exponerse de nuevo a lo que teme, su confianza crecerá, pues su mente aprenderá que no hay nada que temer. Sin embargo, la clave es dar pasos muy pequeños. Si algo parece ser abrumador, retroceda hasta el lugar en donde no se sentía así y manténgase en ese sitio por un momento; entonces, de un paso más pequeño hacia delante.

De acuerdo a como usted vara enfrentando el temor, esté atento a las voces y pensamientos que surgen en su mente; combátalos con oraciones, versículos y nuevos pensamientos. Lo que usted piense es muy importante para tratar con el miedo.

Si usted aprendió que algunas cosas son peligrosas, abórdelas con pasos pequeños para así tener mayor dominio propio. Por ejemplo, algunas víctimas de abuso sexual comienzan a superar su miedo a la intimidad sexual al mantener el control con su cónyuge. Si este es un miedo del que usted sufre, puede, por ejemplo, acordar con su pareja en tener solo una cierta cantidad de contacto, siempre y cuando usted pueda dirigir lo que sucede; establezca una regla acerca de ir, o no, demasiado lejos; entonces, asegúrese de tener el control para que nada vaya más allá de lo que usted quiera o en contra de su voluntad. De esa forma, comenzará a aprender que el contacto puede ser agradable y no peligroso. Los pasos pequeños y mantener el control son claves para desprogramar un miedo.

13. Obtenga nuevas habilidades. Si usted tiene miedo en algún área de su vida por carecer de las destrezas necesarias, ponga empeño en aprenderlas. Por ejemplo, si usted teme aceptar un ascenso en su trabajo por carecer de las aptitudes necesarias, averigüe exactamente las habilidades que necesita y busque una manera de aprenderlas. Tome una clase o acérquese a alguien que las tenga y que pueda enseñarle. Si usted tiene problemas en las relaciones interpersonales, por no saber cómo expresar su parecer cuando está en desacuerdo, tome un curso al respecto. Y así, mientras más desarrolle su competencia y control, más disminuirá su miedo. El conocimiento y la habilidad son parte de la clase de poder para las cuales Dios lo diseñó. Busque convertirse en una "persona completa", íntegramente, y entonces, como la Biblia lo dice, podrá andar con seguridad (Salmos 25:21; Proverbios 10:9).

14. Descubra que sí es posible aprender. El saber que es posible aprender lo que sea necesario, es una de las mejores maneras de vencer al temor. Si usted no es un veterano estudiante, entonces haga algo al respecto. Tome un curso tan solo para saber que es posible aprender a hacer algo; sin embargo, como lo mencionamos antes, si hay algo específico que se relacione con su miedo, entonces comience ahí y aprenda lo que necesite aprender. Permita que el siguiente pensamiento se vuelva una regla en su mente: "No sé como hacerlo, pero puedo aprender". Recuerde: Dios lo creó para aprender, usted está capacitado para ello.

15. Dependa del Espíritu Santo a través de la fe. En todo momento pida al Espíritu Santo que lo capacite para hacer lo que teme hacer. Recuerde: el Dios que creó el universo dice que si usted pone su fe en Jesús Él vendrá a vivir en su interior, y Su poder está disponible para ayudarle a hacer las cosas que teme hacer. Dé esos pequeños pasos, pero hágalo con la fe de que Él hará su parte. Dígale usted algo como: "Dios, tengo miedo, pero daré el paso y confiaré en que Tú lo arreglarás y me fortalecerás".

Los siguientes, son algunos versículos que describen el poder y la ayuda que está disponible para usted:

Alumbrando los ojos de vuestro entendimiento, para que sepáis cuál es la esperanza a que él os ha llamado, y cuáles las riquezas de la gloria de su herencia en los santos, y cuál la supereminente grandeza de su poder para con nosotros los que creemos, según la operación del poder de su fuerza.

Efesios 1:18-19

Para que andéis como es digno del Señor, agradándole en todo, llevando fruto en toda buena obra, y creciendo en el conocimiento de Dios; fortalecidos con todo poder, conforme a la potencia de su gloria, para toda paciencia y longanimidad; con gozo dando gracias al Padre que nos hizo aptos para participar de la herencia de los santos en luz.

Colosenses 1:10-12

Por lo cual asimismo oramos siempre por vosotros, para que nuestro Dios os tenga por dignos de su llamamiento, y cumpla todo propósito de bondad y toda obra de fe con su poder.

2 Tesalonicenses 1:11

Como todas las cosas que pertenecen a la vida y a la piedad nos han sido dadas por su divino poder, mediante el conocimiento de aquel que nos llamó por su gloria y excelencia.

2 Pedro 1:3

16. Busque ayuda profesional. Todos estos principios han sido probados, son verdaderos y han demostrado ser muy poderosos para tratar con el miedo. Creemos que si usted los practica probarán ser útiles. Algunos de ellos puede comenzar a ponerlos en práctica, usted solo, o con la ayuda de personas buenas y seguras; sin embargo, eso podría no ser suficiente. Usted podría necesitar ayuda profesional o estructurada.

Si sus propios intentos por librarse del miedo no funcionan, definitivamente busque una buena referencia de algún profesional, tal como un psicólogo u otro asesor con experiencia en tratar el miedo y la ansiedad. No tema recibir ayuda para superar el temor, para eso están los profesionales. Busque que alguien pueda darle buenas referencias de personas en su área; por lo general, los pastores y los médicos conocen a algunos profesionales a quienes canalizan a las personas que lo necesitan. Podrían ser un buen recurso; también puede obtenerla de personas de su círculo de amigos que ya hayan visitado a buenos consejeros. Si necesita ayuda, asegúrese de conseguirla.

◆ ¡Avive el fuego!

El apóstol Pablo escribió esta nota de ánimo a Timoteo: "Por lo cual te aconsejo que avives el fuego del don de Dios que está en ti por la imposición de mis manos. Porque no nos ha dado Dios espíritu de cobardía, sino de poder, de amor y de dominio propio" (2 Timoteo 1:6-7).

No sé a qué le temía Timoteo, pero Pablo estaba seguro de que Dios esperaba más de él que el miedo y la timidez. Sabemos que Dios quiere lo mismo para usted, así que acérquese a Él y a los "Pablos" que estén a su alrededor. Encuentre los dones que tiene en su interior y avívelos. Afiáncese del Espíritu y desarrolle la clase de poder, amor y disciplina de la que hemos hablado aquí. Al hacerlo, encontrará que Dios ha abierto una senda a través del miedo desde aquel entonces, cuando su pueblo se encontraba temeroso en Egipto. Él puede hacer lo mismo por usted.

15

EL DIVORCIO Y EL AMOR PERDIDO

Si usted está leyendo este capítulo por haber experimentado un divorcio o la pérdida de un amor, entiendo (John) por lo que está pasando, ya que esa experiencia puede ser brutal.

Randy, un pastor amigo mío, comenzó a tener problemas maritales con Marcie, su esposa. Al principio parecían ser la clase de problemas que tienen muchas parejas durante un período de cinco a diez años de matrimonio: desconexión, falta de comunicación y cosas por el estilo; sin embargo, empeoraron. Con el tiempo fue claro que Marcie no quería resolver los problemas, solo quería salir de ellos. Le dijo a Randy que uno de los dos debía irse de la casa, el que se fuera. Era obvio que ella no quería continuar con el matrimonio.

De ninguna manera Randy era un hombre perfecto, pero amaba a Marcie; le fue fiel y estuvo dispuesto a cambiar cualquier cosa que pudiera para mantenerla en la relación. Me llamaba y hablábamos acerca de sus opciones. Por su parte, Randy hizo con diligencia todo lo que pudo para ayudar a mejorar la situación. Le pidió a Marcie que le dijera todas las cosas por las cuales no estaba contenta con él, escuchó sus quejas sin tomar una actitud defensiva, aceptó sus fallas con ella y se esforzó mucho para realizar cambios verdaderos y profundos; se sometió a Dios, al proceso de crecimiento y a las personas que estaban cerca de él, con las cuales se sentía seguro, hasta ofreció dejar el ministerio si eso la traería de regreso.

Todo fue en vano, Marcie se fue, pidió el divorcio y con el tiempo, el matrimonio terminó. Randy estaba devastado. Su mundo, sus esperanzas y sus sueños quedaron al revés. Aún amaba y extrañaba a Marcie, pero el matrimonio en verdad había terminado.

Esta odisea ya era demasiado difícil como para que Randy la soportara, pero todavía, algo más lo empeoró todo. Algunos amigos suyos alimentaban sus esperanzas diciéndole que Marcie regresaría. Le decían: "Sólo confía en Dios y obedece, y Marcie regresará"; "Sé humilde y ella abrirá los ojos a tu amor"; "A Dios no le agrada el divorcio, Él lo arreglará todo". Cuando Randy se sentía desanimado por su situación, los intentos de sus amigos para tranquilizarlo levantaban su ánimo, pero entonces todo empeoraba, Randy se deprimía y sus amigos intentaban animarlo de nuevo.

Sus amigos tenían buenas intenciones, pero al final la realidad fue muy diferente a sus palabras de ánimo. Marcie nunca regresó, comenzó una nueva vida en otro lugar. Lamentablemente, el hecho de que Randy no estuviera preparado para esta posibilidad obstaculizó el que se recuperara de la pérdida. Desde ese entonces, Dios ha ido sanando a Randy. Ahora, él también tiene una nueva vida y le va bien. Al mismo tiempo, las falsas esperanzas que sus amigos sembraron involuntariamente en él, evitaron que creyera en que ella podía irse, y por ello la conmoción de su partida fue peor para él.

La experiencia de Randy resalta muchas realidades con las cuales se encontrará cualquiera que sea afectado por un divorcio. El divorcio no es algo bueno; el divorcio es algo real y la mayoría de nosotros no sabemos que hacer con él. No estamos listos para un divorcio, queremos pensar que Dios lo evitará, queremos creer que algo puede hacerse para cambiar el curso de las cosas. Hay un poco de esos amigos de Randy en todos nosotros. En algún grado todos protestamos en contra de la realidad del divorcio, pues demanda mucho de nosotros; sin embargo, es una realidad, es un hecho. Y si usted ha pasado por un divorcio, está pasando por uno o ha perdido el amor de alguna persona cercana, también necesitará saber que Dios abrirá una senda para usted en las profundidades donde una pérdida en las relaciones puede hundirlo.

Para buscar la simplicidad, en este capítulo trataremos exclusivamente el tema del divorcio; sin embargo, los principios y las ideas que aquí se presentan también podrán aplicarse a los amores perdidos, tales como el rompimiento de una relación significativa de noviazgo. Aunque existen diferencias reales entre ambos, las similitudes son suficientes como para alcanzar nuestros fines.

◆ Valore el daño

No es posible valorar el daño causado por el divorcio, que es mayor que en cualquiera de las demás pérdidas que pueda sufrir una persona. Éste impregna todas las partes de la vida: Cambia la identidad de quien lo sufre, de ser parte de una pareja a ser soltero de nuevo. Los amigos toman partido o toman actitudes extrañas. Se atraviesan cambios enormes en el estilo de vida y las implicaciones financieras pueden ser devastadoras.

El divorcio significa que habrá que aprender de nuevo las reglas de la vida. La seguridad de saber que pertenece a otra persona quien se preocupará por usted y que siempre estará ahí desaparece, ahora ya no tiene la bendición de un alma afín con quien podrá andar a través de las alegrías y las tristezas de la vida sintiendo lo mismo. El divorcio despedaza las esperanzas y los sueños de edificar y crecer en amor e intimidad. Las partes más profundas del alma, donde residen las áreas más preciosas, frágiles y vulnerables del corazón son deshechas y desgarradas. El divorcio rompe el corazón, por ello no es extraño que Dios aborrezca el divorcio (Malaquías 2:16), pues quebranta las vidas y los corazones de aquellos a quienes ama.

◆ El ideal destruido

¿Qué es lo que ocurre en el divorcio que lo hace tan difícil de aceptar? Las personas pueden cambiar de empleos, de compañeros de vivienda o de casas, y sentirse bien. No ocurre lo mismo con el divorcio; como lo hemos mostrado, causa estragos. Creemos que la respuesta a esta pregunta se encuentra en la profundidad e importancia del pacto matrimonial. Si el matrimonio no fuese algo tan profundo, el matrimonio no sería tan devastador.

Cuando Dios creó a Adán, lo hizo para las relaciones. Cada una de sus partes debía estar vinculada en forma íntima y emocional con alguien en el exterior. Dios creó a Adán con una necesidad que solo Dios podría llenar; al mismo tiempo, creó dentro de Adán una necesidad de relación diferente pero similar, esa necesidad era tan granda que Dios dijo que no era bueno que Adán estuviera solo (en el sentido de humano a humano, Génesis 2:18). Así que Dios creó a Eva y los dos satisficieron la necesidad del otro en la unión matrimonial, fueron una sola carne, hechos para vivir la vida juntos, para tener intimidad, cuidar el uno del otro y compartir las maravillas del mundo que Dios les había dado para atender. Dos personas separadas con sus propias personalidades y maneras de pensar, unidas por la unidad de espíritu.

Desde luego, el matrimonio no es la única manera en la cual las personas pueden satisfacer esa profunda necesidad de relacionarse. Las personas solteras también pueden encontrar vínculos plenos, duraderos y profundos en las personas indicadas; sin embargo, más que en cualquier otro tipo de relación diseñada por Dios, el matrimonio refleja la manera en que Dios quiere vincularse con nosotros. Es por ello que se refiera a Su pueblo como Su esposa, en metáforas que nos instruyen acerca de su amor (Isaías 54:6; Efesios 5:25-33). El matrimonio fue diseñado para unir vidas y corazones, profundizando y fortaleciendo la conexión con el paso de los años.

Sí es lógico que cuando un matrimonio se disuelve muchas cosas se desconecten. Un día, Dios hizo que dos se volvieran uno; otro día, los que eran uno se volvieron dos de nuevo, se separaron, fueron arrancados el uno el otro. Es por ello que en muchos sermones de boda se escucha la advertencia de Jesús: "Así que no son ya más dos, sino una sola carne; por tanto, lo que Dios juntó, no lo separe el hombre" (Mateo 19:6). Dios no solo hizo al matrimonio para ser completo y duradero sino que literalmente ató a las dos almas en una relación llamada matrimonio. El divorcio desgarra lo que Dios tejió para dos personas.

Si usted no se ha recuperado del divorcio con la rapidez que le gustaría, podría ser simplemente una indicación de que amó profundamente, de que experimentó su matrimonio como Dios lo experimentó, estuvo comprometido profundamente, dio todo en su vida con su pareja sin reservas, renunció a la comodidad individual y a las libertades por el mayor bien del pacto y literalmente dio su vida por algo mayor que ustedes dos en lo individual. ¿Es sorprendente que en ocasiones tome mucho tiempo el poder avanzar? La única manera en que podría ser capaz de superarlo y dejarlo atrás con rapidez sería que, en principio, no hubiera habido mucho en la relación. La profundidad con la cuál amó a otra persona es la profundidad con la cual esa persona pudo herirlo. Es tan sencillo como eso.

Dios conoce el dolor del divorcio, Él puede identificarse con cómo se siente. Él perdió a su propia "esposa", Israel. La infidelidad de su pueblo lo hirió, por eso dijo: "Yo me quebranté a causa de su corazón fornicario que se apartó de mí" (Ezequiel 6:9). La palabra hebrea que se tradujo como "quebranté" también significa romper o deshacer. Dios sabe lo que se siente tener el corazón quebrantado, Él en verdad lo conoce.

Dios está con usted; y Él abre una senda para los suyos. Usted no está solo para sufrir y quedarse estancado para siempre en el dolor de su divorcio. No creemos que tratar con el divorcio sea simplemente una cuestión de resistirlo, aceptarlo, mantenerse en fe y después, un día ir al cielo. Dios tiene para usted algo mucho mejor que eso. Su divorcio pudo no haber sido intencionado o planeado por Dios, pero Él encontrará un buen camino para pasar a través de esto.

◆ Deshágase del dolor

A continuación, veremos algunos de los problemas que ocurren en el divorcio. Su habilidad para tratar con ellos será crucial para recuperarse de los efectos del divorcio. Con la ayuda de Dios, usted podrá salir del dolor y ser una persona mejor, más madura y más completa en el proceso.

◆ Conviértase en la persona que Dios quiere que sea

Lo que alguna vez fue un "nosotros" se convirtió en un "yo". En el matrimonio, Dios une a dos personas de por vida. Los dos piensan en la vida como una pareja: a dónde iremos de vacaciones, que planeamos hacer respecto a tener hijos, quiénes son nuestros amigos, y así, por el estilo. El matrimonio significa dejar la comodidad individual e interpretar los deseos personales en términos de lo que será mejor para el matrimonio. Si soy débil, podemos ser fuertes juntos, soportaremos juntos las cargas, las responsabilidades y el peso de la vida; pensamos como "nosotros". El "nosotros" da forma a nuestra identidad, nos da un sentimiento de pertenencia y establece la manera en que nos vemos a nosotros mismos en el mundo.

El divorcio termina el "nosotros" y regresa al "yo". Ya no cuenta con un alma gemela en quien confiar, con quien soñar y de quien recibir ayuda con los constantes problemas de la vida. La persona divorciada está sola de nuevo, pero en una forma diferente a la de un individuo soltero que nunca se ha casado. No es una cuestión de regresar el interruptor a la posición de "soltero". La persona divorciada ha conocido y ha experimentado el matrimonio. Usted perdió algo que valoraba, el ser uno con alguien más. Para muchas personas divorciadas, el estado de ser un "yo" es casi intolerable. De hecho, tan insoportable que esas personas a menudo buscan amortiguarlo con una relación que no es adecuada para ellos, tan solo para salir del dolor de su soledad y aislamiento.

Sin embargo, Dios abrió una senda para que usted obtenga algo bueno de esta situación mala.

Primero, usted puede crecer y desarrollarse para ser el individuo que Dios planeó que fuera. La intención de Dios fue que el matrimonio fuera una unión de dos personas distintas, con opiniones, puntos de vista y valores distintos que contribuyeran al crecimiento del otro. Como dice el viejo adagio: "Si nunca están en desacuerdo, entonces uno de ustedes no es necesario". Lo ideal sería que experimentáramos nuestra existencia como individuos y como pareja; sin embargo, cuando un cónyuge carece de individualidad, eso puede causar trastornos importantes en el matrimonio. En ocasiones, la razón del divorcio es que uno no desarrolló su alma de manera que pudiera tener un fuerte sentido de su ser; en otras, un cónyuge descuidó su crecimiento y desarrollo interior, creyendo que era más importante hacer un buen matrimonio, sin darse cuenta de que un matrimonio solamente es bueno en la medida en que son buenas las almas que lo componen.

¿Algo de lo anterior le suena familiar? El divorcio puede ser una llamada para despertar, para aceptar y estar consciente de los muchos tesoros y talentos únicos que Dios le dio. Si usted se da cuenta de que ha perdido su verdadero ser —o que nunca lo encontró— puede ver el nuevo mundo creado por el divorcio como una oportunidad de crecer en lo individual y lo personal. Esto es tanto una buena noticia como una mala. La mala noticia es que ahora debe tomar sus propias decisiones, la buena noticia es que ahora puede tomar sus propias decisiones. En vez de permanecer escondido tras el matrimonio batallando con quien va a elegir, con la libertad, las oportunidades y los problemas, use esta situación como una temporada en la cual puede encontrar lo que le gusta y lo que le disgusta; así como en lo que es talentoso, lo que desea y para aquello que tiene una visión. Haga de su nuevo estado de soltería un momento de exploración y de buscar las sendas de Dios para su vida. Como lo dijo Jesús: "Mas buscad primeramente el reino de Dios y su justicia, y todas estas cosas os serán añadidas" (Mateo 6:33).

Eso fue lo que hizo mi amiga Ruth. Cuando estuvo casada, fue la persona de "nosotros" que describimos anteriormente; no tenía una vida propia y dependía de lo que pensaba o decía su esposo. Tras su divorcio, comenzó una búsqueda de la persona que Dios siempre quiso que fuera. Con el tiempo, esta madre y ama de casa, se dio cuenta de que tenía una verdadera habilidad para los negocios y para hacer dinero. Aprendió todo lo que pudo, tomó cursos, recibió instrucción y comenzó a realizar algunas incursiones en el mundo de los negocios. En la actualidad, es una exitosa mujer de negocios, ha encontrado que la vida es interesante y significativa y siente que tiene mucho que aportar.

Segundo, tiene la oportunidad de descubrir la riqueza de la vida fuera del matrimonio. La vida es más que el matrimonio. Dios planeó que encontráramos una relación con Él, con una comunidad de personas, algunas tareas significativas y una misión y un propósito para tener una buena vida en la tierra. El matrimonio solo es una de las mejores experiencias en esta vida; sin embargo, el matrimonio no es la vida, solo parte de ella. Y para muchos, la vida ni siquiera incluye el matrimonio.

Aún así, muchas personas divorciadas siguen teniendo un concepto de vida en términos de matrimonio. Se sienten incompletos y perdidos sin un cónyuge y buscan una nueva pareja con demasiada rapidez. Esto no es tener un deseo de matrimonio; es una reacción basada en el miedo a lo desconocido. Si usted se encuentra en esta situación, busque edificar una vida para sí mismo, en vez de hacer del matrimonio un equivalente de la vida. Como dicen algunas personas "consiga una vida", deje la exigencia de necesitar estar casado para estar completo; eso le permitirá encontrar y experimentar todos los demás aspectos de la vida que están disponibles en una existencia equilibrada y balanceada. Muchas personas que lo han hecho, encuentran a otra persona con una vida propia y entonces, ambos construyen un matrimonio más fuerte y cercano de lo que cualquiera de los dos pudo haber soñado.

◆ Acepte el duelo y la pérdida

Por definición, un divorcio es una pérdida. De hecho, una de las palabras hebreas para divorcio se refiere a cortar o romper un lazo. Algo se ha perdido, la pérdida es real, genuina, profunda y dolorosa.

El duelo es aceptar la realidad de lo que ocurre, es hacer interna la realidad de la ruptura del lazo matrimonial en los niveles tanto intelectuales como emocionales del corazón. Tal es el propósito y la labor del duelo: permitirnos llegar a un término en relación con la realidad de las cosas, para que podamos avanzar. El duelo es un regalo de Dios; sin él, todos estaríamos condenados a una vida de negación continua de la realidad, en la cual discutiríamos o protestaríamos en contra de ella sin crecer nunca a partir de realidades que experimentamos.

Cuando usted se permite aceptar la tristeza y derramar las lágrimas por lo que en verdad ha perdido a causa del divorcio, entonces puede avanzar a una nueva fase de la vida; una vez que el duelo haya dicho que ya es tiempo. Es importante notar que quienes no se han dolido por completo de las pérdidas de su divorcio se encuentran en riesgo de nunca superarlo, o de repetirlo. Cuando hablo a grupos de personas divorciadas, a menudo les advierto en cuanto a una futura relación de noviazgo. Les digo: "Cuando alguien con quien ustedes salen les dice que el divorcio no fue tan duro para él (o ella) y que en realidad no le fue muy difícil, aléjense lo más rápido que puedan de esa casa", una persona que no ha llorado una pérdida significativa tiene asuntos no terminados en su interior, y como resultado puede causar un gran dolor a otras personas.

¿Qué significa aceptar el duelo en un divorcio? Significa muchas cosas, las cuales incluyen:

- Permitir el paso de los sentimientos dolorosos, sin restringirlos.
- Buscar consuelo y apoyo en otros para superarlo en vez de hacerlo solo.
- Dar fin a las protestas y las discusiones en su mente acerca de por qué no debió haber ocurrido o quién tuvo o no tuvo la culpa.

El duelo no nos permite estar bien, ser fuertes y tener el control. El duelo, en esencia, dice: "Amaste, perdiste y es doloroso"; sin embargo, Dios se encuentra al otro lado, esperando, revelándose a nosotros a través de personas prudentes, quienes nos recibirán, sostendrán y restaurarán.

Una de las tareas más difíciles, pero a la vez más importantes del duelo en el divorcio, es la de recordar y valorar al ser amado. Permítase sentir el amor que aún puede sentir por su antiguo cónyuge, las emociones positivas que tenga, sus deseos de estar juntos, su apreciación por los buenos rasgos y características de esa persona. La mayoría de las personas que intentan superar su divorcio no reconocen la importancia que tiene, y en cambio piensan que necesitan estar conscientes de las fallas, pecados y errores. En algunas ocasiones lo hacen por un deseo de venganza, en otras, es una reacción en contra de la necesidad que sienten de esta con esa persona, lo cual provoca que teman volver a quedar atrapados en la relación; hay quienes lo hacen como una forma de completar el proceso de dejarlo atrás.

Sin embargo, el duelo no funciona de esta forma. Cuando se deja un amor, se debe dejar ir a toda la persona, tanto lo bueno como lo malo; las debilidades, las fortalezas, lo positivo y lo negativo. Cuando solo permitimos las emociones negativas, cuando solo dejamos ir a la persona que nos desagrada, que es solo parte del individuo completo, no nos dolemos por la otra parte, por la persona que todavía queremos y amamos y con quien tenemos un depósito de buenas experiencias en nuestra memoria. Esa persona sigue estando en nuestro mundo presente, continúa estando activa en nuestro corazón y provoca toda clase de dificultades. Deje ir el deseo de ver solo lo malo y permítase apreciar y dejar ir a la buena persona a quien deja. Esta es la clave de la libertad que va más allá del duelo en el divorcio.

◆ Haga el balance de sus contribuciones

Cuando hablo a grupos de divorciados, a menudo les pregunto:

—¿Ahora que están divorciados, cuál es su mayor problema?

Invariablemente, alguien contesta:

—¡Mi ex!

Todos reímos. Después, recupero la seriedad y les digo:

—Bien, si alguien aquí en verdad lo cree, entonces se encuentra condenado al fracaso. Ya que si su mayor problema no son ustedes mismos, sus almas y las áreas en las cuales necesitan desarrollarse, y si consideran más las fallas de su ex, entonces él o ella aún controla todos sus movimientos.

Por lo general eso provoca una discusión animada. Si todo lo que puede ver son las fallas de su ex, está indefenso, no tiene nada en qué trabajar, qué cambiar o mejorar, no tiene manera de alterar el curso de su vida para bien. Es por ello que una de las acciones más útiles que puede realizar después del divorcio es hacer un balance de sus propias contribuciones a los problemas del matrimonio, identificando y admitiendo sus equivocaciones, las ocasiones en las cuales no fue amoroso o lastimó a quien entonces era su pareja. Si usted efectúa este ejercicio de crecimiento, ganará mucho, será capaz de resolver cualquier problema interno y, por lo tanto, ser más objetivo acerca de cualquier problema que tuviera la otra persona. Jesús dijo: "Saca primero la viga de tu propio ojo, y entonces verás bien para sacar la paja del ojo de tu hermano" (Mateo 7:5).

Esta tarea no tiene nada que ver con hacerlo sentir mal o culpable por el pasado; lo hecho, hecho está, pero se relaciona con asegurarse de que creció para superar los errores del pasado, para no volverlos a cometer en el futuro. No corra el riesgo de hacer de su pasado su futuro.

Aunque en muchas ocasiones un cónyuge tiene más culpa que otro, nunca he visto un divorcio que fuera 100 por ciento la culpa de alguien y 0 por ciento la culpa del otro. Aun la persona más cariñosa, fiel y justa puede contribuir a los problemas en un matrimonio; negarlo es evitar un gran crecimiento y conservarlo para el futuro.

La siguiente es una breve lista de "contribuciones" para el divorcio; para examinar, aceptar, cambiar y en las cuales hay que crecer, ya sea que usted haya sido el "malo", el "bueno" o el intermedio en el matrimonio:

- *Retirar el amor.* Usted quitó la sustancia misma que la otra persona necesitaba para sentirse segura y valorada.
- *Control.* Usted no permitió que su cónyuge tuviera sus propios sentimientos, opiniones y decisiones aparte de las suyas sin una clase de represalia de su parte.
- *Críticas no amorosas.* Menospreció a su pareja por ira, superioridad, o por no ser capaz de aceptarlo o aceptarla.
- *Irresponsabilidad.* No asumió la responsabilidad de su parte en el matrimonio.
- *Pasividad.* Usted hizo que su cónyuge decidiera demasiado con tal de evitar tomar usted las decisiones.
- *Superioridad moral.* Usted solo vio las fallas de su ex cónyuge y creyó más alta su propia moral o espiritualidad; una forma de arrogancia y orgullo.
- *Codependencia.* Usted rescató a su pareja o le permitió mantenerse siendo irresponsable.

Y ahora, pida a Dios que le muestre qué cosas necesita cambiar. Al llevar estos asuntos ante Dios y sus amigos, podrá trabajar con seguridad en ellas y mejorar; así se dará cuenta de que escoge mejores personas y se convierte en una mejor persona.

◆ Cómo saber cuándo tener una relación de nuevo

Con frecuencia las personas divorciadas me preguntan: "¿Cuándo puedo volver a tener una relación?". Aunque no quieren volver a cometer los mismos errores, quieren salir y conocer a las personas adecuadas, mientras que Henry y yo creemos que el crecimiento personal y espiritual es a lo que en realidad deben dedicarse, y que el noviazgo debe ser lo segundo; creemos que ello es algo bueno.

Estas son algunas cosas que debe hacer y saber antes de regresar a la escena del noviazgo después de un divorcio.

1. Espere. Es sabio esperar hasta estar estable, haber superado el duelo y pasar a través de los efectos del divorcio. Comenzar a salir mientras se encuentre separado y no divorciado o inmediatamente después de que el divorcio ha concluido es arriesgarse a cubrir o disminuir lo que debe aprender, sentir y experimentar acerca de este suceso tan grande. Tome el tiempo para que Dios lo ayude a superar el divorcio.

2. Desarrolle una relación estable a largo plazo con Dios. Trabaje en conocerlo a Él y a sus caminos, búsquelo, así como Su vida y Su dirección. Él lo ayudará a saber cuando esté listo. A menudo, mientras las personas desarrollan sus vidas espirituales, encuentran plenitud en saber que Dios lima cualquier deseo de regresar a las relaciones de noviazgo.

3. Relaciónese con una comunidad que tenga personas saludables, estables, amorosas y honestas. Haga de ellos su familia, adonde lleve su vida, sus necesidades y sus luchas. Las personas que tienen comunidades de apoyo encuentran que no están tan desesperados por casarse, pues su comunidad satisface algunas de las necesidades que impulsan el deseo de casarse. Esto los hace libres para, serenamente, buscar un noviazgo y casarse de acuerdo con sus valores, su libertad y su cuidadosa elección en vez de buscarlo por sus temores y necesidades. Es necesario que se comprometa emocionalmente en relaciones que no sean de noviazgo, las cuales posteriormente ayudarán a que surja de nuevo un noviazgo saludable.

◆ Dios es un Dios de nuevos comienzos

Si usted está divorciado o ha perdido un amor, podría pensar en sí mismo como mercancía dañada. Pero esa no es la manera en que Dios lo ve. Más que nada Él desea restaurar y redimir a su pueblo. Usted podría estar dañado, pero Dios puede repararlo, pues ningún daño está más allá de Él. Usted podría sentir que tiene una categoría de segunda, pero Dios es el Dios de los nuevos comienzos y de la renovación. Vaya a Él con su pasado y con su presente, y pídale que le muestre el camino a una renovación de su vida. "Mas el Dios de toda gracia, que nos llamó a su gloria eterna en Jesucristo, después que hayáis padecido un poco de tiempo, él mismo os perfeccione, afirme, fortalezca y establezca" (1 Pedro 5:10-11).

16

LOS MALOS HÁBITOS Y LAS ADICCIONES

¿Qué significa para usted la palabra *adicción*? Yo creo (Henry) que existen casi tantas respuestas a esa pregunta como personas que la contestan. Por ejemplo, hay quienes han dicho:

- No existe tal cosa que pueda llamarse "adicción", las personas envueltas en comportamientos adictivos no tienen una enfermedad; simplemente se niegan a ejercer control sobre sus acciones.
- Solo las sustancias son adictivas.
- Solo los comportamientos como la bebida o los juegos de azar pueden ser adictivos.
- Creo que casi cualquier actividad como las compras o el ejercicio puede ser adictiva.

Mientras más hablamos de adicciones, más significado parece perder el término. Se vuelve difícil siquiera saber que estamos hablando de lo mismo.

Así que, en este capítulo asumiremos algunas cosas con respecto a las adicciones y partiremos de esas suposiciones. Si usted escogió este libro porque hay algo en su vida que no puede detener y cree tener una adicción, entonces debe buscar respuestas en este capítulo, queremos ayudarlo.

Por esa razón, escogimos hablar de las adicciones en el sentido más amplio de la palabra. Aunque existen algunas imprecisiones técnicas en este enfoque, nos permitirá a todos identificarnos en algún grado con el problema; todos podremos beneficiarnos de vivir de una manera que nos permita estar relacionados con Dios y con las demás personas.

A la luz de lo anterior, esta será la definición que usaremos: una adicción es una incapacidad de detener un uso compulsivo y repetitivo de una actividad, comportamiento o sustancia a pesar de sus consecuencias negativas.

Con esta definición, ¡muchos de nosotros estamos en problemas! Ella no incluye lo que normalmente asociamos con ser un adicto; estar en la calle sin un centavo ni un amigo. La mayoría de las imágenes perturbadoras de los adictos se construyen alrededor de las devastadoras etapas finales del abuso grave de drogas, tales como el alcohol o la heroína. Cuando esas adicciones no reciben tratamiento en un período largo de tiempo, las personas pueden perder la vida misma. Muchos de nosotros pensamos en un adicto como alguien deprimido y acabado, que lo ha perdido todo; empleo, hogar y familia.

Por ello, a muchas personas que luchan en esta área les resulta fácil mentirse a sí mismas, aun cuando no son capaces de dejar una sustancia o conducta sin importar sus consecuencias negativas. Creen que por funcionar bien en sus trabajos no tienen una adicción; sin embargo, están equivocadas. Es muy posible tener un buen desempeño y aun así estar fuera de control en la manera en que se usa el dinero, en la comida, el sexo, el alcohol, el ejercicio o muchas otras cosas.

Apenas hoy, hablé con una mujer que se encuentra en recuperación por lo que define como "adicción al romance". Era adicta a las relaciones románticas a pesar de las consecuencias negativas que esto le traía. Mientras hablábamos, me contó acerca de su padre, me dijo que era un alcohólico "pero nadie lo sabrá". Cuando le pregunté qué quería decir, me dijo que su padre se desempeñaba bien en su trabajo, pero todos los días llegaba a casa y bebía varios martinis para subsanar su tensión y soledad. Cuando su esposa lo confrontó acerca de sus problemas de bebida, negó tener un problema, diciendo que el beber no interfería con su vida; sin embargo, lo hacía. Se alejó cada vez más de su familia y tenía muy poca interacción significativa con su hija. Estaba demasiado anestesiado como para darle atención día a día.

¿Cuál fue el resultado? Su hija creció completamente separada de su padre y comenzó a requerir la atención de los hombres como una forma de obtener valor como persona y como mujer. Se encontró en relaciones con hombres que no la valoraban por algo más que el sexo. Aunque se dio cuenta de lo que sucedía, descubrió que era incapaz de detenerlo; se embarazó de un hombre que no se comprometería a una relación con ella y abortó. En medio de intentar ganar el amor de estos hombres, perdía cada vez más de sí misma y de todo lo que le importaba.

Gracias a Dios, Él está abriendo una senda para que esta mujer rompa el ciclo y encuentre una vida que la satisfaga profundamente, y este mismo Dios también puede abrir una para usted.

◆ La imagen de la adicción

¿Cuál es la apariencia de la mayoría de las adicciones? En general, la gran parte de los adictos siguen este proceso de dos pasos:

1. Comienzan con una conducta que les trae placer. Esto puede ser únicamente por placer, como lo que ocurre cuando las personas usan drogas por primera vez; o puede ser para buscar alivio de un mal estado emocional o angustia emocional. Por ejemplo, una mujer que regresa a casa de un trabajo que la pensiona, puede darse cuenta de que cuando gasta mucho dinero en el centro comercial o se detiene en un bar cercano y bebe unos cuantos tragos, su tensión disminuye. El placer que encuentra es el placer del alivio de alguna clase de dolor, ansiedad u otro trastorno. Sin embargo, después de que los efectos desaparecen, su cuerpo y su mente regresan al estado en el cual se encontraban antes de la conducta y de sus efectos; lo más probable será que desee regresar a ese estado de placer. En otras palabras, la sustancia o comportamiento se ha visto reforzado.

2. Se vuelven física o psicológicamente dependientes de la conducta o sustancia. Comienzan a "necesitar" la sustancia o el comportamiento, a menudo en cantidades cada vez mayores, para obtener el mismo efecto, placer o alivio. Conozco a un hombre que a veces fuma puros. En una ocasión le pregunté si alguna vez había tenido algún problema por fumar, si alguna vez se había salido de control. Me dijo que al principio de su carrera en los negocios, le pedía un cigarrillo a algún compañero de trabajo cuando salía de la oficina, al final del día, le gustaba, y creía que simplemente era un placer ocasional; entonces, notó que algo ocurría. Los días en los que más se encontraba sometido a la tensión, se dio cuenta de que quería ir a buscar a alguien que le diera un cigarrillo. Observó que deseaba fumar para aliviar la tensión. Cuando se enfrentó a los que estaba ocurriendo, lo dejó. Su uso ocasional de una droga altamente adictiva se reforzó como un medio para calmar la tensión.

Sin embargo, la mayoría de las personas son incapaces de reconocer cuando esto ocurre y continúan haciendo lo que los hace sentir mejor. De hecho, en muchos círculos, tal conducta puede adquirir normalidad. Muchas personas sienten que es normal y aceptable buscar una resolución sexual o beber alcohol para liberar algo de tensión. No reconocen las señales de alerta y por ello continúan con la conducta, y poco a poco invade más de su alma y ni siquiera se dan cuenta.

Luego, ocurre algo malo, alguna clase de secuela negativa al comportamiento. Puede ser culpa, vergüenza o que alguien se moleste con ellos. La adicción se vuelve aparente cuando una persona no reconoce la consecuencia negativa, busca justificarse explicándola o la reconoce y, aun así, es incapaz de detenerse. En otras palabras, la persona continúa el comportamiento a pesar de sus consecuencias negativas. Muchos adictos hacen muchas promesas, ya sea a sí mismos o a otros, de que no volverán a realizar la conducta, y sin embargo, no pueden mantenerlas. Han perdido el dominio propio y están "esclavizados" a la acción; ya no tienen elección.

A partir de ese momento todo declina, pues las consecuencias negativas a menudo aumentan. Con frecuencia los adictos tienen dificultades en sus relaciones, tales como tensión en el matrimonio o con sus amigos y familia. Tienen dificultades de desempeño, como puede ser una incapacidad de hacer su trabajo u otras labores. Es frecuente que experimenten consecuencias financieras, pues a veces las adicciones se vuelven costosas o pueden erosionar el bienestar económico de una persona. Al volverse más dominante el ciclo de adicción, muchos adictos padecen de efectos internos negativos, tales como perturbaciones anímicas, depresión, ansiedad o vergüenza.

Sin embargo, a pesar de todas las consecuencias, el adicto parece no poder detener la conducta. Los adictos al sexo pierden su matrimonio y contraen enfermedades, pero son incapaces de detenerse; los adictos al juego pierden los ahorros de su vida y aún así continúan intentando encontrar más dinero, frecuentemente de maneras problemáticas, tales como préstamos peligrosos o deudas de tarjetas de crédito; los alcohólicos se mantienen bebiendo aun después de haber sido confrontados por sus familias o cuando se les han diagnosticado problemas hepáticos; los adictos a la comida pueden ganar mucho peso, lo que pone en riesgo su salud y provoca otros problemas que limitan su calidad de vida en lo interno, físico e interpersonal entre otros aspectos.

Desde luego, hay algunas excepciones a esta imagen general. Algunas personas son capaces de controlar las cosas por períodos de tiempo; en ocasiones, períodos largos. Sin embargo, cuando vuelven a involucrarse en el comportamiento, este se sale de control y se vuelve destructivo para ellos mismos y para los demás. Aunque el comportamiento no sea continuo, obtienen como resultado la misma clase de consecuencias negativas. A menudo a estas personas se les llama adictos compulsivos.

El sello característico de todas las adicciones es que la persona pierde el control y sufre consecuencias negativas como resultado de ello.

Por desgracia, muchas de las actividades a las cuales muchos se vuelven adictos son cosas que Dios diseñó para que fueran partes de la vida diaria, tales como la comida, el dinero y el sexo. El problema surge cuando estas cosas consumen a las personas, tanto que pierden el control y se vuelven esclavos de la conducta o sustancia. Como lo dice el apóstol Pablo: "Todas las cosas me son lícitas, mas no todas convienen; todas las cosas me son lícitas, mas yo no me dejaré dominar de ninguna" (1 Corintios 6:12).

La palabra en griego que se tradujo como "dominar" significa tener poder o control. En otras palabras, la persona ha perdido el control o el poder sobre su propia vida en esa área y la adicción lo ha dominado. De la misma manera, cuando Pablo dice que no sean "esclavas del vino" (Tito 2:3), la palabra en griego que se tradujo como ser esclavo significa ser llevado en cautiverio o servicio. Dios reconoce que las personas pueden volverse adictas y que una persona en realidad puede ser impotente sobre su vida. Al final, la pérdida de control es el núcleo de la adicción. Es una paradoja que la pérdida del control sea el inicio del cambio y de la esperanza. Cuando admitimos que somos incapaces de cambiar, podemos volvernos a Dios en busca de ayuda.

◆ Seamos honestos

Ahora que hemos hablado de las adicciones y de cómo afectan la vida de un individuo, hablemos acerca de usted. Responda las siguientes preguntas:

- ¿Hay algo en su vida que se haya salido fuera de su control? ¿No está dispuesto o es incapaz de dejar esa conducta a pesar de sus consecuencias negativas? ¿Inventa excusas para convencerse a sí mismo o a otra persona de que la conducta no es un gran problema o que otras personas tienen un problema mucho mayor que el suyo?
- ¿Pasa por períodos de abstinencia? ¿Siente deseos que solo la sustancia o la acción pueden satisfacerlo? ¿Se ha dado cuenta de que al final la sustancia o comportamiento no lo satisface porque la necesita de nuevo o necesita más? (A esto se le llama *tolerancia*, es necesitar más para producir los mismos efectos).
- ¿Ese comportamiento lo obsesiona cada vez más? ¿Organiza cada vez más su vida para poder realizar la conducta y esta afecta la cantidad de tiempo y energía que tiene para las personas que son importantes para usted?
- ¿Con frecuencia se siente culpable o avergonzado por la conducta y aún así se da cuenta que es incapaz de detenerse? ¿Se hace promesas usted mismo o se las hace a alguien más, de que lo dejará o disminuirá su uso, y no lo hace? ¿La actividad no está de acuerdo con su sistema de valores y a pesar de ello continúa? ¿Tan solo intenta decirse a sí mismo que en realidad podría dejarlo si lo quisiera, pero no lo intenta? ¿Otras personas han

notado los efectos de la conducta, la mencionan o les molesta? ¿Usted toma una actitud defensiva?

- ¿Se siente mejor cuando realiza la actividad y se da cuenta de que otras cosas en la vida no pueden brindarle la misma cantidad de placer, emoción, interés o alivio momentáneo que esta conducta le da? ¿La realiza más tiempo del que planeaba? ¿El comportamiento afecta a su salud o su desempeño en la vida o el trabajo? ¿Tiene problemas emocionales, anímicos o de pensamiento como resultado de la conducta?
- ¿Ha perdido la conciencia o la memoria por causa de una sustancia? ¿Se esconde de los demás para realizar la actividad o usar una sustancia? ¿Se da cuenta de que miente acerca de lo que hace o no hace? ¿Intenta encubrir sus acciones?

Estas preguntas abordan algunas de las señales de una adicción. Si respondió "sí" a cualquiera de estas preguntas, entonces puede tener un problema.

Quizá se pregunte por qué algunas personas pueden mantenerse bajo control y disfrutar muchas sustancias y conductas adictivas, mientras que otros no pueden; después de todo, nadie decide un día: "quiero volverme alcohólico". Nadie escoge volverse adicto a la pornografía, a las compras, al sexo, al juego, a la cocaína o a cualquier otra sustancia o conducta. ¿Por qué llegan a tomar el control de la vida de las personas?

◆ Por qué los individuos se vuelven adictos

Las personas se vuelven adictas por una gran variedad de razones. La razón principal es que somos humanos, separados de Dios y de la vida, y por ello nos encontramos fuera de control en muchos sentidos. Ahora, resumamos algunas de las fuerzas específicas que impulsan una adicción.

Algunas personas parecen tener un tipo en especial de estructura genética que los hace propensos a ser adictos a alguna sustancia en particular, tal como el alcohol.

Las influencias del entorno pueden tener algo que ver. Las personas heridas por alguna relación significativa o que crecen en familias donde se reprimen ciertas pautas vitales o de relación, pueden no desarrollar las habilidades necesarias para lidiar con el dolor; y algunas de ellas recurren a una adicción para aliviarlo. Todos vivimos en una batalla constante en este universo entre las fuerzas de la oscuridad y las de la luz. En verdad existen las fuerzas del mal, e intentan hacer todo lo posible para tentar a los humanos a buscar la oscuridad en vez de a Dios y sus caminos. Como resultado, algunas personas toman decisiones que los llevan por un camino de destrucción que los aleja de la luz, como probar las drogas o elegir alejarse de las sendas de Dios para experimentar alguna acción que traiga placer momentáneo. Como lo dirán muchos adictos a las drogas, al sexo, al juego y a la pornografía, tales elecciones peligrosas pueden llevarlo a la oscuridad total.

La estructura y dinámica emocional de algunas personas los pueden predisponer hacia una adicción. Estas dinámicas incluyen:

- Una sensación interna de aislamiento en las relaciones que provoca soledad y hambre de amor.
- Una sensación de impotencia, por ser controlado por otras personas, circunstancias e influencias mayores que ellos.
- Una incapacidad de obtener dominio y habilidad para soportar las cosas y, por lo tanto, de desarrollar un sentido de poder personal que sea adecuado para tratar con otras personas y con la vida misma.
- Sentimientos de vergüenza, culpa, fracaso, u otras maneras de sentirse mal con ellos mismos.
- Traumas, heridas abusos y dolores de todo tipo que no hayan sido resueltos.
- Sentimientos de inferioridad e incapacidad para desarrollar ciertas aptitudes.
- Sentirse dominado por los demás y no vivir de acuerdo a sus normas.
- Vivir momentos difíciles, aunados a una carencia de mecanismos y habilidades para tratar con los problemas.

Aunque todos los anteriores pueden ser factores que compongan la causa de una adicción, son síntomas de una condición más profunda, la de estar "alejados" de Dios y de la vida para la cual nos creó. La Biblia dice que cuando estamos separados de Él y de Su vida, nos volvemos propensos a las adicciones. Escuche cómo lo describe Pablo:

> Esto, pues, digo y requiero en el Señor: que ya no andéis como los otros gentiles, que andan en la vanidad de su mente, teniendo el entendimiento entenebrecido, ajenos de la vida de Dios por la ignorancia que en ellos hay, por la dureza de su corazón; los cuales, después que perdieron toda sensibilidad, se entregaron a la lascivia *para cometer con avidez toda clase de impureza.*
>
> Efesios 5:17-19, énfasis añadido

Cuando nuestro entendimiento se entenebrece y somos ajenos a la vida de Dios, nos encontramos en un estado perdido en el cual deseamos con avidez cosas que nunca nos satisfacen. Este deseo nos lleva a querer solo un trago más, una experiencia más, otro encuentro sexual, otra pizza u otra compra. El deseo es "continuo", lo cual significa que no desaparece al experimentar la conducta.

Este es un ciclo descendente, fútil y destructivo pues provoca que nos separemos de Dios y de Su vida, aun entre personas "espirituales". Una parte del alma se encuentra desconectada de Dios o de los recursos y de la sanidad que en verdad satisfacen la necesidad; todo lo que en verdad puede abrir una senda.

Si la separación de Dios y Su vida es la causa, entonces la reconciliación con ambos es la respuesta. Así es como Dios hace una senda para quien sea que tenga una adicción. En verdad Él puede hacer libres a los esclavos.

◆ La salida

Jeri había estado esclavizada mucho tiempo a comer por compulsión, Su doctor la envió a recibir apoyo psicológico pues temía por su salud. Tenía mucho sobrepeso y había un historial de enfermedades cardíacas en su familia, el doctor estaba muy preocupado. Ella intentó controlar sus hábitos alimenticios a través de dietas en muchas ocasiones. Al principio, perdía algo de peso, pero al final se rendía y la dejaba, volviendo a recuperar el peso que había perdido y un poco más. La desesperación dio paso a la desconexión y empezó a ser una persona muy solitaria. El doctor le llamó la atención, por lo cual, además ahora ella temía por su vida.

Cuando Jeri llegó a nuestra clínica, lo primero que tuvimos que hacer fue "curarla" de su compromiso con las dietas. Llegó creyendo, erróneamente, que todo lo que necesitaba era más compromiso y fuerza de voluntad. Creyó que si hacía un compromiso lo suficientemente fuerte, sería capaz de controlar sus hábitos; sin embargo, así no funcionan las adicciones. Jeri debió aprender que por definición, una adicción es la incapacidad de detenerse. En otras palabras, debía aprender a admitir que era impotente ante su adicción y totalmente incapaz de detenerse. Usted podría pensar que después de ganar algunas decenas de kilos y de muchos intentos fallidos con las dietas, Jeri se habría dado cuenta de que no tenía posibilidades de cambiar por sí misma. Sin embargo, eso es parte de la adicción: creer que el adicto es capaz de superar el problema.

Después, Jeri tuvo que enfrentar que en verdad nunca había pedido ayuda a Dios para darle el poder de superar su vida de adicción. Había orado antes por el problema, pero eso es muy diferente a reconocer a Dios como una fuente de poder en la adicción misma. Ella tuvo que aprender que cuando llegaba la tentación, debía orar y pedir en ese momento a Dios que le diera la fuerza para saber cómo escapar de ella.

Entonces, fue cuando entendió que Dios también nos da la fuerza a través de otras personas. Comenzó a ver que parte de la razón por la cual había fallado en el pasado fue porque había intentado hacerlo sola. Pensó que por haberse unido a grupos de dieta que enfatizaban el apoyo de grupo, en verdad estaba recibiéndolo. Descubrió que en los momentos de debilidad, cuando sentía soledad y autocompasión, necesitaba llamar a alguien, necesitaba un "sistema de compañeros". Aprendió a buscar a Dios y a un compañero y hablar de lo que le sucedía, vez de usar la comida para sentirse mejor.

Todavía recuerdo el día en que obtuvo esta revelación. Vino a una sesión de grupo temprano esa mañana y dijo que la noche anterior se había sentido tentada a comer en exceso.

—Ahora entiendo de lo que hablan —dijo.

—¿A qué se refiere? —le preguntamos.

—Bien, anoche tenía muchos deseos de comer, y estaba a punto de rendirme cuando recordé las tres cosas que me dijeron. Primero, debía buscar a Dios, así que oré y le pedí que me ayudara a superarlo y que me mostrara lo que ocurría; segundo, ustedes dijeron que en realidad mis deseos no eran por comida sino que se relacionaban con cómo me sentía en el interior; tercero, que en esos momentos no podía depender solo de mí misma sino que tenía que buscar a alguien más.

—Así que le pedí a Dios que me ayudara y llamé a Regina (otro miembro del grupo) y le dije que estaba luchando. Conforme hablábamos comencé a sentirme muy triste, mientras más hablaba, más triste me sentía y después vino una sensación de soledad que nunca antes había tenido. Ella solo me dijo que siguiera hablando, y lo hice; entonces, poco a poco, la sensación se fue; y lo extraño fue que después de esa conversación, dejé de tener hambre, pero sin haber comido nada. ¡Creo que lo estoy entendiendo! —exclamó con algo de emoción.

Mientras Jeri continuó trabajando en ello, se dio cuenta de la existencia de otras dinámicas que provocaban su manera de comer. También tenía mucho miedo de acercarse a los hombres por causa de un abuso que sufrió. De manera subconsciente, ganó mucho peso como una forma de mantener a los hombres a distancia. Gradualmente se dio cuenta de algunos sucesos que desencadenaban su deseo de comer y tuvo que aprender la manera de expresar el dolor en vez de comer hasta que desapareciera.

Con el tiempo, entendió que también tenía algunas fallas de carácter. No era tan honesta como pensó ser, no era franca con las personas y después guardaba rencores y amarguras hacia ellos en vez de hablar las cosas de manera directa, ofreciendo perdón para resolver el conflicto. Ella siempre había creído ser una "buena" persona, pero esa apariencia de bondad cubría mucho enojo y resentimiento, por lo que sus verdaderos sentimientos surgían mientras hablaba a espaldas de las personas. Tuvo que aprender a arrepentirse de esa clase de comportamiento indirecto e hiriente, así como a pedir perdón y a resolver los conflictos.

Jeri regresó a la escuela e inició un nuevo negocio que tuvo éxito. Pronto la contrataron como asesora y estaba muy emocionada por poder ejercitar sus dones y talentos, lo cual venció una creencia recurrente de que era "tonta" e incapaz de hacer nada importante. Ahora, personas "importantes" le pagaban por su ayuda.

Además, Jeri perdió la mitad de su peso; y con ello no me refiero a la mitad de su peso meta o la mitad del peso que se supone debía perder, sino literalmente la mitad de su peso corporal, pasó de 136 Kg. a 68. Esto no fue producto de una dieta, perdió peso como resultado de volver a conectarse con Dios y Su vida.

Los siguientes, son los pasos que tomó:

- Llegó a su límite, al límite de sus fuerzas y admitió su impotencia.
- Encontró fuerza al clamar a Dios.
- Encontró fuerza al buscar y relacionarse con personas de Dios.
- Superó la soledad y el aislamiento al aprender cómo ser vulnerable y a relacionarse con los demás; esto la sanó del dolor que intentaba sanar al comer.
- Creció en carácter y aprendió a ser honesta, responsable y a colocar buenos límites con los demás en vez de ser tan pasiva.
- Lloró todo su dolor.
- Perdonó a muchas personas y dejó atrás mucha amargura.
- Desarrolló sus talentos, buscó ayuda, tomó algunos riesgos y creció hasta tener una vida de trabajo y servicio.
- Aprendió a orar en un nivel más realista, profundo y a ser más dependiente de Dios.
- Comenzó a estudiar la Biblia de una manera diferente; no como una obligación religiosa sino como el lugar donde encontraría la sabiduría que necesitaba para recibir sanidad.

- Aprendió nuevas habilidades interpersonales para construir mejores relaciones.
- Resolvió los conflictos con otras personas, pidió perdón y se enmendó.
- Aprendió a buscar la ayuda de otras personas en los momentos cruciales, cuando la necesitaba.
- Perdió su sobrepeso.

Estos pasos marcan el camino que Jeri tomó y que Dios describe. Llegó al límite de sus fuerzas, clamó a Dios y con su ayuda volvió a vincularse con Él y Su vida. Él la sanó, quitó lo que la lastimaba de su alma y carácter, y construyó cosas nuevas que ella no poseía antes de entrar en la recuperación. A través del crecimiento espiritual superó su adicción.

◆ Usted también vaya de la esperanza a la seguridad

Si alguna parte de su vida está fuera de control y ello le provoca consecuencias negativas, usted podría estarse enfrentando con una adicción. Si así es, usted es un candidato para la recuperación. El siguiente es un resumen de los pasos que puede tomar para encontrar ayuda y sanidad. Notará que algunos de ellos son los mismos del programa de doce pasos de Alcohólicos Anónimos:

1. Admita ante usted, Dios y otra persona que está fuera de control y que esta adicción ha tomado lo mejor de usted. Admita que es impotente en sus propias fuerzas para arreglarlo.
2. Pida perdón a Dios por lo que sea que haya hecho, reclame ese perdón, recíbalo y líbrese de toda condenación.
3. Crea que Dios puede ayudarlo, clame a Él y sométase por completo a Su cuidado, Su dirección, Su instrucción y Su fuerza. Dispóngase a obedecer por completo lo que sea que Él le muestre que haga.
4. Realice un inventario de todo lo que está mal en su interior, y entre usted y otras personas, además de todo lo que ha hecho mal. Confiéselo a Dios y a alguien más.

5. Pida continuamente a Dios que le muestre cualquier cosa en la cual necesite trabajar, y cuando Él se lo diga, llegue hasta el final.

6. Pida perdón y enmiéndese ante todos a quienes ha lastimado, excepto cuando ello puede dañar a esa persona.

7. Busque profundamente a Dios, pregunte qué es lo que quiere que usted haga, pídale el poder para hacerlo y continúe en obediencia hasta terminar.

8. Busque ayuda de los demás.

9. Identifique los sucesos que desencadenan su comportamiento adictivo y cuando sucedan, busque ayuda. Es por ello que algunos adictos, en especial al principio, asisten a múltiples reuniones todos los días y tienen un "padrino" a quien pueden llamar.

10. Descubra las heridas y el dolor que intenta cubrir y busque recibir sanidad. Averigüe lo que le hace falta en el interior y comience a buscar y recibir el amor y la fortaleza que necesita.

11. No intente hacer esto solo, únase a un sistema de apoyo. Quizás necesite asistir a un grupo todos los días por algunos meses y tener algunos compañeros a quienes llamar todos los días.

12. Encuentre qué habilidades necesita para hacer funcionar sus relaciones. Trabaje en ellas y tome riesgos para relacionarse mejor con las personas.

13. Perdone a todos los que lo hayan lastimado.

14. Identifique sus talentos y desarróllelos, busque sus sueños y metas.

15. Simplifique su vida para tener menos tensión y asegúrese de tener tiempo para recrearse y cuidar de usted mismo.

16. Únase a un grupo estructurado que le dé la disciplina para hacer todo esto.

17. Estudie la Palabra de Dios y otros escritos espirituales que le enseñen cómo aplicarla.

18. Manténgase siendo humilde, sea honesto y recuerde que el crecimiento espiritual y la recuperación son de por vida y no solo se dan en una temporada.

19. Si usted es adicto a una sustancia, busque también ayuda médica. Al principio, es posible que pase por el período de abstinencia u otros problemas médicos graves. Asegúrese de estar bien.

20. Vea su adicción no como un problema, sino un síntoma de una vida que no está plantada ni creciendo en Dios. Que la recuperación le sirva para examinar su vida y no solo para corregir un síntoma.

No importa a lo que sea adicto —una sustancia, una persona, un comportamiento o algo más—, no importa el tiempo que ha sido adicto a ello; lo que importa es lo grave de las consecuencias. Si usted está dispuesto a que Dios abra una senda, Él lo hará, todo lo que debe hacer es dejar de decirse a usted mismo que debe ser fuerte; admita que es débil y entre en Su proceso de recuperación. El plan funciona si usted lo sigue, pues la fuerza no vendrá de usted sino de Dios; sin embargo, usted deberá acudir a Él con sus debilidades y decidir seguirlo para recibir Su fuerza. Lo animamos a que lo haga y descubra, como millones lo han hecho antes que usted, que sin importar lo que haya perdido, Dios puede abrir una senda.

17

EL DESÁNIMO Y LA DEPRESIÓN

"Me deprimí mucho cuando no conseguí el aumento"; "Aumenté cinco kilos, es muy deprimente"; "La lluvia me deprime tanto".

La mayoría de nosotros hemos hecho esta clase de comentarios para describir una experiencia negativa o un día o evento malo. Aunque describimos acontecimientos y emociones que pueden ser muy tristes y desalentadores, no describimos la depresión. En los últimos años, el significado de depresión ha cambiado y el término ha ampliado para incluir cosas diferentes de lo que en realidad es.

Quienes en verdad entienden la depresión usan el término con moderación. Yo (John) no desearía una verdadera depresión ni a mi peor enemigo; es una de las experiencias más dolorosas por la cual alguien puede pasar. Sin embargo, hay diferentes grados de gravedad en la depresión. Si usted está deprimido, tal vez puede sentir:

- Que está totalmente solo y aislado, tanto en lo interno como lo externo.
- Un profundo odio hacia usted mismo que ataca constantemente su alma con condenación y críticas.
- Sentir que no existe, que no está vivo ni es real; es decir, insensible y desconectado de la vida.
- En estado letárgico y cansado, como si intentara nadar en lodo.
- Que está atrapado en un "agujero oscuro".

Algunas personas que han experimentado depresión grave, dicen que es lo más cercano que pueden imaginar a estar en el infierno.

Las personas también reaccionan de maneras diferentes ante quienes sufren de depresión y la mayoría de nosotros deseamos nunca estar en su lugar. A algunos les confunde no ver ninguna razón en los sentimientos del deprimido, y pueden sentirse frustrados y enojados porque les parece que la persona deprimida no está haciendo lo que necesita para recuperarse. Otros, sienten compasión, quizá porque ellos mismos han experimentado la apatía de la depresión o porque aman a alguien que la ha sentido. Pueden mantener las esperanzas cuando el deprimido no las tiene, ofreciéndole su apoyo a través de cuidado y oraciones. La depresión deja una marca y conmueve a todos en algún nivel.

La depresión también tiene vida propia, por así decirlo. Ocurre de forma independiente a las circunstancias; lo cual es contrario a lo que muchos creen. Este hecho es lo que distingue a la verdadera depresión de los sentimientos de desánimo o tristeza que acompañan a un acontecimiento o experiencia. En la mayoría de los casos, cuando nos sentimos tristes, esos sentimientos pueden "curarse" al cambiar de situación o entorno. Por ejemplo, si usted tiene una discusión con su cónyuge, puede sentirse distante y solo, pero por lo general se siente más vivo en el interior y más unido a la persona después de la reconciliación; o si sufre de mucha tensión y lo desanima su empleo, puede tomarse un fin de semana libre para ir a algún lado y regresar fresco y con nuevo vigor. Muchas iglesias realizan retiros los fines de semana para sus miembros con esta idea en mente, y son muy efectivos.

La verdadera depresión no desaparece con tanta facilidad. Estar deprimido es parecido a tener una infección bacteriana; todas las aspirinas del mundo no harán que desaparezca. Cuando en verdad alguien padece de depresión, las reconciliaciones o los ambientes relajantes pueden traer algo de alivio pero no retiran los síntomas, solo hacen que se vuelva una persona deprimida con una relación reconciliada en un ambiente relajante. Es como si los depresivos tuvieran un filtro en sus cerebros que interpretara a través de la depresión cualquier palabra o experiencia, distorsionándola. Por ejemplo, si usted se encuentra deprimido y un amigo suyo le dice: "Me preocupa lo que te ocurra", usted no sería capaz de sentir ninguna cercanía o consuelo a partir de las palabras de su amigo;

en cambio, lo más posible es que usted respondiera algo como: "Es por que no me conoces" o "Te escucho pero no lo siento".

Muchas personas en la iglesia no lo entienden y por ello intentan ayudar al deprimido hablándole del amor de Dios, de la esperanza de Su provisión y de todo lo bueno que tiene para nosotros. Y el deprimido intentará aceptarlo y experimentar esas verdades, pero eso no ocurre. A menudo las personas con buenas intenciones, sin saberlo, separan la verdad de la Palabra de Dios de la experiencia de estar presente con una persona. Quienes sufren de depresión necesitan tanto la verdad de Dios como su amor, en la forma de Su Espíritu y de Su gente. Se requiere más que solo las palabras.

Este fue el caso de William, un pastor que luchó contra la depresión la mayor parte de su vida. Por años fue capaz de mantener a raya sus sentimientos de condenación y soledad, visitando en ocasiones a un consejero hasta que se sentía un poco mejor, sin resolver el problema. Sin embargo, cuando tenía alrededor de cuarenta años, William tomó un cargo en el equipo pastoral de una congregación grande. En pocos meses comenzó a perder peso y no podía dormir más de dos o tres horas al día. Su vida comenzó a ir hacia abajo, siendo cada vez más apático y aletargado, hasta que ello impidió que realizara su trabajo en la iglesia. Después de seis meses en esa situación, la iglesia tuvo que dejarlo ir; pero lo hicieron con la promesa de mantenerlo en nómina, para que pudiera obtener la ayuda que necesitaba. Ellos querían que viera a un consejero, para que determinara si la causa de su condición era emocional, biológica o ambas.

William buscó ayuda profesional. Cuando le dijo al consejero que había perdido las esperanzas de sentirse mejor, él le preguntó como se sentía. Respondió: "En realidad no siento nada. Sé que debería sentirme mal por eso, pero en realidad no lo siento." Parte de la razón por la cual perdió las esperanzas fue su incapacidad de sentir el amor de Dios hacia él; o el amor de cualquiera, dado el caso. Sabía que Dios pensaba en él —después de todo, fue al seminario— pero en realidad nunca lo creyó en su corazón. La depresión de William era severa, y le tomó un largo período de apoyo psicológico y de tratamiento con medicamentos el comenzar a experimentar buenos resultados y la esperanza de que Dios abría una senda para él en su lucha contra la depresión. La depresión de William era algo obvio para todos. Era imposible estar con él sin saber que algo estaba muy mal, pero muchas veces eso no es lo que ocurre. Usted puede sufrir de depresión sin darse cuenta, por no sentirse triste o sentir que no tiene esperanzas; sin embargo, podría tener dificultades en sus relaciones o buscar alivio a través de las sustancias, el sexo o la comida; lo cual lo anestesia de experimentarla. Su desempeño en actividades que por lo normal son productivas y saludables, tales como el trabajo, los pasatiempos, los deportes, el arte o hasta las labores del ministerio puede ser tan intenso que evita que se sienta triste o solo. Sin embargo, si tiene una depresión oculta, la mayoría de las veces emergerá. Comenzará a filtrarse al exterior o tendrá conciencia de que no hace estas cosas con libertad sino por miedo o compulsión y no encontrará verdadero amor ni satisfacción en ellas. A la vez, podría adquirir conciencia de su depresión cuando encuentre a alguien que en verdad lo ame y se preocupe por usted. El amor y la vulnerabilidad hacia otra persona pueden ayudarlo a descubrir las partes inaccesibles de su interior.

◆ Espere en Dios

Dios abre un camino a través de la depresión; aun de una depresión severa como la de William. La depresión no le es extraña, Él la entiende y su naturaleza es tal, que mientras más oscura es la depresión más crecen Su amor y Su luz. Cuando Dios más sana, es cuando estamos más heridos: "Tú encenderás mi lámpara; Jehová mi Dios alumbrará mis tinieblas" (Salmos 18:28).

Si usted sufre de depresión, no está solo. Las investigaciones indican que un porcentaje significativo de las personas sufrirán de depresión en alguna etapa de sus vidas. Personajes famosos como Abraham Lincoln y Winston Churchill indicaron depresión en sus escritos. El apóstol Pablo se identificó con la depresión en sus propios sufrimientos: "Pero Dios, que consuela a los humildes, nos consoló con la venida de Tito" (2 Corintios 7:6) [Nota del traductor: en la versión New American Standard Bible, usada en el original, se utiliza la palabra Depressed: deprimidos en vez de humildes]. Jesús describió su experiencia en el jardín de Getsemaní de manera similar: "Entonces Jesús les dijo: Mi alma está muy triste, hasta la muerte; quedaos aquí, y velad conmigo" (Mateo 26:38).

El sufrimiento de Jesús también ayuda a aclarar algunos malentendidos acerca de las causas de la depresión. Algunas personas creen que ésta es un signo de alguna falla espiritual, moral o ética; el resultado de un conflicto interno que ocurre cuando erramos o somos malos. Es verdad que experimentamos un conflicto interno cuando no somos auténticos en ser las personas que Dios quiere que seamos. Cuando nos alejamos del camino de Dios, Él nos da señales para ayudar a corregirnos: "Mientras callé, se envejecieron mis huesos en mi gemir todo el día" (Salmos 32:3). Sin embargo, simplemente no es verdad que el pecado cause todas las depresiones, de la misma manera en que el pecado no causa todo el dolor que sufrimos. El sufrimiento y la depresión pueden tener causas muy diferentes.

Hace algunos años pasé por una depresión. Me fue muy dolorosa, trastornadora y no desapareció fácilmente. Me encontraba bajo mucha tensión en ese momento y comencé a retraerme de los demás, perdí algo de atención en mi trabajo y empecé a tener los pensamientos de desesperanza que acompañan a la depresión. Puedo recordar haberme sentido atraído hacia los días nublados y lluviosos; sentía que el clima y el cielo reflejaban mi propia tristeza y oscuridad interior y que de alguna manera me ayudaba a sentir consuelo. Aun entonces, fue un período de mi vida al que muchos llaman la "noche oscura del alma".

Me ayudó el que yo entendía la depresión en un nivel clínico, pues era capaz de reconocer las señales por lo que eran, así que supe qué pasos tomar. Recibí asesoría, y descubrí que gran parte de mi depresión se relacionaba con una tendencia de toda mi vida a desconectarme de mi propio corazón y a no poner atención a mis necesidades de relación con los que me rodeaban. A menudo colocaba la diligencia en las labores por encima de la dependencia emocional. Esta información me fue muy valiosa.

Al final, Dios remedió mi depresión a través de la senda y las acciones que Él diseñó para que yo siguiera adelante. Puedo recordar cuando leía y oraba los versículos acerca del consuelo de Dios para los deprimidos, recuerdo que esperaba en Él y en que el proceso que diseñó acabara con mi depresión. Encontré un sistema de apoyo de personas cariñosas, honestas y seguras a quienes comencé a dejar entrar a mi vida. Aprendí a abrirme y a ser vulnerable ante Dios y los demás, como la Biblia lo enseña (Salmos 119:76; Eclesiastés 4:9-12; 2 Corintios 6:11-13; Efesios 3:17-19). Y con el tiempo, Dios probó ser fiel a Su naturaleza y a Su camino. Estoy agradecido con Dios, porque hizo realidad y las personas que usó para hacerme salir la depresión.

Como psicólogos clínicos, Henry y yo hemos tratado con muchos individuos deprimidos o desalentados en todos los niveles de gravedad. Como en mi caso, algunas personas que sufren de depresión pueden mantener buenas relaciones, trabajar con éxito y continuar las tareas básicas de la vida mientras pasan por el proceso de sanidad. Aquellos que se encuentran en el otro extremo, como William, necesitan estructuras externas más intensas; hasta el punto de la hospitalización, si el individuo es suicida.

Por causa de todas las investigaciones que se han realizado acerca de la depresión, sabemos mucho de ella. Las soluciones y los tratamientos son efectivos no solo a corto sino a largo plazo. Henry y yo creemos profundamente que muchas depresiones pueden resolverse. Hasta las personas que luchan con factores químicos en su depresión pueden hacer grandes progresos gracias a la tecnología en medicamentos que está disponible en la actualidad. No estamos de acuerdo con la noción de que todas las personas deben soportar la depresión o aceptarla para siempre como una parte de ellos ni tampoco creemos que sea algo que puedan manejar. Pero hemos visto que Dios, Sus recursos y Sus respuestas brindan sanidad de la depresión en el proceso de restauración cuando los individuos entran y se mantienen en su senda de crecimiento.

Sin embargo, he notado que quienes luchan contra la depresión se clasifican en dos categorías. Los que tienden a evitar tratar con ella o enfrentarla, y los que enfrentan el dolor y lo llevan a Dios como Él lo indica. Quienes intentan negarla, o levantarse por encima de ella, o usar la fuerza de voluntad para hacerla desaparecer, tienden a sufrir más a largo plazo. Quienes ponen su fe y su confianza en Dios terminan en una situación mucho mejor. He visto esto una y otra vez, es por ello que queremos que tenga la información necesaria para aplicar la sanidad de Dios a la depresión.

◆ Desconectado de la vida

De acuerdo con los investigadores en psicología y psiquiatría, la depresión incluye los siguientes síntomas:

* Ánimo deprimido.
* Cambios en el apetito.
* Cambios en los patrones de sueño.
* Fatiga.
* Distorsiones en la auto-imagen.
* Problemas de concentración.
* Sentimientos de desesperanza.

Cuando se experimentan algunos de estos síntomas por un período de tiempo, se padece de depresión.

Además del factor emocional, con frecuencia la depresión posee uno médico. Durante la depresión, la química cerebral se altera y pueden requerirse medicamentos para restaurar el equilibrio natural de químicos, para que el cerebro de la persona pueda funcionar correctamente. Cuando el cerebro necesita medicamentos correctivos, señala su necesidad con la presencia de los llamados síntomas vegetativos, es decir, síntomas que afectan la habilidad de una persona para vivir y desempeñar las responsabilidades de la vida. Problemas con el sueño, con el apetito y la fatiga son ejemplo de esta clase de síntomas.

Y cuando se presentan, ninguna cantidad de charla o apoyo resolverá el problema químico. En términos de computación, se podría decir que no sólo es un problema del software sino también del hardware. El cerebro en sí no trabaja como debería, por eso la depresión con un factor médico debe tratarse con medicamentos. Así que si usted sufre de depresión severa, lo animamos a consultar con un psiquiatra para evaluar la posibilidad de usar medicamentos que puedan ayudarlo a aliviar los síntomas, mientras trata con los aspectos emocionales y de relación para lograr su sanidad.

En esencia, la depresión es una enfermedad espiritual, emocional y personal. Esta enfermedad se describe mejor como estar aislado de la vida. En otras palabras, una parte del corazón y del alma no funciona, apartada y desconectada de Dios y de los demás. Es como si una parte de usted estuviera perdida y congelada en el tiempo, siendo inaccesible al amor, las relaciones, la gracia o la verdad.

Dios no nos diseñó ni nos creó para estar desconectados de Él o de la vida que quiere que tengamos, Él mismo no es así. En su esencia más profunda, Dios está vinculado con el amor, y todo su ser se relaciona con el amor, como la Biblia lo dice con sencillez: "Dios es amor" (1 Juan 4:16). Fuimos creados a su imagen; Dios planeó que estuviéramos relacionados en amor hacia Él y los demás. Este vínculo debía extenderse a cada parte de nuestro ser, debíamos conocer y amar la parte de nuestro ser que abarca el querer, nuestros deseos, amores, odios, pecados, pasiones y fallas. Dios no planeó que ninguna parte de nosotros se mantuviera en la oscuridad y fuera de una relación.

Sin embargo, la realidad de la vida es que, por muchas razones, sufrimos heridas en nuestro interior; cuando eso ocurre, a menudo retraemos una parte herida de nosotros sin siquiera estar conscientes de ello. Este retraimiento protege la parte herida, pero también evita que reciba el amor y la ayuda que necesita para sanar. Es como si usted se desgarrara el músculo del hombro al levantar incorrectamente un objeto pesado y después tratara la herida "favoreciendo" ese músculo al no usarlo por un tiempo. Sin embargo, solamente la falta de uso no es suficiente para restaurarlo, para sanar adecuadamente necesita ejercicio, masaje y terapia física.

¿Usted recuerda nuestra discusión en el capítulo 8 acerca de amar a Dios con cada fibra de su ser, incluyendo su corazón, alma, mente y fuerzas? Dios lo diseñó a usted con muchos aspectos; usted tiene muchas partes en su mente y personalidad. Al mismo tiempo, partes de su alma pueden desconectarse de la vida; quizá no tiene la habilidad de llorar y dejar ir amores que ha perdido;

entonces, esa habilidad está desconectada. Es posible que sea incapaz de realizar conexiones emocionales con otras personas; como una prioridad; si ese es el caso, usted puede sentir que no es parte del mundo o que usted es casi como un fantasma que ve el cariño, el amor y la compasión de unos a otros sin ser parte de ello, podría sentir que mira hacia el mundo real del amor y las relaciones a través de una ventana, pero que es incapaz de entrar en la habitación donde eso ocurre. Usted podría nunca haber tenido la habilidad de poseer y apropiar sus sentimientos y emociones; en tal caso, sus emociones se encuentran desconectadas. Podría ser que usted nunca haya sido capaz de ser independiente y claro con lo que permite o tolerar y a lo que se niega, y por ello, se agota y se deprime. Cuando alguna de estas cosas ocurra, estas partes de su alma, partes que en verdad necesita, se mantendrán heridas o sin desarrollarse en su interior.

◆ El clamor del alma

Dios es eterno y vive en la eternidad. Él también nos hizo eternos. No dejamos de existir después de la muerte; de la misma manera, las partes de nuestro interior con las que hemos perdido contacto quedan enterradas pero no mueren. Se mantienen estancadas en sus heridas, en lo profundo de nosotros, esperando ser revividas desde el exterior por la luz y la vida. Sin embargo, cuando no tenemos acceso a todo nuestro ser y cuando esas partes no son amadas ni se encuentran en el proceso de sanidad y desarrollo, la vida no funciona bien para nosotros, quedamos incapacitados para elegir, así como en nuestra habilidad para funcionar en niveles superiores y en la habilidad para tener vínculos profundos con otras personas. Se requiere de mucha energía para mantener enterradas esas partes de nosotros, aunque no estemos conscientes de ello. Así, incapacitados y exhaustos en lo espiritual, nos deprimimos.

La depresión es en verdad el clamor del alma que pide ayuda, y en este sentido es una bendición. La depresión es una señal inequívoca de que algo está mal en el interior y necesita ser explorado, entendido y recibir sobre ella los recursos de sanidad de Dios. De una manera en que pocos estados lo hacen, la depresión nos lleva a arrodillarnos, a nuestro límite, para buscar las respuestas y las sendas de Dios. Muchas personas a quienes he tratado por depresión me han dicho que están agradecidas de que Dios permitió que les sucediera, pues hizo que buscaran Sus respuestas de una manera en la cual antes no habrían estado abiertos o conscientes: "Bueno me es haber sido humillado, para que aprenda tus estatutos" (Salmos 119:71).

Entonces, ¿cuáles son las sendas que Dios brinda para que tratemos con éxito la depresión?

◆ Conecte lo desconectado

Si, en vez de la depresión, sufriera de una úlcera estomacal, ¿qué es lo primero que haría? Quizás iría con un especialista a que lo examinara, diagnosticara y tratara; lo peor que podría hacer sería evitar hablar al respecto y esperar a que desapareciera.

Lo mismo ocurre con la depresión; sin importar lo que cause o impulse su depresión, para que ésta cese, necesita relacionarse. Su alma necesita experimentar la profundidad y la sanidad del amor y la gracia. Nadie logra curarse por sí mismo, cualquiera que luche con la depresión deberá estar relacionado tanto con Dios como con las personas. Como lo describimos en los capítulos 1 y 2, el mejor lugar para estar en cualquier situación es en una relación. Las relaciones no son un lujo, son una necesidad y esto es patente en el caso de la depresión.

Como lo dije antes, una falta de conexión y de relaciones da pie a la depresión. La naturaleza de la depresión requiere de que usted esté abierto y vulnerable a otras personas. La presencia y la aplicación de las relaciones le ayudará a deshacerse de la depresión, pues la parte que no funciona en su alma recibirá de aquello que ha carecido.

Como podrá reconocerlo, esto puede ser difícil, pues las personas que se preocupan por usted y lo aman pueden estar a su alrededor, pero aún así, las partes aisladas de su alma no recibirán su influencia si no puede abrirse y recibir su amor. Tomará tiempo que identifique y alcance la parte de su alma que ha mantenido alejada de los demás. Al principio no será capaz de tocar a alguien con esa parte de sus ser porque sencillamente será demasiado inaccesible, estará herida o poco desarrollada.

Para tomarla de ejemplo, les diré que tengo una amiga, Dawn, cuya depresión tenía mucho que ver con su incapacidad de permitir a otros entrar en su corazón. Cuando ella se volvió parte de un grupo de terapia para sanar de la depresión, no podía acercarse o confiar en las personas del grupo; de hecho, no podía confiar su corazón a Dios ni a nadie. Sin embargo, Dawn hizo lo que era capaz de hacer, confió lo suficiente en Dios y Su camino para involucrarse en el grupo. Llevó su incapacidad, sus miedos, su desconfianza y su inaccesibilidad emocional a ellos, quienes entonces la apoyaron y amaron. Y con el tiempo, ganaron su confianza.

Dawn hizo esto mirando y observando al principio la manera en que el grupo interactuaba, se mantuvo a una distancia segura, y después, cuando notó que los miembros del grupo no se condenaban entre sí (Romanos 8:1) y que eran vulnerables los unos con los otros, comenzó a tomar riesgos con ellos. Habló acerca de su miedo a abrirse, a ser lastimada, abandonada o atacada; después, cuando ellos probaron no ser una amenaza para ella, les reveló sus experiencias, de cuando fue lastimada por personas que le importaban, las pérdidas que había sufrido y las cosas que había hecho que empeoraron su situación.

Dawn hizo lo que han hecho muchos a través de los siglos y lo que usted puede hacer: buscar la ayuda de Dios y de Su gente, con todo lo que pueda buscarlos, ya sea con su necesidad, su compromiso, su dolor o su conciencia, es decir, con cualquier parte de su ser con la cual esté usted en contacto, con lo que sea que le duela y con todo con lo que pueda hablar que tenga que ver con la realidad de su vida. Dios nos acepta sin importar el estado en el cual nos encontremos y no le importa si no podemos proveer lo necesario. Él se hace cargo de lo que falta y camina la milla extra. Una de mis historias favoritas de la Biblia es la que cuenta sobre el padre de un muchacho poseído por un demonio. El padre llevó a su hijo a ver a Jesús, quien le habló de la importancia de que creyera en Él: "E inmediatamente el padre del muchacho clamó y dijo: Creo; ayuda mi incredulidad" (Marcos 9:24). Me identifico mucho con el clamor del padre que pidió ayuda con toda la fe que tenía y que, sin embargo, sabía que no era suficiente. En ese momento, pidió humildemente a Jesús que supliera el resto de la fe que no poseía.

Todo lo que debe usted hacer , y admito que puede ser mucho, es buscar una relación y una conexión con Dios y con los demás, y comprometerse al proceso de la sanidad, al camino que Dios ha hecho para que salga de la depresión. Usted puede relacionarse con Él aun en un estado deprimido. Es posible que lo más que pueda hacer sea buscar un grupo, un pastor o un consejero que pueda darle alguna estructura en las relaciones, y después dígale: "Tengo soledad en mi interior; en mi estado actual no puedo dejarlo entrar hasta allá, pero quiero ser tan vulnerable y honesto como pueda, así que con el tiempo, las partes que ahora están desconectadas en mi interior podrán entrar a una relación". Sea abierto con las partes de su corazón con las cuales pueda ser abierto y permita que Dios, Su amor y Su gente ayuden a que el resto suceda.

Y recuerde que las relaciones, como Dios las diseñó, son la mayor parte de la vida. Permita que una relación lo llene, lo guíe y lo consuele; ese es un aspecto muy importante que lo ayudará a traer sanidad y a resolver la depresión.

Al buscar relacionarse con Dios y con los demás debe comenzar a explorar las causas de la depresión.

◆ Rescate lo perdido o destruido

La depresión puede tener más de una sola causa, por ello, aléjese de las explicaciones simplistas como "La depresión siempre es por una mala auto-imagen", "siempre es ira que se lleva hacia dentro" o "siempre es genética y biológica". Los humanos somos más complejos que eso y los individuos deprimidos necesitan ayuda de quienes entienden estas cuestiones, para explorar el origen de una depresión. "Como aguas profundas es el consejo en el corazón del hombre; mas el hombre entendido lo alcanzará" (Proverbios 20:5).

Cuando pida a Dios que le ayude a identificar la causa de su depresión, recuerde que Él siempre rescata a los extraviados o a quienes han perdido alguna parte de ellos mismos. Dios, es un Dios Redentor, por eso es que se le ha llamado "Roca mía, y redentor mío" (Salmos 19:14), por ello es que es quien es y hace lo que hace. Él busca a los perdidos, los restaura y los ayuda a volver a vivir en plenitud.

La siguiente es una breve lista de algunas causas de la depresión. Mientras la revisa, vea si alguna de estas le parece familiar. Pregunte a quienes lo conocen si relaciona alguna de ellas con usted. Pida a Dios que abra ventanas en su interior para ayudarlo a encontrar las que se apliquen a usted:

- **Incapacidad de llorar las pérdidas.** Esta es una causa muy común. Cuando usted no tiene de la capacidad de experimentar tristeza por las pérdidas que ha tenido en la vida y por dejar ir aquello que ha perdido, las "pérdidas congeladas", las que se quedan ahí, lo mantienen estancado. Es por eso que cuando las personas se vuelven lo suficientemente seguras para sentirse tristes por lo que ya no tienen en sus vidas, pasan por un período de duelo y la depresión se resuelve. Por eso que la depresión y el duelo son muy diferentes y no deben confundirse; en realidad, el duelo es la cura para muchos tipos de depresión.

- **Falta de habilidad para necesitar y depender de otras personas en el aspecto emocional.** Algunas personas se han desconectado toda su vida del amor y del consuelo; su mundo interno es un lugar vacío y aislado donde no pueden buscar la ayuda de nadie para sus necesidades.

- **Problemas con la responsabilidad y la libertad.** Hay momentos en los cuales una persona tiene problemas para responsabilizarse por su propia vida y controlarla, o no se sienten libres de escoger lo que es adecuado para ellos.

- **Agotamiento.** Por alguna razón, algunas personas dan más allá de sus recursos a otras personas y tienen dificultades para recibir lo que necesitan para continuar.

- **Perfeccionismo.** Con frecuencia el perfeccionista se deprimirá cuando le es imposible soportar la realidad de sus fallas y debilidades.

- **Sentimientos de condenación.** Este es un individuo que sufre de una conciencia no bíblica, demasiado crítica y dura que lo ataca aun cuando no ha hecho nada malo.

- **Traumas no resueltos.** Cuando una persona ha vivido una experiencia o herida catastrófica que no se procesa, que no se confiesa, no se llora ni se trata, ésta puede contribuir a la depresión.
- **Causas médicas.** Como lo mencionamos antes, algunas depresiones son causadas o influenciadas por un problema en la química cerebral o por otras condiciones médicas que la producen. En este caso asegúrese de tener la opinión médica adecuada. Un estudio físico completo por parte de un médico general y uno psicológico por parte de un psiquiatra pueden ser apropiados.

En su búsqueda por descubrir la parte de su ser que ha perdido, piense en esa parte como algo que necesita para desempeñarse bien en la vida. Mire la lista anterior, ¿por qué necesita la habilidad de llorar? ¿Por qué es importante que experimente la necesidad? ¿Por qué es necesario que tenga claras sus responsabilidades? Aprenda el valor y el propósito de la parte perdida, eso lo ayudará a ver cuánto la necesita.

Entonces, mientras el aspecto perdido emerge en el contexto de las relaciones cálidas, seguras y amorosas, comience a permitirse sentir las emociones que lo acompañan. Experimente el dolor que hizo que esa parte desapareciera. Expóngala al cuidado de las relaciones. Mientras se fortalece, tome pequeños riesgos con ella, aprenda a usarla de nuevo en su vida, permita que asuma su posición en su mundo y con el tiempo, permita que madure, crezca y, simplemente, que sea una parte que apropie, use y experimente de nuevo.

Es claro que esto necesitará de un consejero. Necesitará a alguien con experiencia en la depresión, pues hay mucho que saber al respecto; siga su dirección y la de Dios mientras encuentra la parte que perdió.

La depresión puede atemorizar y debilitar; sin embargo, Dios está ahí, con usted, en el agujero oscuro, mientras lo llena con amor y luz y le brinda una salida de regreso a Su mundo. Confíe en que lo hará.

18

LA CULPA Y LA VERGÜENZA

En una ocasión hablaba (Henry) con una mujer a quien no conocía muy bien y me preguntó a qué me dedicaba. Cuando le dije que escribía libros acerca de las relaciones interpersonales y la vida espiritual me miró de una forma algo extraña.

—¿Entonces es uno de esos fanáticos? —preguntó.

—Absolutamente —le dije regresando la broma— ¿por qué, no lo es usted?

—De ninguna manera —dijo—. Dejé la iglesia hace mucho tiempo, era demasiado para mí.

—¿Qué era demasiado? —pregunté.

—Demasiada culpa —dijo—. ¿Para qué la necesito? Todo lo que la iglesia hizo por mí fue hacerme sentirme mal por cosas que me parecían demasiado normales. Solo actuaba como una adolescente, pero cuando estaba en la iglesia me sentía mala, así que la dejé.

—¿La extraña? —Pregunté sin saber exactamente que esperar.

—Ya no sé en qué creo —dijo con una actitud un poco más seria—. Creo que me gustaría acercarme a mi fe, pero no quiero regresar a toda esa culpa, simplemente ya no puedo hacerlo.

Muchas personas son como esta mujer, asocian la culpa con la vida en Dios, pero nada podría estar más alejado de la realidad. Jesús mismo, quien inició el cristianismo y dijo ser Dios, odiaba la culpa y el juicio; de hecho, lo odiaba tanto que sufrió y murió para que nunca tuviéramos que sentirla. El objeto de su vida fue el perdón y la libertad de la culpa.

Uno de los mensajes más fuertes de Jesús fue que no solo no nos juzgaría, sino que tampoco debíamos juzgarnos entre nosotros. Él odia cuando las personas comienzan a jugar a "ser más santos" que los demás.

Un día, algunas personas de la iglesia llevaron a Jesús una mujer descubierta en el acto del adulterio. Como buenos policías religiosos, la llevaron a juicio o, por lo menos, ante el "juez". Allí estaba Jesús, con una auténtica pecadora. Esa era su oportunidad de tomar una posición en contra del pecado, de hacer saber a todos lo que pensaba de tal comportamiento, pero ¿qué hizo?

Jesús se volvió a quienes la acusaban y en vez de decir que estaban en lo correcto, les preguntó si eran diferentes a ella. Al principio no puso su atención en la mujer que había pecado sino en quienes la juzgaban. Parecía que al menos le importaba de igual manera su juicio hacia ella que el adulterio. ¿Podría ser cierto? ¿Podría ser un problema tan grande la manera de pensar de los religiosos que pensaban ser mejores que ella como el pecado que había cometido? Mire de cerca lo que ocurrió:

> Pero Jesús, inclinado hacia el suelo, escribía en tierra con el dedo. Y como insistieran en preguntarle, se enderezó y les dijo: El que de vosotros esté sin pecado sea el primero en arrojar la piedra contra ella. E inclinándose de nuevo hacia el suelo, siguió escribiendo en tierra. Pero ellos, al oír esto, acusados por su conciencia, salían uno a uno, comenzando desde los más viejos hasta los postreros; y quedó solo Jesús, y la mujer que estaba en medio. Enderezándose Jesús, y no viendo a nadie sino a la mujer, le dijo: Mujer, ¿dónde están los que te acusaban? ¿Ninguno te condenó? Ella dijo: Ninguno, Señor. Entonces Jesús le dijo: Ni yo te condeno; vete, y no peques más.
>
> Juan 8:6-11

En efecto, Jesús dijo a quienes la condenaban: "Ustedes tienen la misma necesidad de lo que haré por esta mujer que ella". Claramente algunos de ellos no habían cometido adulterio y eso hizo aún más fuerte el mensaje. Cualquiera que fuese su pecado, ellos también eran imperfectos.

Jesús no le ofreció culpa ni condenación, solo perdón, compasión y aceptación. Él le dijo: "Ni yo te condeno", y entonces le mostró su cuidado hacia ella diciendo: "No peques más". Él no la condenó por sus fallas, pero su falta de condenación no significó que negara el problema, llamó a su comportamiento por lo que era, pecado. La palabra en griego que se tradujo como pecado significa errar el blanco y por ello no participar del premio. Jesús le dijo que estaba errando el propósito para lo que el sexo y el matrimonio están hechos y, al hacerlo, seguramente no compartiría su recompensa.

En este ejemplo, vemos lo diferente que era Jesús de los religiosos, es por ello que me dan ganas de gritar cuando escucho a las personas hablar de la iglesia y la culpa. Les quiero decir: "lo entiendo, yo también lo he visto, pero por favor, no culpen de eso a Dios, el no es así en lo absoluto".

Mi pregunta para usted es ¿cómo lo ve? ¿Asocia a Dios con la culpa por sus fallas? ¿Ha sido a usted a quien la iglesia u otras personas han molestado o han considerado malo? ¿Tiene un coro de voces acusadoras en su cabeza que le cantan canción tras canción de culpa diciéndole lo malo que es y que merece la primera piedra? ¿O por algún milagro ha sentido la aceptación que Jesús le ofreció a esta mujer y sabe en lo profundo de su alma que está perdonado por completo y es libre de culpa? Ese es el lugar en el que queremos que esté.

Poco tiempo atrás, almorzaba con un hombre con quien hago negocios y fue un contraste interesante con la conversación con la mujer que describí al inicio del capítulo. Hablábamos sobre la iglesia y la fe; deseé poder presentarlo con esa mujer para que pudieran compartir historias. Él me dijo que le emocionó regresar a Dios a los sesenta años, que nunca pensó verse a sí mismo interesado en "cosas de Dios". Le pregunté por qué.

—Bien, solía ir a la iglesia, pero tuve que dejar de hacerlo porque me sentí muy culpable. Sabía que había hecho algunas cosas que en realidad no eran como debían ser y quería ser bueno, pero simplemente no lo era. No había cambiado en ese entonces y estaba atrapado en algunas cosas por las cuales me sentía bastante mal. Luego iba a la iglesia y cada vez que iba escuchaba acerca de las mismas cosas que hacía, y simplemente fue demasiado. Entonces, hace algunos años, por desesperación, fui a la iglesia a la que ahora asisto. Sabía que no era la persona que debía ser, pero simplemente quería tener a Dios en mi vida, así que fui y el pastor habló acerca de algo que nunca había escuchado antes. Dijo que sin importar lo que hubiéramos hecho, Dios aún nos aceptaría y perdonaría, si se lo pedíamos. Nunca antes había escuchado eso. Solo hice lo que dijo y mi vida entera es diferente. Es muy bueno saber que Dios me ama y que ha olvidado mi pasado. Puedo comenzar de nuevo todos los días, me gustaría que todos lo supieran —dijo.

—Bien, eso es a lo que le llaman buenas noticias —le dije—. Pero no puedo creer que fuiste antes a la iglesia y nunca escuchaste que eso es lo que la Biblia dice. ¿No sabías que Dios perdonaría cualquier cosa si se lo pides?

—No lo sabía, y lo triste es que me parece que en la actualidad muchas personas tampoco entienden el mensaje. Creo que cuando piensan en los cristianos, piensan en personas que juzgan y que los mirarán con desdén si se enteran de la verdad —dijo—. Es muy diferente cuando sabes que Dios en verdad perdona y que puedes librarte de la culpa.

Ahora este hombre disfruta de una relación con Dios libre del temor de que Él tuviera algo en su contra, tal es el mensaje que Jesús vino a darnos. Sin embargo, como él, algunas personas nunca han escuchado el mensaje del perdón; aunque también hay quienes han escuchado el mensaje y todavía se sienten culpables. ¿Por qué ocurre eso? ¿Se puede identificar con alguna de estas posturas? Bien, manténgase con nosotros, pues Dios no solo puede abrir una senda fuera de la culpa hacia la inocencia total, sino que puede abrir una para que el inocente que aún se siente culpable pueda ser libre también.

◆ Culpable de los cargos

Una de las razones por las cuales nos sentimos culpables es sencillamente ésta: somos culpables. Todos los humanos nacemos con la capacidad de saber que hay normas en el universo y que no siempre vivimos de acuerdo a ellas. Sin importar el sistema de creencias o la religión o la falta de religión a la que nos adhiramos, todos hemos fallado en vivir de acuerdo a ese sistema. El contenido y las reglas varían, pero todos fallamos en cumplir nuestras propias normas, todos sabemos que hemos hecho algunas cosas que no debimos, todos somos culpables.

Cada uno reaccionamos a nuestra culpa de maneras diferentes. Algunas personas intentan hacer lo que hizo la mujer con quien hablé: Alejarse de su culpa tanto como puedan. Y sienten que si se alejan de Dios pueden alejarse del problema; sin embargo, eso nunca funciona, pues la culpa solo va cada vez más profundo, hasta la mente y el alma. Y llega a afectarnos en otras maneras, tales como hacernos sentir que nadie nos querrá si supieran la verdad acerca de nosotros.

Otras personas intentan volver a escribir lo que se les ha enseñado acerca del bien y el mal. Como veremos, en algunos casos esto es algo bueno. Algunas de las cosas que se nos enseñó, como malas en realidad están bien. La necesidad de una nueva perspectiva es una de las cosas que Jesús enseñó una y otra vez. Sin embargo, a veces, el solo intentar creer cosas diferentes no es suficiente; en especial si sabemos que, en realidad, estamos racionalizando nuestra verdadera culpa. Sin importar cuántas veces nos digamos que algo está bien, si en realidad no lo está, una parte de nosotros lo sabrá y la culpa permanece.

Y hay algunos otros que simplemente viven con la culpa y asumen la identidad de "pecadores". Sabe que son "malos" y adoptan una manera de pensar a cerca de ellos mismos para intentar aceptarlo. He hablado con muchos adolescentes a quienes se ha etiquetado como la oveja negra de la familia y que simplemente lo aceptan creyendo que así es como son y como siempre serán. Por desgracia, también he hablado con muchos adultos que todavía se ven como la oveja negra.

Algunos abandonan por completo la norma y sucumben, creen ya haber fracasado y que de cualquier manera no hay nada que hacer al respecto, así que se rinden para al menos divertirse un poco. En ocasiones intentan acallar la culpa con drogas, sexo u otras cosas, pero la culpa permanece.

Sin importar nuestra reacción, en realidad somos culpables, de hecho, desde la perspectiva bíblica, el problema es aún mayor. Desde la perspectiva de Dios, el problema es que siempre hemos querido vivir alejados de Él y ser nuestros propios dioses. Todos hemos vivido a nuestro modo, somos culpables de rechazar a Dios y Su papel en nuestras vidas.

Sin embargo, Dios ha abierto una senda para que salgamos del dilema. Vio que estábamos apartados de él y vino a la tierra para ganarnos de regreso, es por ello que Jesús dijo que no vino para juzgar o condenar al mundo, sino que vino para encontrarnos, para decirnos que nos perdonaría si tan solo regresáramos a él, a decirnos que no se trata de ser lo suficientemente buenos como para equilibrar todo lo malo que hemos hecho. Solo con hacer una obra mala es suficiente para que seamos culpables (hasta en un tribunal humano, aunque quebrantamos una sola ley y mantengamos todas las demás, debemos ser enjuiciados). Ni se trata de equivocarnos y no pensar que es un gran problema. Lo que hemos hecho es un gran problema, como le dijo Jesús a la mujer sorprendida en adulterio.

Desde la perspectiva de Dios, nuestra situación es muy simple; todos somos culpables; y hay un precio para esa culpa, un precio que Jesús pagó —la sentencia de muerte— por nuestro rechazo de Dios y Sus leyes. Ya que Él pagó por nuestra culpa, si tan solo ponemos nuestra fe en Él y le pedimos perdón, todo está hecho. Ese es el fin de la culpa.

Esto es tan simple que un niño puede entenderlo. Lo interesante es que esa misma simplicidad es lo que suena demasiado insensato como para que algunas personas lo crean; es demasiado bueno para ser verdad.

Sin embargo, es verdad, esta es la manera en que Pablo lo expresó:

> Pero ahora, aparte de la ley, se ha manifestado la justicia de Dios, testificada por la ley y por los profetas; la justicia de Dios por medio de la fe en Jesucristo, para todos los que creen en él. Porque no hay diferencia, por cuanto todos pecaron, y están destituidos de la gloria de Dios,

siendo justificados gratuitamente por su gracia, mediante la redención que es en Cristo Jesús.

Romanos 3:21-24

Todos han fallado y todos pueden recibir perdón. Tan solo al creer en Él, la culpa desaparece para siempre. Si usted ha puesto su fe en Dios, entonces la Biblia dice que está completamente perdonado, en el pasado, presente y futuro. Como Pablo lo dice: "Ahora, pues, ninguna condenación hay para los que están en Cristo Jesús, los que no andan conforme a la carne, sino conforme al Espíritu" (Romanos 8:1). Si usted cree, está perdonado. Los siguientes versículos son simplemente para mostrarle que yo no lo estoy inventando:

Justificados, pues, por la fe, tenemos paz para con Dios por medio de nuestro Señor Jesucristo; por quien también tenemos entrada por la fe a esta gracia en la cual estamos firmes, y nos gloriamos en la esperanza de la gloria de Dios.

Romanos 5:1-2

No ha hecho con nosotros conforme a nuestras iniquidades, ni nos ha pagado conforme a nuestros pecados. Porque como la altura de los cielos sobre la tierra, engrandeció su misericordia sobre los que le temen. Cuanto está lejos el oriente del occidente, hizo alejar de nosotros nuestras rebeliones.

Salmos 103:10-12

Si confesamos nuestros pecados, él es fiel y justo para perdonar nuestros pecados, y limpiarnos de toda maldad.

1 Juan 1:9

Dios ha abierto una senda para salir de la culpa. Por fe, usted puede recibir la gracia y la aceptación de Dios. Usted puede tener paz porque ha sido perdonado y ya no tiene de qué preocuparse. Él *alejó* de nosotros nuestras rebeliones tan lejos como está el oriente del occidente. Si usted ha acordado con Él que necesita perdón y ha confesado su necesidad, Él lo otorga gratuitamente sin importar lo que haya hecho. En verdad son buenas noticias, ¿no? Sin embargo, el mensaje del perdón no elimina los sentimientos de culpa en todos. Algunas personas han sido perdonadas pero aún están llenas de esos sentimientos. Si usted se encuentra en esa situación ¿qué puede hacer? Hay algunas respuestas, de hecho, la Biblia habla acerca del problema: "Pues si nuestro corazón nos reprende, mayor que nuestro corazón es Dios" (1 Juan 3:20). Estas son algunas de las maneras y las razones por las cuales nuestros corazones pueden condenarnos, y lo que podemos hacer al respecto.

◆ La mente y el corazón

Barry dijo: "Sé que Dios dice que me perdona, al menos en mi mente, pero no puedo sentirlo en mi corazón, aún me siento malo".

El saber algo en nuestras mentes no siempre significa sentirlo en nuestro corazón, donde viven y respiran nuestras emociones. Esto es porque conocemos las cosas en dos maneras diferentes. Una de ellas se relaciona con los conceptos y la información, sabemos que somos perdonados. Lo sabemos a través de la información de la Biblia, por ejemplo, o cuando alguien nos lo dice.

La otra manera de saberlo es por la experiencia, proviene de lo que hemos vivido en las relaciones. Si, por ejemplo, no hemos recibido perdón en muchas de nuestras relaciones significativas y nos sentimos mal y temerosos de perder amor y aceptación, entonces eso es lo que nuestros corazones conocen, aun si nuestras mentes saben algo diferente. La brecha que existe entre la mente y el corazón nos hace ser incapaces de sentir lo que creemos que es cierto.

Para cerrar esa brecha, necesitamos hablar con nuestro corazón en su propio lenguaje, el lenguaje de la experiencia. No solo debe aprender acerca de la experiencia, también debe experimentarla. Esto se hace al llevar a la luz sus fallas, confesándolas a otras personas amorosas con quienes se sienta seguro, para luego experimentar el amor y el perdón que le ofrecen en el nombre de Dios. En el libro How People Grow (Cómo crecen las personas), conté la historia de un pastor que sufrió de una compulsión sexual recurrente por la cual se sentía tan culpable que sufrió de depresión. Él sabía que Dios lo había perdonado, pero la culpa y el miedo aún lo apresaban.

Un día lo coloqué en un grupo y le dije que quería que hablara acerca de su lucha. Al principio le fue muy difícil siquiera pensar en hacerlo; sin embargo lo hizo. Al abrirse, el grupo tenía lágrimas en los ojos y sintió compasión por él. Él miraba hacia abajo y no pudo ver la compasión y la gracia del resto del grupo, así que lo interrumpí y le dije que mirara hacia arriba.

Cuando lo hizo y vio sus rostros amorosos y compasivos, rompió en llanto, se inclinó, para sollozar y sollozar. Ese día salió de la prisión de su culpa, era una nueva persona; y por primera vez, sintió el perdón que había estudiado y leído por años. Se dio cuenta del poder de abrirse a los demás y de recibir el amor que Dios nos da a través de Su pueblo. Él descubrió que estas palabras de las Escrituras eran más ciertas de lo que jamás imaginó: "Confesaos vuestras ofensas unos a otros, y orad unos por otros, para que seáis sanados. La oración eficaz del justo puede mucho" (Santiago 5:16). A la vez, vivió la bendición descrita en 1 Pedro 4:10, la cual dice: "Cada uno según el don que ha recibido, minístrelo a los otros, como buenos administradores de la multiforme gracia de Dios."

Al confesar nuestras faltas unos a otros y al recibir el don del amor que otros nos dan, la gracia de Dios a través de ellos sana nuestros corazones, y conocemos la experiencia que pudimos nunca haber tenido y por lo tanto la que hemos sido incapaces de sentir. La mente y el corazón se juntan.

◆ El ser imperfectos

En una ocasión dirigía un retiro de líderes exitosos uno de los cuales era un "novato". Él estaba feliz de estar en un retiro con líderes exitosos a quienes admiraba. La primera noche, hice que se colocaran en un círculo y dijeran al grupo lo que ocurría en sus vidas y qué esperaban obtener del retiro.

Todos se pusieron alrededor del círculo y le dijeron al grupo lo que experimentaban. Algunos de ellos tenían luchas importantes. Cuando llegó el turno de hablar a la joven estrella, dijo: "Vaya, ya me siento mejor ¡no estoy tan mal como pensaba!" Lo que quiso decir fue que descubrió algo muy importante, se dio cuenta de que todos tenemos conflictos. Escuchó a hombres a quienes admiraba, idealizaba y a quienes había colocado en pedestales, confesar sus imperfecciones y problemas. Cuando él lo hizo, le fue más fácil aceptar sus propias imperfecciones, pecados y manías.

Usted puede sentirse culpable por tener en su mente normas imposibles que busca alcanzar, usted puede sentir que debería ser perfecto o casi perfecto; sin embargo, las normas imposibles solo pueden sobrevivir en aislamiento. Cuando se relaciona con otras personas y comienza a ser real con ellas, se da cuenta de que son iguales a usted. Encontramos que todos somos pecadores sujetos a las mismas imperfecciones, y entonces, cuando nos damos cuenta de ello, cambiamos nuestras expectativas. Nos volvemos realistas al cambiar de querer ser perfectos a esperar ser muy imperfectos, lo cual es la realidad.

La Biblia nos muestra cómo Dios abre una senda fuera de nuestro perfeccionismo; simplemente lo destruye. Él piensa que somos bastante imperfectos, por lo cual quiere que nosotros también lo veamos para poder ser mejores. Quiere que veamos quiénes somos en realidad, y que enfrentemos la verdad. Si pudiéramos vernos a nosotros mismos como imperfectos, así como Él nos ve, seríamos humildes y nos aceptaríamos con mucha más comodidad. Escuche lo que dice:

Ciertamente no hay hombre justo en la tierra, que haga el bien y nunca peque.

Eclesiastés 7:20

Como el padre se compadece de los hijos, se compadece Jehová de los que le temen. Porque él conoce nuestra condición; se acuerda de que somos polvo.

Salmos 103:13-14

Si decimos que no tenemos pecado, nos engañamos a nosotros mismos, y la verdad no está en nosotros.

1 Juan 1:8

Sí, necesitamos alinear la manera en que nos vemos con la manera en que Dios nos ve. Necesitamos vernos como realmente somos: imperfectos, propensos a no hacer las cosas correctamente, etc. Entonces, cuando veamos nuestras imperfecciones, no nos impactarán tanto y podremos hacer lo que Él hace, seremos capaces de decir: "Bien, aquí está de nuevo la imperfección, erré al blanco una vez más. Gracias Dios porque me amas tal como soy".

De nuevo necesitamos, tanto la información como la experiencia de que somos imperfectos y aceptados, para lograr ese cambio. La información proviene de ver lo que Dios dice que somos y de ver cómo son los demás. El conocimiento por la experiencia proviene de reunirnos con los demás y hablar acerca de nuestras fallas e imperfecciones, además de ser amados y aceptados a pesar de ellas. Aprendemos que somos compañeros de viaje en el camino a superar los problemas, las fallas, los pecados, las debilidades, las heridas y cosas por el estilo. Somos una familia de personas con dificultades y Dios nos ama tal como somos. Como lo dijo Jesús, Él no vino a juzgarnos por lo que somos, vino a buscarnos y a sanarnos, tal y como somos (Lucas 19:10).

◆ Confiese y enmiende

En ocasiones nuestros corazones pueden estar quebrantados por algo que hemos hecho en una relación. A menudo para superar esos sentimientos, es útil ir a la persona a quien hemos lastimado para pedirle perdón. La Biblia nos dice que practiquemos este principio, que es sanador, según lo han experimentado las personas en recuperación. De hecho, uno de los doce pasos en los programas tradicionales de recuperación involucra enmendarse con quien sea a quien haya lastimado, salvo cuando al hacerlo se hiera al afectado.

Jesús enseñó que nuestra relación espiritual con Dios está entrelazada con nuestra relación con los demás. En una ocasión dijo que si al ira a adorar y ofrendar a Dios recordábamos que alguien tenía algo en contra de nosotros, debíamos dejar nuestra ofrenda e ir con la persona para solucionarlo: "Por tanto, si traes tu ofrenda al altar, y allí te acuerdas de que tu hermano tiene algo contra ti, deja allí tu ofrenda delante del altar, y anda, reconcíliate primero con tu hermano, y entonces ven y presenta tu ofrenda" (Mateo 5:23-24).

La confesión hace mucho. Al confesar, usted va a quien le ha hecho mal y le pide perdón, lo cual permite que reciba el perdón de esa persona. En muchas ocasiones las personas a quienes hemos lastimado en verdad quieren perdonarnos. Además, cuando nos humillamos, ese hecho desarma a aquellos de quienes buscamos perdón. En la mayoría de los casos, su confesión es un regalo maravilloso para la otra persona, da validez a su dolor y a sus sentimientos y le hace saber que usted se preocupa por él o ella.

Además, no sólo será perdonado, lo cual es enorme, sino que después de su confesión podría darse cuenta de que ha llevado a cuestas algo por lo cual el otro individuo no se sintió herido o enojado, algo que había olvidado o algo de lo cual ya lo había perdonado. Sentirá alivio del sufrimiento innecesario.

Desde luego, habrá momentos en los cuales la otra persona se negará a perdonarlo; sin embargo, aun en esa situación, resolverá el asunto, pues sabrá que ha confesado y pedido perdón. Podrá estar en paz sabiendo que ha hecho todo lo que Dios le ha dicho que haga. Es cuestión de la otra persona decidir cómo reaccionar. Como Pablo nos lo dice, a veces todo lo que podemos hacer es todo lo que puede hacerse, pues es solo eso lo que podemos controlar en una relación. Solo podemos hacer lo que nos corresponde: "Si es posible, en cuanto dependa de vosotros, estad en paz con todos los hombres" (Romanos 12:18), el resto es entre esa persona y Dios.

◆ Entre en la realidad

En realidad la Biblia no es tan dura en cuanto a la culpa, la ve como un problema en vez de una solución. Jesús murió para llevarse la culpa; sin embargo, como lo mencionamos en la historia de la mujer adúltera, eso no significa que Dios ignore los problemas; es todo lo contrario, Él aborda la realidad del problema y quiere que trabajemos en él *en vez de sentirnos culpables*. ¿Alguna vez ha conocido a alguien que se sintiera tan mal por haberle fallado que pareciera olvidar sus sentimientos? Tenían toda la atención puesta en su culpa egocéntrica, tanto que no pudieron verlo a usted y a la manera en que sus acciones lo afectaban. Esta es una de las razones por las cuales Dios no quiere que nos sintamos culpables cuando le fallamos a alguien.

En cambio, quiere que lo lamentemos, que sintamos remordimiento. La culpa se trata de mí y de lo mal que me siento cuando peco; el remordimiento se trata de ti y de los efectos de mi pecado en ti. El amor, y no la culpa, es lo que motiva al remordimiento. Así, miro a quien he lastimado y siento empatía y pena por lo que le causé. El remordimiento nos motiva a cambiar nuestro comportamiento cuando vemos la manera en que afecta a alguien más. Como Pablo lo expresa, el arrepentimiento lleva a un cambio verdadero (2 Corintios 7:10). Con frecuencia, la culpa es solo condenación y no hace ningún bien a nadie.

Así que deje de ver lo malo que usted es cuando peca o le falla a alguien; y en cambio, mire lo que hace su comportamiento a la persona a quien ha hecho un mal, eso lo llevará a la moralidad más alta, la cual es la regla de oro: haga con los demás como quiera que hagan con usted.

Lo mismo se aplica cuando miramos la realidad de nuestro comportamiento en la vida propia. Sentirse culpable por sus fallas nunca lo motivará a un cambio duradero; sin embargo, ver la manera en que podría estar desperdiciando su vida, sus talentos o su salud podría motivarlo. Todos necesitamos llamadas de alerta para tomar en serio el cambiar.

A Dios no le agrada la culpa, pero le agrada la realidad. Jesús no condenó a la mujer sorprendida en adulterio, sino hizo que viera la realidad de su pecado y lo que ello la afectaba. En el mismo capítulo en el cual el apóstol Pablo nos dice que no somos condenados (Romanos 8), dice que si nos ocupamos de la carne, ello nos traerá muerte y si nos ocupamos del espíritu, recibiremos vida, sin condenación, solo una mayor preocupación por la manera en que vivimos (v. 12-13). Esta es la realidad de la que deberíamos preocuparnos.

◆ Crezca

Los niños se sienten culpables cuando no cumplen las normas que sus padres han establecido. Desde que Dios nos dijo que nos perdona por no vivir de acuerdo a Su norma, somos libres para crecer y ser adultos por primera vez. Podemos superar la culpa que nos ha mantenido "abajo" para volvernos las personas maduras en quienes quiere que nos convirtamos. Las personas maduras piensan en la realidad de sus problemas; sin embargo, primero debemos dar un paso.

Nos debemos salir del síndrome del "niño culpable" en relación con otras personas. Cuando usted no se siente igual que los otros adultos, luchará con la culpa en algún grado. Convertirá a los demás en figuras paternas e intentará vivir de acuerdo a sus normas para usted, por consecuencia, estará sujeto a sus mensajes de culpa.

Jesús no quiso que volviéramos dioses o figuras paternas a los demás, quiso que fuésemos hermanos y hermanas, que buscaran agradarle solo a Él. Eso elimina el potencial de la culpa al intentar complacer a otros y fallar. Si hay una persona a quien no pueda complacer, la respuesta de Dios es que deje de intentarlo. No trate de agradar a las personas, debe darse cuenta de que usted es su igual y en cambio, viva para Dios. Como Jesús dijo: "Pero vosotros no queráis que os llamen Rabí; porque uno es vuestro Maestro, el Cristo, y todos vosotros sois hermanos. Y no llaméis padre vuestro a nadie en la tierra; porque uno es vuestro Padre, el que está en los cielos. Ni seáis llamados maestros; porque uno es vuestro Maestro, el Cristo" (Mateo 23:8-10).

Con Dios como Padre, usted puede tratar a los demás humanos como adultos iguales y dejar de estar bajo la ley de ellos.

◆ Entre al camino

Como lo hemos dicho, Dios no quiere que pongamos atención en la culpa sino en el perdón y el tratar con la realidad. Su senda para librarnos del camino es sencilla: confesión, recibir el perdón de Él y de los demás, y después enfrentar la realidad del problema y tratar con él. Así buscamos ver si el problema es destructivo para alguien más, para entrar en un camino de crecimiento que lo resolverá. Esa es la senda hacia la libertad.

Así que, para revisar sus fallas, siga estos nueve pasos hacia la libertad:

1. Mire a Dios y pida Su perdón. Una vez que lo pida, le será otorgado. Él no lo retiene en lo absoluto, promete darlo tan pronto como se lo pidamos: "Si confesamos nuestros pecados, él es fiel y justo para perdonar nuestros pecados, y limpiarnos de toda maldad" (1 Juan 1:9).

2. Vea la realidad de su falla y tómela en serio. A esto se le llama *aceptación*. Mire si su pecado por lo destructivo que es y haga lo que sea necesario para lidiar con él.

3. Si hay otras personas a quienes ha lastimado, vaya a ellos, (a menos que eso fuera destructivo en alguna forma), pida perdón y reconcíliese (Mateo 5:23-24).

4. Confiese sus fallas (todas) a otra persona que entienda el perdón de Dios y lo ministre a usted (Santiago 5:16).

5. Trabaje para hacer más realistas las normas falsas y los mensajes en su mente (Eclesiastés 7:20).

6. Reúnase con otras personas y ábranse los unos a los otros, para que ellos lo conozcan y usted a ellos. Al unirse a otras personas que luchan y que pueden identificarse con usted, se dará cuenta de que todas las personas son imperfectas y que pueden ayudarse entre sí con una actitud humilde y suave (Gálatas 6:1). Cuando lleguen a conocerlo, usted recibirá en su interior su aceptación la cual se volverá en auto-aceptación.

7. Haga un inventario moral completo de su vida; tan lejos como pueda recordar y de la manera más completa posible. Escriba todos los pecados en los cuales pueda pensar y pida a Dios que lo ayude a recordar cosas por las cuales necesite perdón (Salmos 139:23-24). Entonces, confiese su pecado a Él, pida perdón y compártalo con alguien con quien se sienta seguro. Finalmente, reclame su nuevo comienzo y avance en libertad. Si es muy doloroso, busque consejería o ayuda profesional para trabajar con las cosas por las cuales se sienta culpable. No intente hacerlo por su propia cuenta.

8. Cuando tenga voces acusadoras en la mente acerca de sus fallas, recuerde que *son mentiras*, encuentre su

fuente y trate con ellas. Como lo dijimos en el capítulo 14, combata esas voces con la Palabra. Cuando lo acusen, cite la verdad de las Escrituras, incluyendo Romanos 8:1 que dice: "Ahora, pues, *ninguna* condenación hay para los que están en Cristo Jesús" (énfasis añadido). Usted ha sido perdonado, así que diga a las voces que guarden silencio.

9. Memorice la Palabra. Cuando Satanás u otras personas mintieron a Jesús, Él citó la Biblia. Para que usted pueda hacer lo mismo, necesitará conocerla. David dijo que tenía la Palabra de Dios escondida en su corazón, y usted puede hacer lo mismo. Escriba en tarjetas versículos bíblicos acerca del perdón y llévelos consigo, apréndalos de memoria para ser capaz de citarlos. ¡En verdad funciona!

◆ Camine en libertad

Cuando Jesús encontró a la mujer sorprendida en adulterio, la envió a una nueva vida de libertad; libertad de su pasado, de su culpa y sus fallas. Lo hizo con su amor y con Su palabra. En este momento, Él nos ofrece a todos la misma libertad.

En ocasiones es difícil de creer, pero es verdad, Él perdona a todos los que se lo piden. Así que pídalo y crea lo que promete: Él lo perdonará. Cuando le sea difícil de creer o sentir, haga lo que le hemos sugerido, y Dios abrirá una senda para que enfrente la culpa; entonces, cuando lo haga, camine con la frente en alto. No sea tímido, ¡actúe como la persona inocente que ahora es! Dios lo ha pronunciado: inocente.

19

LA SALUD Y LA PÉRDIDA DE PESO

Desde que llegué (John) a la edad de treinta, mi peso ha subido y bajado dentro de un límite específico. Sube cuando como demasiado, cuando no como lo adecuado, cuando no hago suficiente ejercicio o cuando me encuentro bajo mucha tensión; también ha subido cuando me siento distante de Dios o he tenido problemas para experimentar Su gracia y Su presencia. Al reflexionarlo, he notado que con frecuencia aumentar de peso tiene que ver con la necesidad de amor, no solo de otras personas sino también de Dios. Cuando no experimentamos lo que necesitamos, con frecuencia usamos la comida como sustituto.

La mayoría de nosotros tenemos problemas de peso, ya seas leves, moderados o severos. El tener sobrepeso puede ser molesto y puede ser un riesgo para la salud. Se ha escrito tanto acerca del control de peso que quizá se sienta tentado a pensar Aquí vamos de nuevo, más de lo mismo. Mucha de la información disponible en la actualidad es muy útil y bien pensada; de hecho, esperamos que la esté usando; sin embargo, en este capítulo queremos ayudarlo a ver los problemas de peso dentro del contexto de la totalidad de la vida, en especial dentro de la vida de Dios. Esperamos ayudarle a entender que su peso es parte de su vida y de quién es usted, no una parte aislada, desconectada de Dios, de sus relaciones, de su propio corazón y de su personal proceso de crecimiento.

◆ Un asunto espiritual

Quizá se pregunte qué tienen que ver, el camino de Dios y Su camino con el peso. La respuesta es una que hemos intentado hilar a lo largo de todo el libro, la cual es que *todos los asuntos son asuntos espirituales y todas las luchas son luchas espirituales.*

No hay ninguna realidad en su vida que no sea espiritual, pues Dios es el Señor de toda la realidad. Él no divide al universo en las "cosas de Dios" y las "cosas de la vida real", como nosotros tendemos a hacer. Él diseñó las dimensiones humana, física y emocional: "De Jehová es la tierra y su plenitud; el mundo, y los que en él habitan" (Salmos 24:1). El universo, que incluye el de peso corporal es de naturaleza espiritual.

Dios también está presente e involucrado en todos los aspectos de nuestras vidas. Nuestro bienestar y nuestra mera supervivencia le son importantes. Él no brinda "respuestas espirituales" para los problemas teológicos y deja las respuestas a los problemas de la "vida real" a otros. Él tiene respuestas, un plan y una senda para todo. "Y nos mandó Jehová que cumplamos todos estos estatutos, y que temamos a Jehová nuestro Dios, para que nos vaya bien todos los días, y para que nos conserve la vida, como hasta hoy" (Deuteronomio 6:24). A Él le preocupan todas las partes de nuestra vida.

La conciencia de la naturaleza espiritual de los problemas de peso a menudo trae mucho alivio y consuelo. Creer que estamos solos con nuestros problemas puede ser en extremo desalentador. Pero cuando usted ve que el peso corporal le importa a Dios, que está presente cuando hay problemas y que tiene una senda para usted, usted puede compartir esa área con Él; y sus hombros son muy anchos. Al iniciar su travesía hacia el control de peso, usted puede pedir Su ayuda, someterse a Él, buscar Sus respuestas y estar expectante para ver a los resultados en su cuerpo.

Esta es una buena noticia, pues puede librarlo de las realidades físicas y médicas que se relacionan con el peso. Estas cuestiones son espirituales, por lo cual Dios también está presente en ellas. Así que no tema que el considerar asuntos como la nutrición o el ejercicio es descuidar su fe, en realidad, es lo opuesto. Es bueno y correcto que busque los recursos y a las personas que tengan experiencia e información para ayudarlo. La Biblia nos insta a disciplinar nuestros cuerpos (1 Corintios 9:27).

Así que, al buscar la verdad acerca de su cuerpo, pida a Dios Su ayuda y dirección, lo cual va de la mano con confiar en Él.

◆ No es posible sin gracia

La gracia de Dios es un factor clave en el control de peso, en especial si usted es una persona que ha tratado y fallado en intentos anteriores por controlarlo. La gracia es el aliado y el recurso que necesita para someterse al proceso de pérdida de peso.

La gracia, definida en pocas palabras es un favor inmerecido. Significa mucho más que el que Dios nos haya perdonado y ya no esté enemistado con nosotros. Más que la ausencia de su ira, la gracia también es la presencia de Su favor, un favor que por ser inmerecido se nos da gratuitamente; no podemos ganarlo. Cuando Dios nos da Su favor o Su gracia, significa que Él es para nosotros, quiere lo mejor para nosotros, es un aliado. Esto significa que el desánimo, los problemas abrumadores y hasta los problemas de peso palidecen ante nuestro aliado: "Si Dios es por nosotros, ¿quién contra nosotros?" (Romanos 8:31).

Una de las características de quienes luchan con problemas de peso es el ser vulnerables a una mentalidad que les dicta "inténtalo con más empeño para ser lo suficientemente bueno". Por causa de su peso, se sienten inaceptables ante Dios y ante los demás, así que ejercen su fuerza de voluntad y empeño, se disciplinan para perder los kilos de sobra y volverse aceptables. Algunos mantienen su pérdida de peso por algún tiempo y vuelven a recuperarlo; pueden intentar muchas estrategias y enfoques diferentes, pero inevitablemente, sus esfuerzos los defraudan.

Este fracaso es producto de que la ley o los mandamientos del Antiguo Testamento fallaron en transformarnos en personas aceptables. El esfuerzo o la fuerza de voluntad, por sí mismos, no pueden lograrlo. La ley, a pesar de ser justa y verdadera, es insuficiente para hacer que alguien sea encantador y aceptable. De hecho, uno de sus propósitos es el de mostrarnos nuestro pecado y la necesidad de la gracia de Dios: "Por las obras de la ley ningún ser humano será justificado delante de él; porque por medio de la ley es el conocimiento del pecado" (Romanos 3:20). Muchas personas no lo entienden y en cambio piensan, si me esfuerzo lo suficiente podré ser lo suficientemente bueno. Esta mentalidad siempre está destinada a fracasar.

El darnos cuenta de que no somos lo suficientemente buenos puede hacernos sentir desesperación y desánimo. Si nosotros, en nuestras fuerzas somos incapaces de hacer lo que se necesita para perder peso, entonces, somos inútiles; sin embargo, es una inutilidad bendita, pues cuando llegamos al límite de nuestras fuerzas y dejamos de ser lo suficientemente buenos, encontramos a Dios esperándonos del otro lado, manteniendo su gracia para nosotros. A través de Jesús somos libres de la ley de la muerte para encontrar Su ley de vida: "Porque la ley del Espíritu de vida en Cristo Jesús me ha librado de la ley del pecado y de la muerte" (Romanos 8:2).

En ese lugar es donde se encuentra la verdadera esperanza, ya sea en el control de peso o en los problemas de relaciones. Cuando aceptamos el regalo de la gracia de Dios a través de la muerte de Su hijo, podemos ser libres de la carga de ser buenos en nuestras propias fuerzas y aceptar la realidad de que tenemos a Dios de nuestro lado. Él nos ayudará, guiará, sostendrá y dirigirá. Vivir en gracia es la única manera de tener éxito en la difícil tarea de perder peso. Cuando permitimos a Dios remover el peso extra de nuestro propio esfuerzo, abrimos una puerta para recibir Su ayuda con el fin de perder también el peso físico.

Vaya a Él, rinda su fuerza de voluntad y sus intentos de esforzarse más y tome el paso de humildad de admitir que es impotente en sus propias fuerzas, esa humildad y confesión son las claves para su éxito futuro.

◆ El principio de reflejo

Un tercer principio importante para la pérdida de peso es este: *Lo que se ve refleja lo que no se ve*. Puesto de otro modo, lo visible puede iluminar la naturaleza de lo invisible. Lo vemos en la persona de Cristo, quien ilustra y refleja al Padre: "Él es la imagen del Dios invisible, el primogénito de toda creación" (Colosenses 1:15). Aprendemos de Dios al observar a Cristo; sin embargo, en el lado negativo, las personas pueden sufrir en lo físico por problemas espirituales internos (1 Corintios 11:30), a menudo lo interno se manifiesta en lo externo.

El cuerpo puede reflejar el estado del alma. Los problemas de peso a menudo son síntomas de algo que ocurre en el interior, un problema, una carencia o un quebranto; sin embargo, conforme comience a seguir los pasos de Dios para tratar los problemas internos, habrá avanzado mucho hacia la resolución del problema de peso, pues la labor del peso se ha cumplido. Su cuerpo ya no necesita enviarle una señal del problema interno y, de la misma manera en que la fiebre cesa una vez que la infección que la causa ha desaparecido, a menudo el peso queda bajo control cuando se han sanado los problemas personales que lo causan.

No decimos que deba ignorar las partes médicas, nutricionales y de ejercicio que se relacionan con el control de peso, también son parte de un plan integral de crecimiento; sin embargo, muchas personas que las han intentado una y otra vez, sin resultados, a menudo encuentran un gran éxito cuando no solo mantuvieron su régimen sino que también comenzaron a tratar sus problemas internos. Eso fue lo que ocurrió con una amiga mía.

Helen no podía mantenerse en un buen peso, sin importar el programa en el también se encontrara. Estaba muy desalentada por ello, así que comenzamos a hablar acerca de su vida, no de su peso. Descubrimos que casi había dedicado toda su existencia en cuidar de los problemas de los demás: la naturaleza exigente de su esposo, la inmadurez de sus hijos o la pereza de sus compañeros de trabajo. Pasaba todo su tiempo rescatándolos y haciendo que su problema continuara, lo cual tuvo dos resultados: uno fue que pasaba mucho tiempo en situaciones de crisis, durmiendo hasta tarde sin ser capaz de comer de forma balanceada y en horarios regulares. Subía a su auto, compraba una hamburguesa en un restaurante de comida rápida y conducía a la casa de una amiga para ayudarla. El otro fue que estaba demasiado sobrecargada, pues daba mucho y recibía muy poco a cambio. Naturalmente, la comida se volvió un sustituto de la gracia de la cual se veía privada. Cuando comenzó a establecer límites, a dejar de rescatar a los demás y tener buenas relaciones de apoyo, Helen comenzó a tener más éxito con el control de su peso.

◆ El peso y el estado del alma

Si usted tiene problemas para controlar su peso, pregúntese *¿Qué podría estar diciendo mi sobrepeso acerca del estado de* *mi alma?* Al reflexionar en esta pregunta, considere si alguno de los siguientes problemas subyacentes pudiera ser la causa de su problema.

1. Usted tiene una carencia o vacío interno. Rachel es una de las personas más buenas y amables que conozco. Recuerda llamar a las personas en sus cumpleaños y de verdad le importan sus sentimientos y sus vidas. Nadie entendía por qué una persona tan agradable tenía un problema de peso como ese; sin embargo, lo que no sabían era que Rachel tenía una gran dificultad para hacerle saber a los demás cuando se sentía triste, sola o cuando tenía problemas. Sentía que sus necesidades eran egoístas y malas. En esencia, Rachel era incapaz de pedir para ella lo que brindaba a los demás con tanta presteza. Al fin, comenzó a atreverse con las personas, haciéndoles saber que no estaba feliz todo el tiempo y dejándoles consolarla cuando tenía su dolor y tristeza. Después, los kilos comenzaron a desaparecer.

Para Rachel como para muchos, la comida representa amor y puede compensar una falta de relaciones, pues rechaza, tiene la cualidad de satisfacer y siempre está disponible. Desde muy temprana edad, algunas personas establecen una correlación muy fuerte entre la comida y el amor, ya que una de las maneras en que una madre demuestra amor a su bebé es al alimentarlo.

2. Presenta falta de control o problemas con los límites. Dios nos diseñó para desarrollar responsabilidad por nuestra propia vida, para que podamos ser libres de vivir y elegirlo a Él y a Sus caminos. Cuando somos libres de elegir y de ser verdaderos y honestos con los demás, vivimos la libertad que Cristo compró con su muerte para nosotros: "Estad, pues, firmes en la libertad con que Cristo nos hizo libres, y no estéis otra vez sujetos al yugo de esclavitud" (Gálatas 5:1). Sin embargo, muchas personas tienen problemas para asumir el control y la responsabilidad sobre ellos mismos, pueden temer al rechazo y al enojo de otros; pueden sentir culpa, la cual evita que sean honestos, o pueden tener necesidades de dependencia situaciones que las mantienen en el yugo de querer agradar y complacer a los demás. Sea cual sea la causa, esta clase de restricción puede llevar a una persona a comer. La comida se vuelve el único escenario en la vida en el cual la persona puede tomar decisiones libres; el único que no involucra complacer a los demás.

3. Usted se odia y come para anestesiar el dolor. Algunas personas experimentan grados tan severos y dolorosos de condenación y odio que no pueden verse como personas con cualidades. Cuando cometen un error, su conciencia los ataca con dureza en vez de con delicadeza y realismo. Ya que no podemos huir de nosotros mismos, las personas que luchan con la condenación no pueden escapar de la duda y las críticas hacia sí mismos, por lo cual algunos usan la comida como una anestesia; sin embargo, como muchos lo saben, el desprecio hacia ellos mismos siempre regresa, siempre se acaban los efectos de los anestésicos.

4. Usted tiene una sensación de tener derecho. Tener derecho se refiere a sentirse como si debiera recibir un trato especial o no tener límites en la vida por virtud de su existencia. Algunas personas toman la perspectiva de que deberían ser capaces de comer lo que quisieran cuando quisieran y que es una ofensa querer quitarles ese derecho. A menudo no están concientes de su problema de peso o le restan importancia porque tienen dificultades para pensar que tienen algún problema en lo absoluto.

5. Se siente incómodo con su sexualidad. A menudo el miedo impulsa esta incomodidad. Algunas personas temen no poder controlar sus deseos sexuales, otros temen interactuar con el sexo opuesto en situaciones románticas, pues podrían verse involucrados con una persona que no sea segura para ellos o porque podrían alejar a una persona en quien pudieran estar interesados. El peso extra esconde su atractivo, con lo que se asegura que evitarán cualquier situación romántica o sexual. Desde luego, su sexualidad no desaparece, solo queda enterrada.

Como quizá lo sepa por la experiencia, al final, la comida no satisface ninguno de estos aspectos. Aunque el propósito de Dios fue que disfrutáramos el comer, no diseñó a la comida para reemplazar el amor; más aún, aunque comer puede aliviar temporalmente el dolor, también crea un ciclo de inestabilidad. Cuando estamos separados de una comunión profunda y duradera con los demás, también estamos separados de la vida de Dios, esto provoca desear continuamente más de lo que sea que usemos como un sustituto de la vida (Efesios 8:18-19).

Sin embargo, Dios no nos dejó solos para luchar con esto, sin importar la causa detrás de la lucha de la persona con su peso, la senda de Dios incluye una vida de dominio propio sobre nuestros cuerpos.

Y ahora veamos algunos de los factores que pueden ayudarlo a aprender cómo comer de la manera en que Dios nos diseñó.

◆ Entre a la vida de Dios

Cuando entramos a la vida de Dios comenzamos el proceso de amarlo con todo nuestro corazón, alma, mente y fuerzas (Marcos 12:30). Esto significa un par de cosas, primero, significa entrar a sus caminos, para estar en su senda; esto significa dedicarse a Él: "Encomienda a Jehová tu camino, y confía en él; y él hará" (Salmos 37:5). Cuando haya comenzado a amarlo por completo, habrá comenzado a caminar por el camino de vivir la vida de la manera en que Dios lo planeó, la cual es la mejor manera.

También permitimos que Dios sea Señor sobre toda nuestra vida. La mayoría de nosotros tenemos partes específicas de nuestro corazón y vida, las cuales se encuentran desconectadas, y que no consideramos como relacionadas con nuestra vida con Dios. Podemos tener alguna de las luchas internas subyacentes que mencionamos anteriormente, tener una relación rota, un hábito, un pecado secreto o una herida sin confesar que no hemos integrado a nuestra vida con Dios. Estas partes de nosotros existen en la oscuridad, no tienen conexión con la calidez, amor, gracia o protección de Dios, viven en una clase de estado suspendido, sin amor ni esperanza, y a menudo se manifiestan en problemas con la comida. Como se ha dicho: "A menudo no es lo que comemos, sino lo que nos come".

Muchas personas se dan cuenta de que sus problemas de peso estaban muy relacionados con esas áreas específicas y desconectadas. Lo animamos a buscar en su corazón para ver si hay algo que le evita permitir a Dios ser Señor de las áreas oscurecidas de su vida.

Si tal es su situación, le sugerimos que ore para recibir revelación de la parte de su ser que se encuentra perdida: quizá sea su tristeza, su enojo, su pasado o sus sueños. Hágase a sí mismo vulnerable, no solo ante el Señor, sino ante personas que puedan ayudarlo a conectarse a través de relaciones sanas e íntimas, pues las relaciones nos conectan con los demás y con nosotros mismos. Comience a crecer y sanar en esas áreas.

◆ Dé el salto hacia las relaciones

Las investigaciones sobre el control de peso han probado una y otra vez lo que la Biblia ha enseñado acerca de la necesidad de tener una comunidad de apoyo: "Mejores son dos que uno; porque tienen mejor paga de su trabajo. Porque si cayeren, el uno levantará a su compañero; pero ¡ay del solo! que cuando cayere, no habrá segundo que lo levante" (Eclesiastés 4:9-10).

Las personas con relaciones que los sostienen y apoyan tienden a perder más peso y a mantener un buen peso por más tiempo que quienes no las tienen. No fuimos hechos o diseñados para estar solos, esta realidad se manifiesta en particular en lo referente al control de peso, pues involucra disciplina, privación y cambio de hábitos, todo al mismo tiempo y todos ellos estresantes. Cuando nos encontramos en esta situación, necesitamos el consuelo y el ánimo de las relaciones, para poder superarla.

Así que pida a sus amigos que lo apoyen y animen mientras busca el camino de Dios para usted en el área de la pérdida de peso, pero escoja bien a sus amigos. Busque a aquellos que incorporen tanto presencia emocional como honestidad, que sean seguros, compasivos y amorosos pero que a la vez lo confronten cuando sea necesario. Evite a las personas que se encuentren en los extremos, quienes sean amorosos pero teman ser sinceros, que lo mantendrán cómodo y no lo retarán a crecer en las áreas en las que necesite crecer; o a quienes no sean muy cálidos pero sean honestos y lo hagan sentir condenado o vencido, lo cual puede producir buenos resultados iniciales pero, como siempre ocurre con la ley, fallarán con el tiempo.

Es muy importante que lleve a estas relaciones algo más que tan solo su sobrepeso, sea vulnerable y confiese sus incapacidades a estas personas para poder ser sanado (Santiago 5:16). Lleve sus debilidades, pecados, relaciones y miedos; permita que lo conozcan, mientras más conocidos seamos, más sanos seremos.

Tom era obeso en un sentido patológico y su peso se convertía en un serio riesgo para su salud. Intentó muchas cosas para resolver el problema, pero no pudo mantenerlas. Al final, comenzó a tratar con su corazón y se dio cuenta de que tenía una parte franca, honesta y hasta enfadada en su interior, detrás de su exterior de "buen tipo". Temía mucho que su franqueza y enojo pudieran herir a otras personas y que todos lo dejarían; sin embargo, aprendió que Dios y buenas personas se mantuvieron con Él mientras llegaba a conocer esta nueva faceta de sí mismo. Con el tiempo, Tom se sintió cómodo de ser, tanto un buen tipo como uno honesto al mismo tiempo, y su peso mejoró mucho.

◆ Encuentre una estructura que le brinde seguridad

Muchas personas que tienen problemas de peso necesitan una estructura externa que les ayude. Carecen de la disciplina interna para perder peso, así que hasta para desarrollarla, necesitan que provenga del exterior. Tal es la naturaleza de cualquier buena disciplina que es parte de la vida Dios, que puede no ser agradable, pero produce buenos frutos: "Es verdad que ninguna disciplina al presente parece ser causa de gozo, sino de tristeza; pero después da fruto apacible de justicia a los que en ella han sido ejercitados" (Hebreos 12:11).

La estructura se relaciona con la habilidad de ser disciplinados y ordenados, de tolerar la frustración en la búsqueda de una meta mayor, tener paciencia y diligencia en vez de esperar una gratificación inmediata. Muchas personas tienen deficiencias de estructura, las cuales a menudo surgen de una falta de orden por parte de sus padres durante la infancia, por lo cual tienen poca capacidad de gobernar sus impulsos cuando sienten hambre. Como un niño pequeño o un adicto a las drogas, viven solo en el ahora y les cuesta cambiar algo del ahora por algo mejor en el mañana.

Si usted tiene algunas de estas tendencias, necesitará encontrar o crear una estructura de relaciones, amor y responsabilidad que puedan edificar en su interior. La clase de estructura que necesite dependerá de lo que funcione mejor para usted. Podría no necesitar entrar a un grupo de pérdida de peso si tiene un grupo constante de personas con quienes pueda reunirse, abrir su vida y crecer. Mientras pueda ser vulnerable, honesto, dé y reciba la verdad y hable acerca de sus problemas de peso, un contexto de desarrollo puede ser suficiente.

Si necesita más, un consejero individual puede ayudarlo a vencer las causas subyacentes de su lucha con la pérdida de peso. Se puede obtener una gran cantidad de sanidad a través de la terapia con alguien que pueda tratar tanto los problemas emocionales como los físicos relacionados con el sobrepeso.

Sin embargo, podría necesitar algo más intensivo, enfocado y especializado que trate únicamente del sobrepeso, tal como un grupo formal de pérdida de peso. En estos grupos, el único tema es el sobrepeso, que incluye victorias, derrotas y consejos. Una cliente mía intentó todo excepto los grupos de pérdida de peso porque no quería pensar que tenía un problema "tan grande", así que se mantuvo luchando hasta que lo entendió y asistió a una reunión. Ahí, encontró algunas buenas personas, un buen programa y la pieza faltante en su plan para perder peso. Hablamos acerca del principio de que Dios no sana hasta que sabemos que estamos enfermos: "Los sanos no tienen necesidad de médico, sino los enfermos" (Mateo 9:12).

Una rutina regular de ejercicio puede satisfacer otra necesidad de estructura. Los compañeros de ejercicio, las clases y los entrenadores pueden ayudarlo a mantenerse motivado y comprometido al ejercicio físico constante. Al intentar hacerlo por nuestra propia cuenta, tendemos a crear nuestros propios mundos y a distorsionar nuestras metas y valores. Sin embargo, cuando hacemos un compromiso con alguien más y cuando esa persona espera vernos en un lugar y hora en específico, ello nos ayuda a mantenernos en el mundo real, fuera de nuestras mentes.

◆ Una vida llena de cosas buenas

Otro factor para controlar el peso, es la habilidad de sentir placer en la comida, aun cuando deba cuidar lo que come. A diferencia de quienes sufren de una dependencia hacia las drogas o el alcohol, usted no puede abandonar la comida incluso si la usa para calmar algún dolor. Un drogadicto puede abandonar la sustancia y vivir sin ella, pero esto no ocurre con la comida, lo cual hace un reto mayor el tener control sobre una adicción a la comida. Es más fácil deshacerse de algo que aprender a usarlo.

Dios diseñó la comida como un don bueno y necesario, no solo la hizo para mantenernos, sino que la creó también para nuestro placer y disfrute: "Anda, y come tu pan con gozo, y bebe tu vino con alegre corazón; porque tus obras ya son agradables a Dios" (Eclesiastés 9:7). Dios tiene cosas buenas para usted y la comida es una de ellas.

Sin embargo, la mayoría de quienes se someten a dietas ven la comida como un problema en vez de algo que brinda placer. Las comidas se vuelven regímenes sin sabor los cuales detestan, con porciones tan pequeñas que se sienten privados de ella. Mientras que el ejercer dominio propio sobre lo que comemos es una parte importante del control de peso, no debe destruir nuestra habilidad para disfrutar de lo que Dios ha provisto. Las dietas saludables siempre deben incorporar un buen sabor y una cierta cantidad de satisfacción. De otra manera, se sentiría desalentado y se rendiría.

Acaso podemos tener la misma actitud hacia nuestra vida espiritual: sentir que la de fe es tan privativa como la dieta más estricta. Segmentamos la vida en dos elecciones: hacerlo a nuestro modo y divertirnos mucho o hacerlo al modo de Dios y vivir con rigor. En efecto puede ser doloroso dejar de querer ser dioses nosotros mismos, es por ello que no deseamos hacerlo. Sin embargo, al final, la vida que Dios hizo para nosotros está hecha para ser buena y significativa, "Jehová es la porción de mi herencia y de mi copa; tú sustentas mi suerte. Las cuerdas me cayeron en lugares deleitosos, Y es hermosa la heredad que me ha tocado" (Salmos 16:5-6). Me he dado cuenta de que quienes tienen dificultades para disfrutar la comida con frecuencia también tienen dificultades para disfrutar de Dios. La solución a ese problema es aprender a experimentar nuestra relación con Dios como placentera; y la comida es un regalo placentero y agradable.

Por eso, comience pidiendo a Dios que le muestre las partes agradables de Su vida, las cuales vienen junto con las difíciles. Conforme encuentra relaciones ricas y gratificantes así como la libertad para tomar decisiones y ser honesto, al desarrollar sus dones y talentos y acercarse cada vez más a Dios, tendrá más recursos que lo ayuden a tolerar las privaciones que encontrará al obtener control de su peso.

◆ Una imagen corporal basada en la realidad

Al final, el control de peso es una alianza entre usted, su cuerpo y Dios. Usted es a quien más le importa el que Dios abra un camino para vencer su sobrepeso, por ello, su perspectiva y su punto de vista serán factores muy importantes en cómo rinden fruto sus esfuerzos. Esto se aplica en especial a la forma en que usted ve su propio cuerpo. El término para esto es *imagen corporal* y se refiere a la manera única en que percibe el tamaño, peso y apariencia de su cuerpo.

En general, mientras más basada en la realidad esté su imagen corporal, mejor estará preparado para combatirla. La Biblia nos dice que nos veamos con cordura: "Digo, pues, por la gracia que me es dada, a cada cual que está entre vosotros, que no tenga más alto concepto de sí que el que debe tener, sino que piense de sí con cordura, conforme a la medida de fe que Dios repartió a cada uno" (Romanos 12:3).

En otras palabras, Dios puede ayudarlo a percibir su cuerpo como es en realidad; no mejor ni peor. Algunas personas tienen una opinión catastrófica de sus cuerpos, mucho peor de lo que en realidad es. Esa apreciación tan dura provoca que reaccionen con exageración o se desanimen. Otros restan importancia o niegan el problema y con ello no perciben las señales de alerta que necesitan atender. Para una persona con este problema, su imagen corporal es la realidad en sí, por lo cual necesitan estar abiertos a las opiniones de otras personas sobrias y seguras para verse a sí mismos como son en realidad.

Si usted tiene una imagen distorsionada de su cuerpo, tome ánimos basándose en la verdad de que puede tener una nueva imagen de acuerdo a la manera en que Dios y los demás lo ven. Si necesita desarrollar una nueva imagen corporal, comience confesando la actual a Dios, a la vez que a una persona equilibrada con quien se sienta seguro: "Soy muy gordo" o "Quienes me ven se alejan de mí por mi tamaño". Cuando alguien escucha y entiende su confesión y después le da con amor su opinión e información basada en la realidad, su mente acepta ese punto de vista. Al recibir la perspectiva de Dios y de otras personas más realistas, podrá cambiar su imagen corporal en algo con lo que se puede tratar fácilmente.

Algunas personas no perciben que poseen un cuerpo sino que piense que son un cuerpo. No son capaces de evitar que su imagen corporal sea el rasgo característico de quienes son. Tal sobreidentificación con el cuerpo puede trastornar el proceso de pérdida de peso pues el cuerpo no es todo lo que somos, en realidad, así no es como Dios lo ve. Tal sobreidentificación lo empeora todo, porque los problemas de peso no pueden esconderse a la vista con facilidad. A diferencia de las personas con problemas de drogas, alcohol o depresión, el individuo con sobrepeso está expuesto al mundo.

Sin embargo, tenga en mente que, aunque es importante entender y tratar con lo que sea que su cuerpo refleje acerca del estado de su alma, eso es lo único que es: un reflejo. Usted es mucho más que un cuerpo que lo hace infeliz, usted es un alma con habilidades, amores y talentos que pueden tomar parte de la obra milagrosa de transformar su cuerpo a la forma y tamaño que sea mejor para usted. El plan de Dios es integrar y hacerlo madurar a usted, a su cuerpo, su alma y espíritu, como fue Su designio desde la eternidad: "Según nos escogió en él antes de la fundación del mundo, para que fuésemos santos y sin mancha delante de él" (Efesios 1:4). Por tanto, si usted se sobreidentifica con su cuerpo, puede experimentar grandes avances al aprender cuánto son capaces de ver y valorar, Dios y las personas cercanas a usted, cómo son sus talentos, dones, emociones, pasiones y su corazón; comenzará a ver esas partes como ellos las ven y se identificará como una persona completa con todos sus aspectos y no solo con un cuerpo.

◆ Coloque límites para la culpa

Otro factor crucial en el control del peso es asumir responsabilidad por el problema. Quienes lo hacen, son capaces de avanzar y aprender cómo controlar su cuerpo.

Algunas personas se quedan estancadas por ver como la causa de su sobrepeso a los genes, a sus años de infancia o a las relaciones significativas y las pérdidas que han sufrido. Han puesto su atención en lo que han sufrido a manos de los demás o de lo que se han perdido, y culpan a eso de sus problemas de peso. Se vuelven incapaces de avanzar pues ponen continua atención en las heridas que han recibido. Aunque es cierto que cuestiones genéticas o relacionales pueden influenciar mucho en su peso, y nunca se debe restar importancia a tales realidades, estas necesitan ser llevadas a la luz, discutidas y resueltas.

Dios es el modelo para nosotros de una vida de olvidar y perdonar (Colosenses 3:13). Él vive en el presente sin ataduras al pasado; aprenda a dejar ir la culpa, aprenda del pasado y asuma su responsabilidad en el presente.

◆ El régimen

Por lo general perder peso requiere de un régimen específico o de un sistema controlado diseñado para encajar en el individuo, el cual incluye metas realistas y métodos para alcanzarlas. Piense en su régimen no solo como algo que lo ayudará a perder peso sino como algo relacionado con la salud misma. Las personas que ponen atención únicamente en la pérdida de peso a menudo se encuentran con problemas de salud que se asocian con una vida en desequilibrio. Los estilos de vida saludables buscan llegar a formar cuerpos que se encuentren dentro de un peso saludable.

Antes de comenzar un programa de ejercicios, consulte con su médico para saber si existe alguna razón médica para su sobrepeso. Su doctor también puede aconsejarle si necesita comenzar el régimen en un nivel bajo de intensidad de acuerdo con su peso, condiciones cardíacas, problemas respiratorios, etc.

La mayoría de los buenos planes involucran nutrición y ejercicio. La nutrición se relaciona con los alimentos que puede comer y en qué cantidades. Hay muchas maneras de organizarlo, desde contar las calorías hasta planear el tamaño de las porciones. El ejercicio quema calorías, aumenta la masa muscular, disminuye la grasa y fomenta una buena condición física. Lea los escritos confiables que tenga disponibles y pida a alguien con experiencia en estas cuestiones que lo ayude a desarrollar el mejor enfoque para usted.

Y, más que nada, sea paciente con usted mismo. Las investigaciones han mostrado que las dietas para perder peso con facilidad tienen una naturaleza inestable: perderá peso con rapidez pero lo ganará de nuevo rápidamente. La mayoría de las personas que han perdido el peso y lo han mantenido así, lo han logrado poco a poco, en una tasa razonable. Esto se refleja en las palabras de la Biblia que hacen un contraste entre los diligentes y quienes se apresuran: "Los pensamientos del diligente ciertamente tienden a la abundancia; mas todo el que se apresura alocadamente, de cierto va a la pobreza" (Proverbios 21:5). Su plan puede comprender meses o años, pero lo importante es estar en él, mantenerse en él y mantener involucrados a sus amigos. Puede que tropiece de vez en cuando, pero no deje de levantarse.

Dios abrirá una senda para que su peso regrese a un equilibrio. De la misma manera en que Él lo ayuda a entrar a Su vida y Sus caminos, al vivir como Él lo ha diseñado, su mente, corazón y cuerpo trabajarán juntos para obtener buenos resultados.

20

LAS METAS Y LOS SUEÑOS PERSONALES

Me sentí triste (Henry) después de mi conversación con Jeremy, amigo de un amigo cercano y una de las personas más talentosas que conozco. Era muy brillante, enérgico y agradable, sin alguna razón para no haber tenido éxito; pero en realidad, nunca lo había tenido. A los cuarenta años, acababa de dar otro comienzo en falso con una compañía más, y su sueño de construir allí una carrera se desplomó de nuevo. Jeremy estaba decepcionado pero a la vez enojado.

—No lo entiendo —dijo—. No sé lo que Dios quiere hacer, simplemente me parece que nunca me dejará lograr algo, ¿cuánto tiempo me castigará por el pasado?

Con ello, se refería a algunas fallas morales que tuvo en sus noviazgos algunos años antes y pensaba que Dios no le permitiría tener éxito a manera de "disciplina" por sus pecados; sin embargo, al hablar con él tuve otra idea de lo que ocurría. Aunque Jeremy oraba a Dios para pedir Su ayuda en su carrera, a la vez violaba muchos de los principios que Dios estableció en relación con el éxito y el fracaso. Mientras lo escuchaba, comencé a darme cuenta de que si se mantenía en el mismo camino, continuaría fracasando. Aun con lo talentoso e inteligente que era le pedía a Dios que violara la estructura misma del trabajo y el éxito que Él estableció, pero eso no ocurriría. Pensé que lo mejor pera Jeremy sería que tomara otro rumbo y se alineara con las leyes de éxito que Dios había diseñado.

Por ello, le dije algunas de las reglas de Dios para el éxito; pero no funcionaron, no las escuchó y de hecho, se molestó un poco conmigo por sugerirle que para ser exitoso debería hacer algunos cambios. Él pensaba que si tenía buenas intenciones, talento, energía y sueños, estaba haciendo su parte y que a Dios le correspondía hacer la suya.

Nos separamos un tiempo y después escuché que dio otro comienzo en falso; el patrón continuaba.

Recientemente me encontré con él y nos saludamos, me dijo que había "encontrado" el éxito, le iba muy bien en una nueva carrera y su futuro se veía prometedor.

Sin embargo, lo que me interesó más fue el cómo llegó a donde se encontraba. Jeremy no se había vuelto exitoso por solo intentarlo de nuevo hasta lograrlo, sino que lo hizo al cambiar la manera en que buscaba el éxito en su carrera. Conforme alineó su vida con los principios de Dios, él entró a su vida y abrió una senda para mantenerlo en la dirección correcta. Dios no le "envió" el éxito como Jeremy lo esperaba, lo que sucedió es que Dios ya le había hecho una senda, y cuando siguió las leyes y principios establecidos por Él mucho tiempo atrás, encontró la satisfacción y la realización que anhelaba. Usted también puede encontrarlo.

◆ Por lo general, el éxito no es un accidente

El éxito no solo le ocurre a las personas, proviene de seguir el plan y las leyes de Dios y, al mismo tiempo, de recibir Su favor y sus bendiciones. Esto es muy importante así que lo repetiré: *el éxito proviene de seguir las leyes de Dios y de recibir Su favor*. Dios no nos ofrece una garantía de que todo resultará de la manera en que lo esperamos tan solo por seguir Sus leyes, no son una fórmula mágica, no podemos controlar lo que Dios hace, Él es soberano y puede dirigir nuestro camino como Él lo elija.

¡Vamos ahora! los que decís: Hoy y mañana iremos a tal ciudad, y estaremos allá un año, y traficaremos, y ganaremos; cuando no sabéis lo que será mañana. Porque ¿qué es vuestra vida? Ciertamente es neblina que se aparece por un poco de tiempo, y luego se desvanece. En lugar de lo cual deberíais decir: Si el Señor quiere, viviremos y haremos esto o aquello. Pero ahora os jactáis en vuestras soberbias. Toda jactancia semejante es mala.

Santiago 4:13-16

Todos necesitamos el favor de Dios. Para tener éxito, necesitamos el mismo tipo de favor que hace mucho prometió:

> Porque yo me volveré a vosotros, y os haré crecer, y os multiplicaré, y afirmaré mi pacto con vosotros. Comeréis lo añejo de mucho tiempo, y pondréis fuera lo añejo para guardar lo nuevo. Y pondré mi morada en medio de vosotros, y mi alma no os abominará; y andaré entre vosotros, y yo seré vuestro Dios, y vosotros seréis mi pueblo.
>
> Levítico 26:9-12

A lo largo de la Biblia vemos el favor y las bendiciones que Dios da a Su pueblo. Él nos da la vida (Santiago 1:17). Toda nuestra vida está en sus manos y siempre es necesario que busquemos Su favor y Su bendición. Necesitamos que nos ilumine con Su favor para alcanzar cualquier meta.

Por otro lado, aunque el obrar en los caminos de Dios no garantiza nuestro éxito, al no seguirlos no lo conseguiremos, necesitamos andar en los caminos de Dios. Si usted tiene problemas para alcanzar lo que desea en la vida, podría ser que, como Jeremy, no esté siguiendo la senda de Dios hacia el éxito. Nuestra oración es que este capítulo le revele lo que necesita cambiar, para que así este en el camino que Dios tiene para usted.

◆ Comience con Dios

La senda para alcanzar nuestras metas comienza al confiar en Dios. Al principio dijimos que tener fe significa ver a Dios como la fuente de todo lo que necesitamos. La fe es la certeza de lo que se espera, la convicción de lo que no se ve (Hebreos 11:1). Confiar sus metas a Dios significa *creer que Él es la fuente de todas las cosas buenas y de que puede instruirlo acerca de lo que es bueno.*

Dios dice que nos concederá las peticiones de nuestro corazón y que Él "sacia de bien tu boca" (Salmos 103:5; también vea Salmos 145:16, 19; 1 Timoteo 6:17-18). Dios da a quienes piden, pero no da a quienes piden con motivos impuros (Santiago 4:2-3); en otras palabras, quiere bendecirnos, pero por razones que sean buenas para nosotros.

Si sus metas y deseos surgen de motivos impuros (tal como la avaricia, envidia, materialismo u orgullo) entonces Dios no le dará lo que le pida. Las metas basadas en motivos impuros son como callejones sin salida, pues aunque las alcance se sentirá vacío en su interior, no pueden llenar el alma. Hay muchas personas que se sienten miserables y viven en casas bonitas. Deberían trabajar en las razones reales detrás de ese misterio, en vez de pensar que alcanzar una meta más o acumular cosas materiales para complacerse a ellos mismos les dará el éxito.

En cambio, si sus motivos son buenos, reales y en verdad satisfactorios, entonces Dios puede estar dispuesto a cumplirlos. Hasta las metas materiales pueden ser motivadas por buenas razones, por ejemplo, el que usted quiera una casa nueva porque desea que sea lo suficientemente grande como para recibir invitados y ejercer el don espiritual de la hospitalidad (Romanos 12:10-13).

Quizá quiera una nueva casa porque siente que sus hijos se beneficiarían de vivir en una parte diferente de la ciudad. Quizá Dios puso en su alma el amor hacia los espacios y las afueras y desee mudarse al campo. Todas las anteriores son buenas razones para querer una casa nueva. Recuerde, a Dios le encanta dar regalos a las personas. Él puede honrar su deseo de mudarse a la costa o a las montañas para poder disfrutar la hermosura de Su creación.

Para verificar los motivos de sus metas, podría hacerse las siguientes preguntas:

- ¿Mi propósito es encontrar el propósito y el llamado de Dios en mi vida para poder servirlo de la mejor manera posible y a la vez ser la persona que Él quiere que sea?
- ¿Creo que está comprometido a mostrarme el mejor camino para mí y que Él me dirigirá y me proveerá de lo necesario?
- ¿Mis metas y deseos están basados en buenas razones y motivos?
- ¿En verdad será satisfactorio alcanzar estas metas? ¿En verdad reflejan lo que soy?

Lo primero que debe hacer es comprometerse a sí mismo y a su camino con Dios (Romanos 12:1-2). Entonces, mientras Él obra en su vida, usted será capaz de saber lo que Él quiere hacer con usted, por usted y a través de usted. En otras palabras *si Dios es su meta principal, entonces alcanzará las demás,* pues Él lo guiará para identificarlas y alcanzarlas.

◆ **Diga "sí" a quien usted es**

Una vez que ha comenzado con Dios, lo siguiente que deberá hacer para alcanzar sus metas es decir "sí" a quien usted realmente es y "no" a las definiciones y expectativas que otros tienen de usted. ¿Alguna vez se ha tomado el tiempo para averiguar quién es en realidad? ¿En verdad le pertenecen sus metas y deseos? ¿O busca las metas que otras personas, como su familia, sus amigos o su cultura han definido para usted?

A veces es útil recibir opiniones de los demás, como lo veremos en un momento; sin embargo, no es bueno permitir que los demás definan quién es usted y lo que debería hacer. Escuche las palabras de Romanos 12:2: "No os conforméis a este siglo, sino transformaos por medio de la renovación de vuestro entendimiento."

El ser usted mismo significa decir "no" y no conformarse con las presiones externas, como las expectativas de sus padres, sus amigos o su iglesia. Hace poco, hablaba con una mujer que se encontraba en medio de un cambio de profesión porque su empleo la había hecho sentir deprimida y miserable. Cuando decidió resolver el problema se dio cuenta de que se encontraba en su profesión solo por su familia, haciendo un trabajo que ni siquiera la gustaba. Usted debió haber visto la alegría en su rostro cuando me dijo acerca de su nueva elección de carrera. Ella se encontró a sí misma al saber quién no era ella.

El ser usted mismo también significa decir "no" a las expectativas que son de "este siglo". Nuestra cultura dice que nos sentiremos realizados al volvernos exitosos, ricos o al ganar el reconocimiento de los demás;, mira a los valores temporales y perecederos para dirigirnos. Sin embargo, Dios dice que nuestro valor viene de ser amados por Él y por otras personas, de usar nuestros talentos y de llevar una vida al servicio a Dios y de otras personas.

◆ Identifique los patrones negativos

Como lo hemos visto, en ocasiones simplemente no es la voluntad de Dios que alcancemos una meta en particular; todos nos podemos identificar con ello. Sin embargo, no es la voluntad de Dios que *nunca alcancemos ninguna de nuestras metas*. Si no las ha alcanzado de manera constante, entonces quizá esté haciendo algo que se interpone en el camino para alcanzarlas. Si usted lee esto y dice: "He tenido buenas intenciones y deseos, pero en realidad las cosas nunca han funcionado", entonces deténgase, no establezca otra meta, no intente de nuevo alcanzarlas, pues si lo hace, lo más posible es que fallará en alcanzarlas por una razón sencilla: *los patrones*.

Un patrón es algo que hacemos una y otra vez para tratar de obtener lo que nos interesa. Tenemos patrones que vivimos una y otra vez, para bien o para mal, en nuestras relaciones, en nuestro trabajo y cuando intentamos alcanzar nuestras metas. Créalo o no, la mayoría de nosotros presentamos ciertos patrones cuando fallamos. Por lo general, nuestro éxito o fracaso proviene de quiénes somos como personas, de la manera en que está conformado nuestro carácter. Estamos determinados a hacer las cosas de un modo específico, y hasta que cambiemos, las haremos siempre del mismo modo, quizá con resultados similares.

Así que mientras examina sus sueños, metas e intentos para alcanzarlas, pregúntese que fue lo que pasó. Si constantemente ha fallado o se ha sentido insatisfecho hasta algún punto, entonces quizá tenga un patrón de hacer las cosas que le estorbe para alcanzar lo que busca. Vea si puede identificarse con alguno de los siguientes:

- *No hay metas definidas.* En realidad, no sabe a dónde se dirige, lo sabe hasta que llega.
- *Metas específicas pero muy poco realistas.* Usted quiere ser algo que está completamente fuera de su alcance, al menos en el presente.
- *Metas específicas pero con pocos recursos o mala planeación.* Usted tiene metas buenas, pero no se asegura de tener los recursos para alcanzarlas o falla en planear

una estrategia de otras maneras que le asegurarán el éxito.

- *Motivaciones o definiciones externas.* Las fuentes y sistemas de estímulos externos motivan sus planes, o alguien más los ha definido y elegido por usted.
- *Las debilidades personales lo estorban.* Sus debilidades evitan que tenga éxito.
- *Comienza pero no termina.* Comienza bien pero no continúa, no persevera ni concluye un objetivo.
- *Falta de disciplina o estructura.* Usted tiene metas pero no tiene la suficiente disciplina para seguir y hacer lo que es necesario.
- *Se topa con un obstáculo y no es capaz de recuperarse.* No le cuesta avanzar, pero lo agotan los obstáculos o los problemas que se presentan.
- *Las fallas lo vencen.* Se desanima demasiado cuando hay una falla en una meta o en una sola parte de ella.
- *Las personas lo vencen.* Permite que otras personas eviten que alcance sus metas por muchas razones.

Intente identificar los patrones que podrían estarlo frenando, para que pueda prepararse en contra de esa debilidad en el futuro. Por ejemplo, digamos que tiene un patrón de falta de disciplina y estructura, pero quiere perder algo de peso. Ya que reconoció el no tener la estructura interna para apegarse a un programa de dieta, no debería unirse a otro club o comprar mucha comida de dieta, pues nada de eso le dará la estructura que necesita. Si quiere romper con su patrón, debería entrar a una clase de ejercicios donde se reúna a una hora en específico o inscribirse a un programa prepagado de pérdida de peso que requiera que asista a reuniones para no tener que hacerlo por su propia cuenta.

Si hay un patrón, ese patrón está en usted mismo y continuará hasta que usted lo cambie. Necesita planear en contra de él y tenerlo en cuenta para que no lo venza. Tal vez necesite trabajar en los principios de los que hablamos en la primera parte del libro.

◆ Identifique sus fortalezas y dones

Otra razón por la cual las personas no alcanzan sus metas ni encuentran el éxito es que nunca han aprendido otra verdad. En Romanos 12:3-8 dice:

> Digo, pues, por la gracia que me es dada, a cada cual que está entre vosotros, que no tenga más alto concepto de sí que el que debe tener, sino que piense de sí con cordura, conforme a la medida de fe que Dios repartió a cada uno. Porque de la manera que en un cuerpo tenemos muchos miembros, pero no todos los miembros tienen la misma función, así nosotros, siendo muchos, somos un cuerpo en Cristo, y todos miembros los unos de los otros. De manera que, teniendo diferentes dones, según la gracia que nos es dada, si el de profecía, úsese conforme a la medida de la fe; o si de servicio, en servir; o el que enseña, en la enseñanza; el que exhorta, en la exhortación; el que reparte, con liberalidad; el que preside, con solicitud; el que hace misericordia, con alegría.

En este pasaje, en esencia, Dios también nos pregunta: "¿Quién eres?" Porque quiere que tengamos una imagen certera y realista de nosotros. Si tenemos un "concepto muy alto" de nosotros, podríamos pensar que podemos hacer cosas para las cuales no estamos preparados, o podríamos estar ciegos ante nuestras limitaciones, lo cual impedirá que alcancemos nuestras metas.

El vernos a nosotros mismos con cordura significa ver nuestras verdaderas fortalezas y obrar en ellas. No intente construir un sueño o una meta sobre una fortaleza de la que carezca. Permítame darle un ejemplo: yo soy la clase de persona que vislumbra cosas, crea nuevas ideas, piensa en nuevas estrategias y lanza nuevos negocios; sin embargo, cuando se trata de gestión, organización y administración, soy una pesadilla. Si me engaño pensando que puedo realizar una buena labor en esa clase de tareas, cosecharé las consecuencias. Lo que yo pueda crear resultará un desastre si no obtengo ayuda para la organización y la gestión. Para mí, el verme con cordura significa aceptar de corazón mis limitaciones y planear cómo superarlas. Necesito tener un buen equipo a mi alrededor para satisfacer mis metas o crearé más de lo que puedo manejar de manera efectiva. No todos tenemos los mismos dones, y necesitamos personas a nuestro alrededor que suplan nuestras limitaciones.

El pensar de nosotros mismos con cordura también significa que no debemos pensar que las cosas serán fáciles o que nunca fallarán. Todos tendemos a ver a los demás, lo que han logrado, pensar que les resultó fácil y que por ello debería ser fácil para nosotros; sin embargo, eso no es cierto. Para muchas personas, el éxito es 1 por ciento de inspiración y 99 por ciento de transpiración. Si usted cree que alcanzar sus propias metas debería ser fácil o que su camino no debería estar lleno de errores y fallas, entonces nunca alcanzará nada muy significativo. Todas las personas que obtienen grandes logros fallan en algún momento, pero al esperar que las fallas sean parte del proceso, perseveran. No tienen un concepto tan alto de sí mismos como para desanimarse cuando no son perfectos.

Los humanos pueden lograr cosas increíbles y, de hecho, se nos creó para hacerlo. Cuando pensamos que no deberíamos cometer errores ¿no esperamos ser como Dios? Terminamos castigándonos por no ser Dios y nunca alcanzamos las alturas de los logros humanos para las que fuimos hechos. Dése un descanso y no tenga expectativas poco realistas; el resultado podría ser que alcance más de lo que jamás soñó, simplemente no lo hará de la manera en que pensó que lo haría.

Por ultimo, tener una imagen cuerda de nosotros mismos también significa que esta sea acertada; encuentre sus dones y reclámelos. Dios le dio dones y talentos, todos los humanos los tenemos; averigüe para lo que fue hecho y, como lo dice el texto, hágalo con la medida de su fe y con entusiasmo.

Y hay varias maneras de identificar sus dones y fortalezas. Primero, mire su propia historia: ¿qué clase de cosas ha hecho bien? Observe lo que le resulta con facilidad, ¿en qué es bueno? Lo que podría ser difícil para otras personas y fácil para usted significa que usted tiene un talento para esa área. Piense en retrospectiva sobre los momentos de su vida en los cuales ha hecho cosas que le brindaban placer o energía; esa es una pista acerca de lo que en verdad podría motivarlo.

Además, podría tomar ventaja de las muchas herramientas de evaluación que están a disposición de quienes buscan ayuda para tomar una buena decisión de carrera. Por ejemplo, si usted trabaja para una organización o un negocio, pregunte a su director de recursos humanos cuáles son las herramientas de las que dispone su compañía. La mayoría de las compañías las tienen, aunque no las usen con frecuencia. También podría ir a una biblioteca o librería para revisar algunos libros sobre planeación de carrera o visitar a un consejero vocacional. Lo más posible es que él o ella lo entreviste y le dé otras pruebas y evaluaciones. Muchas personas encuentran muy reveladoras esta clase de herramientas, las cuales abren la puerta a nuevos caminos.

También, asegúrese de entrevistar a personas a quienes conozca bien. Llame a antiguos jefes, compañeros de trabajo y amigos cercanos que sean honestos con usted acerca de la forma en que ellos lo ven. Obtenga opiniones honestas sobre sus dones, fortalezas, aptitudes y debilidades.

Después, examine su corazón, ¿con que sueña? Escriba la historia de su vida ideal y pregúntese que necesitaría para llegar ahí. ¿La vida de quién desearía para usted? ¿Por qué no puede serlo?

Un sueño que no traiga beneficios a los demás quizá no sea inspirado por Dios. Estoy seguro de que Dios hizo que los actores, cantantes de opera, atletas y músicos siguieran su sueño para que el resto de nosotros pudiéramos mirar y disfrutar sus talentos para la gloria de Dios. Recuerde, Dios le ha dado dones y habilidades que debe usar y desarrollar. Como lo dice la Biblia, colóquelos en algo para que todos los vean, y usted pueda estar agradecido con Dios por lo glorioso que es al hacer que esos dones y talentos sirvan a los demás (Mateo 5:14-16). Qué glorioso es, al darnos tanto los dones como el poder, para que lleven fruto en el servicio a los demás.

◆ Considere el precio

Antes de alistarse para alcanzar sus metas, siéntese y piense cuánto le costará. Muchas personas tienen objetivos alcanzables, pero no planean bien la manera en que llegarán a ellos en términos de asignar y usar recursos. Los siguientes son algunos puntos útiles en que pensar:

- ¿Cuánto dinero se necesitará para llegar a donde quiero llegar? ¿Cómo ahorraré, reuniré, produciré, pediré en préstamo o ganaré esa cantidad? (¡Luego auméntela un 20 por ciento!) ¿En qué intervalos tendré que usarlo?
- ¿Qué clase de compromiso se requerirá para llegar ahí? ¿A qué tendré que decir "no" o "adiós" para alcanzar mi meta? ¿Estoy dispuesto a hacerlo?
- ¿Qué otras pérdidas podrían necesitarse para alcanzar mi meta? ¿Tengo otros objetivos que puedan interferir? ¿De qué cosas que aprecio tendré que deshacerme para llegar ahí? ¿Estoy dispuesto a hacerlo?
- ¿Cuál será el costo en relaciones? ¿Qué recursos de relaciones necesitaré para alcanzar mi meta? ¿A quién debo convencer para "aprovisionarme" para que esto ocurra? ¿Cómo haré para involucrar a estas personas?
- ¿Qué habilidades necesarias me faltan? ¿Dónde obtendré la ayuda que necesito para mis debilidades? ¿De dónde obtendré la estructura necesaria para llegar ahí? ¿A qué grupo puedo unirme? ¿Qué miembros del equipo necesitaré?
- ¿Qué efectos emocionales habrá? ¿De dónde obtendré al apoyo necesario?
- ¿De qué conocimiento necesario carezco para alcanzar mi meta? ¿De dónde puedo obtenerlo? ¿Puedo contratarlo? ¿Puedo tomarlo prestado?

Mantenga la realidad en mente

Al considerar el precio, mantenga la realidad en mente. Con realidad me refiero a lo que en verdad sucede, y lo que sucederá, de no alcanzar sus metas; no lo que se diga usted que *debería suceder* ni lo que *desearía que sucediera*. Si usted mira la realidad y no le gusta lo que ve, entonces estará más dispuesto a hacer lo necesario para cambiarla.

Cuando mire sus metas en términos reales, permita que la realidad lo motive, permita que lo impacte. Si hay alguna realidad que no le agrade en ese momento y no hace lo necesario para cambiarla, entonces, esa realidad —o algo peor— será la misma el año siguiente. Conozco a una mujer que quería ir a la escuela de postgrado para conseguir un mejor trabajo, cuando se enteró de que le tomaría dos años, decidió no asistir: tomaría mucho tiempo. Le dije: "Dos años serán dos años, vaya a la escuela o no; ¿en dos años quiere quedarse donde se encuentra o quiere tener un título y un mejor trabajo?" Ella se inscribió en el programa.

Y ponga atención en lo que se mantendrá siendo igual si no sigue sus metas o sueños, ¿qué es lo que ve? ¿Cómo se siente? ¿Puede vivir con ello? ¿En verdad eso es lo que usted quiere que sea su vida?

En una ocasión trabajé con un padre de cuatro niños pequeños que necesitaba perder peso porque su salud peligraba. Para ayudarlo a ver la realidad, le sugerí que escribiera cómo serían las vidas de sus hijos si muriera de un ataque cardíaco mientras fueran pequeños, le dije que pensara cómo serían sus vidas si crecieran sin un padre; sus años de preparatoria, de adolescencia, sus noviazgos, los años de universidad y sus elecciones matrimoniales. Después, le sugerí que escribiera sobre la vida de su esposa como madre soltera con cuatro hijos. Aunque fue difícil, quería que este hombre viera la realidad de lo que ocurriría si no perdía peso.

Usted necesita prestar atención a su vida tal y como es. ¿La realidad que ve lo motiva a pagar el precio? Podría no hacerlo, ya que algunas metas simplemente no valen el esfuerzo o el precio, y es por ello que un ejercicio como este puede ser útil.

Este ejercicio no solo ayuda a tener una imagen de cómo sería su vida si no buscara sus metas, sino que también podría ayudarlo a soñar cómo sería su vida si lo hiciera. Por ello, también le pedí al padre de familia que se imaginara siendo saludable y disfrutando de esos años con sus hijos. Le pedí que imaginara yendo a los juegos, a los eventos y deleitándose con todas esas etapas maravillosas con sus hijos. Quería que pensara en llevar a sus hijas al altar para entregarlas en matrimonio. Pensar en todo eso lo ayudó a motivarse para mantenerse en el programa.

Dios ha hecho algo similar con nosotros. Él nos dio una imagen de cómo sería que sembráramos vida espiritual e hiciéramos el sacrificio de crecer y servirle. Disfrutaremos de banquetes, recompensas, gozo, vida eterna y más. Él coloca esas imágenes a las puertas de nuestra mente para que nos mantengamos motivados. Como Pablo dice: "Antes bien, como está escrito: cosas que ojo no vio, ni oído oyó, ni han subido en corazón de hombre, son las que Dios ha preparado para los que le aman" (1 Corintios 2:9). Jesús habla de un paraíso y de la vida increíble que yace adelante para quienes le siguen. También nos hace ver lo que serían nuestras vidas si no escogiéramos seguirle. Él siempre nos da una elección, como ocurre con todas nuestras metas. Podemos elegir ser positivos, considerar el precio y tener una realidad, o escoger la otra.

◆ Escriba un plan

Esto no necesita mencionarse, pues hemos hablado mucho al respecto, pero es muy valioso que escriba sus metas, así como que tenga una estrategia para conseguirlas. Comprométase a obtener los recursos, así como a cumplirlas en tiempos y fechas específicas, y sea responsable. Comparta su plan con alguien que lo ayude a mantenerse en él. En un negocio, el presidente es responsable ante la mesa directiva, a la cual debe presentar un plan y luego pruebas de su ejecución. Usted es el director de su vida y debe tener una mesa directiva en forma de un grupo con quien deba hacerse responsable. Presente su plan, obtenga opiniones y luego haga que este grupo lo mantenga en su plan, lo cual lo llevará un paso más cerca de cumplirlo.

◆ Tome decisiones pequeñas

Las metas se alcanzan poco a poco. Nosotros no escribimos este libro en un día, lo hicimos a través de muchos pasos pequeños, y todos esos pasos fueron decisiones: la decisión de escribir una sección una noche en vez de ir al cine, la decisión de levantarnos una hora más temprano en vez de dormir más. Hay muchas elecciones involucradas en alcanzar o no cualquier meta.

Cada pequeña decisión que tome, mírela como algo que, o lo acerca o lo aleja de la meta. Si su meta es tener más intimidad con sus hijos, negarse a aceptar ese proyecto extra que le ofrecen en el trabajo es una elección que lo ayudará a alcanzar su meta. Si la meta es obtener un título, escoger tomar una clase los fines de semana en vez de salir con sus amigos es una decisión que lo acera más a su meta. Pequeñas decisiones como estas hacen que los grandes objetivos se vuelvan realidades. Como mi madre solía decir: "Guarda tus centavos, porque de ser uno se vuelven diez, de diez se vuelven veinticinco, de veinticinco se vuelven cincuenta, luego un dólar y los dólares se convierten en bicicletas". Salvar un centavo es una decisión pequeña, pero conseguir una bicicleta ¡es algo grande!

Esto a lo que la Biblia se refiere con "diligencia". Significa ser incisivo, decisivo, decidido, estar dispuesto, adaptarse continuamente, comprometerse, ser cuidadoso, industrioso, minucioso y disciplinado. La diligencia no es fácil, pero no podemos alcanzar nuestros objetivos sin ella. Esa es la ley del universo que Dios estableció y en la cual vivimos. Escuche todas las cosas buenas que se les prometen a los diligentes:

- "La mano negligente empobrece; mas la mano de los diligentes enriquece" (Proverbios 10:4).
- "El que labra su tierra se saciará de pan; mas el que sigue a los vagabundos es falto de entendimiento" (Proverbios 12:11).
- "La mano de los diligentes señoreará; mas la negligencia será tributaria" (Proverbios 12:24).
- "El alma del perezoso desea, y nada alcanza; mas el alma de los diligentes será prosperada" (Proverbios 13:4).
- "Los pensamientos del diligente ciertamente tienden a la abundancia; mas todo el que se apresura alocadamente, de cierto va a la pobreza" (Proverbios 21:5).
- "El que labra su tierra se saciará de pan; mas el que sigue a los ociosos se llenará de pobreza" (Proverbios 28:19).

Cuando se trata de alcanzar las metas, Dios ya abrió una senda: es el camino de la diligencia y de todo lo que hemos discutido. Si hacemos las cosas de acuerdo con Su plan, entonces hay mayores posibilidades de que tengamos éxito. Sin embargo, en otras maneras, es cierto que necesitamos que Dios abra una senda.

Los miedos y los obstáculos pueden ayudarlo a crecer

También necesitamos ser realistas. El solo hecho de que Dios haya abierto un camino no significa que no nos enfrentaremos a desafíos y problemas. La Biblia enseña que nos toparemos con obstáculos de camino hacia cualquier meta. Usted puede esperar que peleará la buena batalla y que encontrará muchos obstáculos. Como lo dijo Jesús: "En el mundo tendréis aflicción; pero confiad, yo he vencido al mundo" (Juan 16:33).

Quienes cumplen sus metas son diferentes a quienes no las alcanzan, en el sentido de que los primeros se preparan para las dificultades, las enfrentan y las resuelven. Los siguientes son algunos de los obstáculos para los que se puede preparar:

- Miedo y sentimientos difíciles
- Conflictos con las personas
- Fallas
- Falta de recursos
- Desánimo
- Duda
- Distanciamiento de Dios
- Segundas suposiciones
- Críticas

¿Qué es lo mejor que puede hacer? Recuerde y ponga en práctica los principios de los que hemos hablado. Cuando los siga, lo guiarán en momentos difíciles. Al comenzar con Dios, ejerza la fe, encuentre buenos compañeros de viaje, acepte los problemas como regalos, obtenga sabiduría y deje atrás el pasado; pues lograr llegar a sus metas tendrá un significado totalmente diferente, ya que alcanzarlas siempre es secundario. *Lo importante es en lo que usted se convertirá mediante el proceso de alcanzarlas con Dios y los demás.* Una senda hacia una meta es principalmente un contexto o una senda en la cual Dios lo cambia para ser una mejor persona. Él quiere que alcance sus deseos y sus metas; sin embargo, le preocupa más en quién se convertirá al hacerlo y cómo funciona su relación con Él; así que, en ese sentido, los obstáculos que encuentre en el camino son de las mejores partes de ese proceso, ellos lo ayudan a mostrarle dónde necesita crecer y cómo necesita cambiar.

Al buscarlo y hacer la difícil labor de cambiar para convertirse en lo que Él quiere que sea, usted se dará cuenta de que al mismo tiempo se acerca más a sus metas, pues se convertirá en una persona madura capaz de alcanzar objetivos. Ese es el secreto, como Jesús dijo: "Mas buscad primeramente el reino de Dios y su justicia, y todas estas cosas os serán añadidas" (Mateo 6:33-34).

Así que, como Jesús lo dijo, planee la labor y considere el precio. Responda las siguientes preguntas antes de comenzar:

- ¿Qué es lo más difícil con lo que me encontraré en el camino para alcanzar el objetivo? ¿Qué haré entonces?
- ¿Cuál es la mayor pérdida que sufriré?
- ¿Cómo trataré con ella?
- ¿Cómo me sentiré cuando las cosas no vayan bien?
- ¿Qué haré?
- ¿Qué ocurrirá si fallo?
- ¿Qué haré entonces?
- ¿Cómo me mantendré vinculado a Dios en cada paso?

Si piensa en ello, probablemente será capaz de hacerse algunas otras preguntas que puedan aplicarse a los obstáculos que enfrentará. Vaya y enfréntelos ahora, no después; prepárese para ellos por adelantado y pida a Dios que lo ayude. Si tiene colocados sus apoyos, cuando los problemas y los miedos se presenten, usted estará listo, orará, tomará el teléfono, acudirá a su grupo de apoyo o ejercerá el plan que haya preparado; aunque lleguen, estará listo, con un plan y con las personas adecuadas a quienes llamar y con los lugares a donde deba ir, ya preparados. Usted debe tener con antelación un plan que lo prepare para los momentos difíciles.

♦ **Consígalo**

Por último, es probable que haya oído que fallar no es lo peor que puede ocurrirnos, el no intentarlo y desperdiciar nuestras vidas sí lo es. La Biblia nunca nos llama a tener éxito; en cambio, nos instruye en que seamos fieles; tampoco nos llama a ser perfectos, tan solo a ser fieles.

Todos somos llamados a tomar lo que se nos ha dado y a añadir a ello. Debemos desarrollar nuestros talentos, invertirlos y obtener una ganancia de nuestro esfuerzo en la vida. Para ese fin, esperamos y oramos porque usted se tome de la mano de Dios, que lo busque diligentemente con todo su corazón, que tenga grandes sueños y que alcance sus metas. Pídale que le muestre quién es usted y lo que debe hacer. Y confíe en que Él abrirá una senda.

CONCLUSIÓN

COMIENCE HOY MISMO SU TRAVESÍA

La senda de Dios siempre funciona. Cuando se encuentre en alguna encrucijada en la vida, *cuando no sepa qué hacer,* Dios sí. Su gracia, Su dirección y Sus principios nunca fallan, pues Él mismo no puede fallar en sus propósitos para nosotros: "No temas, ni desmayes, porque Jehová Dios, mi Dios, estará contigo; él no te dejará ni te desamparará" (1 Crónicas 28:20). Su senda podría no ser la misma que la que nosotros nos imaginamos, pero al final es la mejor.

El camino de Dios no siempre es el más fácil y con frecuencia no es con el que estamos familiarizados, involucra admitir que somos impotentes y tenemos necesidad, caminar en fe, tomar riesgos y ser capaces de encarar la verdad. Sin embargo, Su camino es el único que nos ayuda y nos sana. Como Jesús dijo: "Entrad por la puerta estrecha; porque ancha es la puerta, y espacioso el camino que lleva a la perdición, y muchos son los que entran por ella; porque estrecha es la puerta, y angosto el camino que lleva a la vida, y pocos son los que la hallan" (Mateo 7:13-14).

A través de las edades, Dios ha abierto una senda para su pueblo; una senda basada en Su naturaleza, Sus recursos y Su Palabra, lo cual es eterno y nunca cambia. La historia está llena de historias de personas que han visto y seguido su camino y al hacerlo, han encontrado esperanza, sanidad, transformación y mucho más.

En la actualidad no es diferente, Dios vive y se mueve entre nosotros como siempre lo ha hecho, transformando a quienes en verdad buscan su camino. Al leer este libro, quizá considere la manera en que Dios puede abrir un camino para usted en las áreas en las que tenga problemas. Para ayudarlo a desarrollar su propia visión de lo que Dios puede hacer en su vida, queremos llevarlo paso a paso a través de la travesía de Beth. Como usted, ella quería una mejor vida y entró al proceso de crecimiento que hemos descrito en este libro. Con el tiempo, Dios la cambió —y también su vida— en maneras que nunca hubiera imaginado. Al leer su historia, pida a Dios que le muestre como poner en práctica estos principios para que puedan comenzar a obrar para usted el día de hoy, el de mañana y por el resto de su vida.

Conforme seguimos la vida y las elecciones de Beth, señalaremos cuál de los principios aplicaba en cada paso. Éstos aparecen en el orden en que ocurrieron en su vida. Algunos principios entraron en acción al mismo tiempo que otros y algunos se manifestaron mucho tiempo después en su proceso de crecimiento. Es importante que entienda que el camino de Dios consiste en que todos estos principios actúen en nuestra vida. Cada uno refleja un concepto necesario. Cuando todos los principios están presentes, comenzamos a ver cambios verdaderos y significativos. De la misma manera en que necesitamos tomar todas las medicinas apropiadas para una enfermedad, necesitamos asegurarnos de que usamos todos los elementos del camino de Dios.

◆ Un poco tarde

Cuando la conocí, el matrimonio de Beth y Don estaba casi muerto. Ella era contadora y el un ejecutivo de mercadeo, tenían casi treinta años y no tenían hijos. Fueron conmigo porque su matrimonio estaba en crisis. Don no estaba seguro de querer mantenerse en el matrimonio y admitió tener un amorío; Beth también era infeliz pero amaba a Don y quería arreglar las cosas.

No me tomó mucho tiempo entender por qué eran tan infelices. Estaban envueltos en una suerte de baile ineficaz y su matrimonio era seriamente débil. Beth se encontraba separada de sus emociones y tenía dificultades para abrirse en lo sentimental, tenía problemas para ser honesta acerca de sus emociones y opiniones, en especial cuando estaba en desacuerdo con alguien. Por otro lado, Don, estaba muy en contacto con sus emociones y no tenía problemas para expresar sus opiniones negativas y sus sentimientos hacia los demás, también, tendía a ser controlador y exigente con Beth. Él pensaba que ella debería pensar lo mismo que él, y estar de acuerdo con todo lo que dijera e hiciera. Cuando ella no reaccionaba de la manera en que él pensaba que debería hacerlo, se sentía herido. Entonces, en represalia, se distanciaba o se iba a pasar el rato con sus amigos. Beth intentaba mantenerlo feliz, pero nunca podía hacer lo suficiente como para complacerlo. Al final, el amorío de Don salió a la luz y ahí fue cuando me llamaron para recibir asesoría.

Tuvimos sesiones por un tiempo, pero fue un poco tarde. Aunque Beth hizo todo lo posible por mantener el matrimonio, Don admitió al final que para el momento en que comenzaron con la terapia, él ya había decidido irse. Aceptó buscar ayuda solo para apaciguar a Beth. Don se divorció de ella y después se casó con la mujer con quien había tenido una aventura.

Beth en verdad quería que el matrimonio funcionara. Aunque ella y Don nunca estuvieron bien, la institución y el pacto del matrimonio significaban algo muy importante y sagrado para ella y fue como si le hubieran quitado el cimiento a su vida. La decisión de Don de pedir el divorcio la devastó y ella continuó haciendo intentos para reconciliarse con él hasta el momento en que se casó de nuevo. Deshaciéndose de su orgullo, se humilló para hacerle saber que quería que todo marchara bien entre ellos.

Esta fue una indicación temprana de la profundidad del carácter de Beth y fue una que creí, prometía mucho para el crecimiento futuro y la sanidad de Dios. Beth nunca recurrió a la posición común de la ley: si no me quieres, no te quiero. Ella quería la reconciliación y la restauración del amor. Por causa de su actitud del amor sobre la ley, supe que al final, sin importar lo que ocurriera entre los dos, ella pondría su confianza en el camino de Dios y estaría bien, lo cual demostró ser cierto.

◆ Comenzar la travesía con Dios

Después del divorcio, Beth quiso seguir recibiendo asesoría, pero su historia no se trata de eso, para ella la terapia fue solo una pequeña pieza del rompecabezas. Beth hizo muchas otras cosas para permitir que Dios le abriera una senda. Ella quería hacer lo que le fuera posible para convertirse en la persona que

Dios quería que fuera el resto de su vida. Ella pudo identificar el papel de Dios como el Creador y la Fuente de la vida, y comenzó a depender en Él e incorporar sus designios en sus valores y conductas. Su travesía con Dios comenzó.

Esta nueva postura fue central para Beth. Antes de sus problemas con Don, había orientado su relación con Dios en torno a su matrimonio, había buscado la ayuda de Dios, había orado, había buscado su apoyo y dirección para encontrar las mejores maneras de sanar la relación. Después del divorcio esa esperanza ya no era el deseo principal en su vida a pesar de que deseaba volver a casarse algún día. Cuando perdió lo que más quería (su matrimonio) su mundo se desmoronó. Como ocurre con tanta frecuencia, esa pérdida creó un espacio en su vida para Dios. Beth comenzaba a entender la verdad de las palabras de Jesús cuando Él dijo: "Porque todo el que quiera salvar su vida, la perderá; y todo el que pierda su vida por causa de mí, la hallará" (Mateo 16:25). Por primera vez en su vida, comenzó a entender que tener un buen matrimonio no era lo más importante en la vida. Cuando descubrió tener hambre y sed de Dios comenzó a llegar poco a poco y a fondo a la conclusión de que aún si Dios decidía que fuera soltera el resto de su vida, sería mejor que estar casada, si ese era Su plan para ella. En otras palabras, Beth colocó los caminos de Dios por encima de su deseo de estar casada.

En el proceso, se dio cuenta que seguir la senda de Dios no significa vivir en la privación y el vacío. Beth quería una vida rica en el aquí y el ahora, y se dio cuenta que la manera más segura de obtenerla era a través de la senda de Dios. Como resultado de este nuevo entendimiento, Beth comenzó a llevar a Dios de la periferia al centro de su vida. Construyó una vida regular de devoción y comenzó a leer y estudiar la Biblia, algo que disfrutaba y de lo que comenzaba a depender para ganar conocimiento sobre sus decisiones y elecciones.

◆ Escoger sabiamente los compañeros de viaje

Al crecer su amor por Dios, Beth encontró una iglesia saludable en las que exploró las áreas de la alabanza, la comunión y el servicio. Hasta su divorcio, sus relaciones personales habían estado compuestas por su familia y algunos amigos cercanos. Estas personas siempre habían sido útiles e importantes para ella; sin embargo no compartían su hambre de Dios y sus caminos, y Beth comenzó a necesitar relacionarse con personas que también anduvieran con Dios.

En el camino, Beth encontró muchas clases de personas, de entre las cuales había individuos religiosos y espirituales; algunos de ellos eran demasiado legalistas. Beth se sintió atraída por su devoción y se sintió "en casa", pero después de un tiempo, comenzaron a comportarse extraño. Un día cuando Beth estaba triste y deprimida por haber perdido a Don, una mujer le dijo: "Esas emociones no tienen cabida en la fe, tú tienes la victoria en Cristo así que sustituye esos sentimientos con sentimientos de victoria". Esta mujer no entendía que aunque tenemos la victoria en Cristo, aún tenemos batallas dolorosas en nuestras vidas. Beth aprendió mucho sobre Dios, pero no mucho acerca de vínculos verdaderos con estas personas y no pudo abrirse con ellos. También conoció algunas buenas personas de fe, pero a pesar de su preocupación por ella, no sabían de lo que se trataban la lucha, el quebrantamiento y la disfunción, así que no podían identificarse con lo que ella había pasado y por lo que pasaba.

Sin embargo, Beth no se rindió y continuó buscando una red de apoyo balanceada y saludable. Continuó asistiendo a las reuniones y a los grupos en la iglesia y siguió presentándose a las personas. Tomó un tiempo, pero al fin, desarrolló algunas relaciones cercanas con personas que, a pesar de no ser perfectas, amaban a Dios, se amaban entre sí y entendían el quebrantamiento. Comenzó a abrirse a ellos y ellos a ella, Beth había encontrado sus compañeros de viaje. Estos nuevos amigos tuvieron un gran impacto en sus emociones, sus valores y su vida diaria, le dieron la libertad y la motivación para seguir creciendo. Ella me dijo: "La mayor parte de mi vida, había sentido que estaba dormida; ahora estoy despertando a lo que ocurre en mi interior y en mis relaciones".

◆ Amar a Dios con todo su corazón

Literalmente, Beth comenzó a amar a Dios con todo su corazón, alma, mente y fuerzas. Todo y no solo parte de ella comenzó a amarlo y seguirlo. Partes de su interior que no había dejado que Dios controlara comenzaron a entrar en su relación con Él. Por ejemplo, fue capaz de ser honesta con Dios acerca de su enojo hacia Él por haber permitido su divorcio, dijo: "Temía hacerle saber a Dios que estaba enojada con Él por el divorcio; sin embargo, cuando al fin se lo dije, pude sentir lo confiable que Él es y el enojo comenzó a desaparecer". Beth también comenzó a llevar a Dios sus sueños y sus metas en la vida y a dejarlo obrar en ellos. Ella me dijo: "Siempre dudé en llevar mis sueños a Dios porque pensaba que Él se los llevaría y entonces ¿qué sería de mí? Pero me está dando nuevos sueños que me son mucho mejores". Ella se refería a los cambios que estaba haciendo en su profesión, sus amistades y el rumbo de su vida. Poco a poco, Beth comenzó a amar a Dios con todo su ser, a cambio, Dios arregló su vida.

◆ Aceptar las fallas y debilidades

En las primeras semanas que precedieron a su divorcio, Beth tenía mucho enojo contra Don y lo criticaba por su egoísmo y por cuánto la había herido, al hacerlo, intentaba deslindar lo que ocurrió en la relación —qué fue su culpa y qué fue la de ella. Su culpa la ayudó en un principio a identificar quién hizo qué, para así tener claridad en qué trabajar y en qué perdonar a Don.

Sin embargo, Beth continuaba hablando de las fallas de Don una y otra vez, sin ningún propósito aparente. Al final, la confronté con delicadeza diciendo: "Hasta que te interese más tu parte, de lo que no funcionó del matrimonio, que lo que te interesa la parte de Don, siempre te mantendrás en la cárcel emocional de este divorcio". Mis palabras la dejaron atónita, pero al pensar en ello, vio que había culpado a Don para evitar aceptar sus problemas. Cuando admitió lo que había hecho, dejó de culparlo y comenzó a cargar el peso de su propia contribución.

Conforme comenzó a aceptar sus fallas y debilidades, Beth comenzó a darse cuenta de que había temido confrontar a Don acerca de los problemas y que como resultado los había deja-do ocurrir, también lo había dejado tener el control porque ella temía cometer errores. Había perdido su corazón y su vida en el matrimonio, permitiendo que lo único importante en él fuera su esposo, en vez de ambos.

Beth había vivido como un fantasma, flotando dentro y fuera de sus relaciones con las personas. No era nada extraño que se hubiera sentido sola por tanto tiempo. Cuando comenzó a asumir la responsabilidad de su vida, comenzó a trabajar en sus miedos al rechazo y la intimidad para comenzar a experimentar la vida en vez de solo sobrevivir o existir. Comenzó a arriesgarse a ser vulnerable en lo emocional con sus amigos en su grupo de apoyo y comenzó a depender de ellos para recibir amor y comprensión.

◆ **Aceptar los problemas como regalos**

Cerca del mismo tiempo en que Dios comenzó a obrar en su corazón con respecto a la responsabilidad que debía asumir, Beth también empezó a aceptar sus problemas como si fueran regalos. Comenzó a ver que a pesar del dolor por el que había pasado, estaba aprendiendo lecciones importantes.

Ese fue un paso muy importante en su crecimiento. Cuando comenzó su travesía, tan solo buscaba sentirse bien en el interior, lidiar con el dolor para regresar su vida a un buen cauce y para estar con sus amigos. Se parecía mucho a los nueve leprosos a quienes Jesús sanó, los cuales estaban emocionados y felices de haber recibido sanidad pero que nunca le agradecieron a Jesús por lo que hizo por ellos (Lucas 17:12-19). Sin embargo, un amigo la animó y la desafió a cambiar su punto de vista y a poner atención en lo que podía aprender de lo que no resultó en el matrimonio. Esto requería que recordara los años de problemas con Don, lo cual fue muy difícil. También, fue difícil siquiera pensar que Dios quería que aprendiera algo más que cómo evitar a otros "Don" en el futuro.

Sin embargo, cuando lo hizo, lo hizo con la misma actitud humilde, deseosa y receptiva que el profeta Elí le enseñó al joven Samuel: "Habla, Jehová, porque tu siervo oye" (1 Samuel 3:9). Por ello, Dios le mostró cosas, de Sí mismo y de Su amor hacia ella, que no esperaba. Ella aprendió acerca de la gracia, la fe, la confianza, la honestidad, la paciencia y la responsabilidad. Finalmente, se dio cuenta que a pesar de que Don le había hecho un mal, ella también había hecho otro tanto. "Mas Dios lo encaminó a bien" (Génesis 50:20). Beth sabía que había crecido mucho cuando se dio cuenta de que sentía gratitud por lo que había aprendido en la odisea. Quizá nunca hubiera aprendido las lecciones importantes que estaba aprendiendo, o hecho los cambios que hizo, de no haber sido por el divorcio. Al ver los regalos que Dios le había dado a través de lo que pasó, la gratitud sustituyó gradualmente a la amargura y el dolor que había sentido por tanto tiempo. Beth se encontró con Don algunos años después del divorcio, le pregunté cómo fue la experiencia, ella me dijo: "Fue muy extraño, Don seguía siendo el mismo, pero no sentí todas las emociones locas que solía sentir hacia él, sentí más control. Nunca pensé que lo que me ocurrió fuera un regalo, pero me gustó lo que sentí ese día".

◆ Dejar atrás el pasado

Por otro lado, allí estaba el pasado que había que olvidar, abandonar y perdonar. Con el tiempo, Beth descubrió, por ejemplo, que se había sentido más segura deseando regresar con Don y a lo que habían tenido que desear en lugar de volver a comenzar la vida y encontrar nuevas personas. Ella se había aferrado a lo que fue en vez de dejarlo ir y continuar hacia una nueva existencia, para avanzar, tenía mucho que perdonar. Al principio se resistió a ello estando enfadada con Don, discutiendo consigo misma lo injusto que era todo y aferrándose a la tristeza y anhelo que había surgido de su duelo; sin embargo, Beth estaba decidida a no dejar que el pasado obstaculizara su presente y su futuro con Dios, así que continuó aceptando la realidad tal y como era y a dejar ir lo que no podía tener.

Supo que ese proceso había comenzado cuando salió con un hombre quien después le hizo un cumplido diciendo: "Eres la primera mujer divorciada con la que he salido que no está obsesionada con lo malo que era su ex". Beth creció hasta el punto de poner más atención en lo que Dios y ella estaban haciendo en el presente.

◆ Estimar la sabiduría

A menudo las personas se dan cuenta que algunos de estos principios requieren más esfuerzo que otros, eso le ocurrió a

Beth. Uno de los aspectos de su carácter que me gustó mucho fue el que no se afanaba en aparentar tenerlo todo resuelto. Estaba conciente de lo que no sabía y quería aprender lo que necesitaba saber. Beth es alguien a quien le gusta aprender, así que se sintió muy motivada a *estimar la sabiduría*. Se volvió una fanática de la información, primero en el área del divorcio y la recuperación y después en el desarrollo personal y espiritual. Entendió la claridad y la dirección que trae la información. Siempre me pedía que le recomendara libros qué leer en diferentes temas del desarrollo, así como de personas con quienes pudiera hablar. Para mi sorpresa, los leía e iba con las personas que le había sugerido, me impresionó su hambre por aprender.

Sin embargo, más allá de reunir información, Beth quería la destreza para vivir que viene de la sabiduría. Buscaba constantemente personas que tuvieran experiencia y competencia en las áreas sobre las que ella quería saber más. Pasó tiempo con esas personas, abrió su vida a ellos y les hizo muchas preguntas. Quería asegurarse de estar capacitada con lo necesario para no cometer los mismos errores. La sabiduría era una parte importante de su búsqueda, al vivir este versículo de Proverbios 4: "Adquiere sabiduría, adquiere inteligencia; no te olvides ni te apartes de las razones de mi boca; no la dejes, y ella te guardará; ámala, y te conservará. Sabiduría ante todo; adquiere sabiduría; y sobre todas tus posesiones adquiere inteligencia" (v. 5-7).

Uno de los beneficios de la búsqueda de sabiduría de Beth fue que desde entonces, tuvo mucho que ofrecer a quienes sufren, en un sentido más amplio que solo el del divorcio. Usando la sabiduría que buscó e hizo parte de sí, Beth ahora ayuda a los demás a llegar a la madurez personal, emocional y espiritual.

◆ Acepte la vida tal y como se presente

Aunque de forma natural Beth dio estima a la sabiduría, tuvo dificultades con la idea de *aceptar la vida tal y como se presenta*. Ella veía la vida de una manera muy directa (A lleva directamente a B) y para ella no tenía sentido el que hubiera momentos de espera, de regresión, de fallas y después, una temporada para recoger los frutos.

Aunque Beth colocó en manos de Dios la posibilidad de volver a casarse, pensó ya estar lista para ello mucho antes de que Dios así lo pensara, por lo cual tuvo algunos fracasos en sus relaciones y salió con hombres de una madurez espiritual o un carácter cuestionable. Incluso salió con un buen hombre, pero desafortunadamente no estaba lista para manejar lo saludable de esa relación así que la saboteó sin darse cuenta. Como ella misma lo dijo: "Le hice un favor, él no sabía lo loca que yo estaba en ese momento".

Sin embargo, después de cada falla, Beth acudía a Dios, a sus amigos y a los principios, y cada vez que lo hacía, aprendía y crecía un poco más, sembró más amor, gracia y amor en su corazón y se permitió tener otra temporada de crecimiento.

Al final, mucho después de lo que jamás hubiera aceptado en su etapa como maniática del control, conoció a Carl, él era el hombre indicado y ella la mujer indicada y el momento era el adecuado. Su cortejo fue emocionante, les sirvió para conocerse y estuvo lleno de buenos amigos, buenas experiencias y de Dios. Carl estaba tanto en el camino de Dios como ella lo estaba. Él apreció el trabajo que ella había hecho en sí misma y él mismo seguía creciendo. Ahora, están felizmente casados, tienen hijos y se encuentran ocupados enseñando a otros a encontrar la senda que Dios tiene para ellos.

Dios abrió una senda para Beth, ella no recibió el primer deseo de su corazón (Don nunca regresó a ella), pero sometió su corazón y su alma al plan y al camino de Dios, al hacerlo, no solo obtuvo una vida nueva en Dios sino que tuvo una segunda oportunidad y un buen matrimonio. La obra de Dios trajo fruto a su tiempo. Beth se siente agradecida y está mucho mejor de lo que estaba antes de que su matrimonio se destruyera, pues ahora está mas cerca de Dios y más completa en lo espiritual y emocional. De hecho, Beth cree que de no haber pasado por el proceso de crecimiento de Dios antes de conocer a Carl, la "antigua" Beth no se hubiera sentido atraída hacia él. Ella me dijo: "De ninguna manera me hubiera buscado, él era demasiado saludable para mí".

◆ Al entrar a la senda que Dios tiene para usted

Esperamos que se haya sentido animado por la historia de Beth, aún si su propia travesía no tiene que ver con el matrimonio. Sea cual sea su travesía (ya sea que tenga que ver con su familia, un hábito o una adicción, su carrera o sus hijos), Dios abrirá una senda para usted como lo hizo con Beth, si usted está dispuesto a dar un paso y vivir de acuerdo con los principios de este libro. Usted podría no recibir su primer deseo... o tal vez lo reciba, eso depende de Dios y de lo que sea mejor para usted. Quizás usted ya se encontraba trabajando en algunos de los principios pero no estaba consciente de algunos de los otros. De cualquier forma, estos principios funcionan porque Aquél que abre una senda para nosotros los diseñó y cumplirá sus propósitos en usted conforme le permita hacerlo.

Que Dios lo bendiga y lo guarde al entrar en la senda que Él tiene para usted. Queremos animarlo, en las palabras del apóstol Pablo:

"Estando persuadido de esto, que el que comenzó en vosotros la buena obra, la perfeccionará hasta el día de Jesucristo".

Filipenses 1:6